Ensayo

Crónica

Svetlana Alexiévich (1948) es una afamada periodista, escritora y ensayista bielorrusa cuya obra ofrece un retrato profundamente crítico de la antigua Unión Soviética y de las secuelas que ha dejado en sus habitantes. Se licenció en periodismo por la Universidad de Minsk y colaboró con la revista local *Neman*, para la que escribía ensayos, cuentos y reportajes. Ha cultivado su propio género literario, al que denomina «novelas de voces», en la que el narrador es el hombre corriente –aquel que no tiene voz, el mismo que se ha llevado su propia historia a la tumba, desde la Revolución hasta Chernóbil y la caída del imperio soviético–. En sus libros, traducidos a más de veinte idiomas, Svetlana Alexiévich trata de acercarse a la dimensión humana de los hechos a través de una yuxtaposición de testimonios individuales, un *collage* que acompaña al lector y a la propia Alexiévich a un terrible «descenso al infierno». Es autora de *La guerra no tiene rostro de mujer* (1985, ed. act. 2008), *Muchachos de zinc* (1989, ed. act. 2007), *Voces de Chernóbil* (1997, ed. act. 2005), *Últimos testigos* (2004) y *El fin del «Homo Sovieticus»* (2013). Ha recibido varios galardones, entre los que cabe destacar el Premio Ryszard Kapuściński de Polonia (1996), el Premio Herder de Austria (1999), el Premio Nacional del Círculo de Críticos de Estados Unidos por *Voces de Chernóbil* (2006), el Premio Médicis de Ensayo en Francia por *Tiempo de segunda mano* (2013), el Premio de la Paz de los libreros alemanes (2013) y el Premio Nobel de Literatura (2015) «por sus escritos polifónicos, un monumento al sufrimiento y al coraje de nuestro tiempo».

Svetlana Alexiévich

Los muchachos de Zinc

Voces soviéticas de la guerra de Afganistán

Traducción de
Yulia Dobrovolskaia y Zahara García González

DEBOLS!LLO

Penguin
Random House
Grupo Editorial

Título original: *Cínkovie málchiki*

Primera edición en Debolsillo: junio, 2017
Primera impresión en Colombia: julio, 2025

Impreso en Colombia-*Printed in Colombia*

ISBN: 978-628-7745-84-1

Impreso por Editorial Bolivar Impresores, S.A.S.

Índice

El día 20 de enero de 1801, los soldados de Vasili Orlov, el jefe de los cosacos del río Don, recibieron la orden de dirigirse a la India. Tardarían un mes en llegar a Oremburgo y, desde allí, les quedarían todavía otros tres meses, «pasando por Bujará y Jiva, hasta alcanzar el río Indo». Sí, muy pronto treinta mil hombres cruzarían el Volga y se adentrarían en las estepas de Kazajistán...

V borbé za vlast. Stranitsi politícheskoi istorii Rossíi (Luchando por el poder. Páginas de la historia política de Rusia en el siglo XVII), Moscú, Mysl, 1988, p. 475

En diciembre de 1979 el gobierno soviético tomó la decisión de enviar sus tropas a Afganistán. La guerra comenzó en 1979 y acabó en 1989. Duró nueve años, un mes y quince días. Por Afganistán pasó un efectivo del contingente limitado soviético de más de medio millón de hombres. El total de pérdidas humanas de las fuerzas armadas de la Unión Soviética ascendió a 15.051 personas. Desaparecieron en combate o cayeron prisioneros 417 militares. En el año 2000 todavía faltaban por regresar 287 personas, que seguían prisioneras o en paradero desconocido...

<www.polit.ru>, 19 de noviembre de 2003

Prólogo

«Estoy sola... Me esperan muchos años de soledad...

»Mi hijo... mató a un hombre. Con un cuchillo de cocina, el que usaba yo para cortar la carne. Acababa de volver de la guerra y de repente asesinó a alguien... A la mañana siguiente volvió a casa y dejó el cuchillo en su sitio, en el armario donde guardo los utensilios de cocina. Creo que ese mismo día le preparé una chuleta... Al cabo de un tiempo, en la tele y en el periódico local salió que los pescadores habían encontrado un cadáver en el lago... Todo cortado en pedazos... Me llamó una amiga:

»—¿Lo has leído? Dicen que es un asesinato profesional... Se nota el estilo "afgano"...

»Mi hijo estaba en casa, tirado en el sofá, leyendo un libro. Yo aún no sabía nada, no tenía ni idea, pero por alguna razón, tras aquellas palabras, le miré... El corazón de una madre...

»¿No oye el ladrido de los perros? ¿No? Yo sí, siempre que cuento esto escucho a los perros ladrar. Los oigo correr... Allí, en la cárcel donde él está ahora, hay pastores alemanes, son grandes y negros... Y toda la gente va de negro, siempre de negro... Cuando vuelvo a Minsk, voy por la calle, paso por delante de una panadería, de una guardería, con mi barra de pan y con la leche, y oigo ese ladrido. Es ensordecedor. Me deja ciega... Una vez casi me atropella un coche.

»Estoy preparada para el momento en que tenga que visitar la tumba de mi hijo... Estoy preparada para yacer en la tierra a su lado... Pero no sé... No sé cómo vivir con esto... A veces me da miedo entrar en la cocina, mirar el armario donde estaba guardado el cuchillo... ¿No lo oye? ¿No oye nada?... ¿Seguro? ¿Nada de nada?

»Ya no sé cómo es él, cómo es mi hijo. ¿Quién volverá conmigo dentro de quince años? Le condenaron a quince años en régimen especial... ¿Quiere saber cómo le eduqué? Pues le gustaban mucho los bailes de salón... Fuimos juntos a Leningrado, visitamos el Museo del Hermitage. Leíamos libros juntos... [*Llora*] Afganistán me quitó a mi hijo...

»Recibimos un telegrama de Taskent: "Llego con el vuelo tal, os veo en el aeropuerto". Salí corriendo al balcón, quería gritar, que lo supiera el mundo entero: "¡Está vivo! ¡Mi hijo regresa vivo de Afganistán! ¡Para mí esa horrible guerra se ha acabado!" y me desvanecí. Por supuesto, llegamos tarde al aeropuerto, ya hacía un buen rato que el vuelo había aterrizado, mi hijo estaba en un parque. Lo encontramos tirado en el suelo, tocando la hierba, sorprendido de lo verde que era. No podía creer que había vuelto... Pero en su rostro no había alegría...

»Por la tarde vinieron nuestros vecinos, trajeron a su hija pequeña, estaba muy bonita, con un lazo azul de un color muy vivo. Él la sentó sobre sus rodillas, la abrazaba y lloraba, las lágrimas brotaban y brotaban. Porque allí ellos mataban. Y él también... Lo comprendí más tarde.

»Al pasar la frontera los aduaneros le habían quitado los slips. Eran de una marca americana. No estaba permitido... Así que vino sin ropa interior. Me traía un regalo, un albornoz (aquel año yo había cumplido los cuarenta), y se lo habían quitado. Para su abuela había comprado un chal, también se lo quitaron. Lo único que traía eran flores. Eran gladiolos. Pero en su rostro no había alegría.

»Por la mañana al despertarse todavía estaba normal: "¡Mamá! ¡Mamá!". Por la tarde su rostro se ensombrecía, su mirada se extraviaba... No puedo describirlo... Al principio no bebía, ni un solo trago... Se sentaba: los ojos clavados en la pared. Se levantaba de un brinco, agarraba la chaqueta...

»Yo me ponía en la puerta:

»—¿Adónde vas, Valiusha?

» Miraba a través de mí. Salía.

»Yo salgo tarde del trabajo, la fábrica está lejos. Hacía el turno de noche, llamaba a la puerta y él no me abría. No reconocía mi voz. Era tan raro... Puedo entender que no reconociera las voces de los amigos, pero ¡la mía! Y más aún porque yo era la única que le llamaba Valiusha. Era como si estuviera todo el rato esperando a alguien, como si temiera a alguien. Un día le compré una camisa nueva, se la probamos, y lo vi: tenía las manos completamente cubiertas de cortes.

»—¿Eso qué es?

»—Nada, no es nada, mamá.

»Lo supe después. Ya después del juicio... En el batallón de instrucción se había abierto las venas... Durante los ejercicios militares de exhibición él se encargaba de la estación de radio portátil, una vez no logró instalarla a tiempo en un árbol y el sargento le castigó: le obligó a extraer cincuenta cubos de excrementos del lavabo y pasar con ellos por delante de las filas. Solo pudo llevar unos pocos cubos, perdió el sentido. En el hospital le diagnosticaron una conmoción nerviosa leve. Esa misma noche intentó cortarse las venas. El segundo intento fue en Afganistán... Estaban en vísperas de una incursión, cuando al comprobar la estación de radio portátil vieron que el aparato no funcionaba. Habían desaparecido unas piezas importantes, alguien de la unidad las había robado... A saber quién. El comandante le tachó de cobarde, le acusó de haberlas escondido él mismo para no tener que salir de incursión con los demás. Allí todo el mundo robaba, desmontaban los vehículos y se llevaban las piezas al *ducán*,* para venderlas. Con el dinero compraban drogas... Drogas, tabaco. Comida. Siempre estaban hambrientos.

»En la tele echaban un programa sobre Édith Piaf, lo estábamos viendo juntos.

»—Mamá —me preguntó—, ¿tú sabes lo que son las drogas?

»—No —le mentí. Pero yo le vigilaba, para ver si fumaba porros.

* Durante la guerra, los soldados rusos incorporaron diversas palabras árabes a su jerga, vocabulario que más tarde se trasladaría al ruso común con el regreso de los excombatientes. En este caso, «ducán» hace referencia al árabe *dukkan*: tienda pequeña o tenderete. *(Todas las notas que aparecen en el libro son de las traductoras.)*

»Nunca encontré ni rastro. Pero allí todos consumían drogas, lo sé.

»—¿Cómo era allí, en Afganistán? —le pregunté una vez.

»—¡Cállate, mamá!

»Cuando él salía de casa, yo releía sus cartas desde Afganistán, quería llegar al fondo del asunto, comprender lo que le pasaba. No encontraba nada especial en ellas, solo escribía que echaba de menos la hierba verde, le pedía a su yaya que se hiciese una foto en la nieve y se la enviara. Pero yo veía, sentía, que algo le estaba ocurriendo. Me habían devuelto a otra persona... Ese no era mi hijo. Yo misma le había enviado a hacer la mili. Él tenía derecho a una prórroga, pero yo quería que aprendiera a ser firme, osado. Nos convencí a ambos de que el servicio militar le iría bien, le haría más fuerte. Le envié a Afganistán con la guitarra bajo el brazo, organicé una despedida con dulces. Él invitó a sus amigos, a unas cuantas chicas... Recuerdo que compré diez tartas.

»Solo una vez habló de Afganistán. Una tarde... Entró en la cocina, yo estaba preparando conejo. Había sangre en el cuenco. Mojó los dedos en esa sangre y se los miró. Los observó detenidamente. Luego habló, como si hablara consigo mismo:

»—Trajeron a mi amigo con la barriga destrozada... Me pidió que le pegase un tiro... Le rematé...

»Tenía los dedos manchados de sangre... De la carne del conejo, era sangre fresca... Con esos dedos agarró un cigarrillo y salió al balcón. Aquella tarde no dijo ni una palabra más.

»Fui a ver a todo tipo de médicos. ¡Devuélvanme a mi hijo! ¡Ayúdenle! Se lo conté todo... Le hicieron un chequeo, una revisión, pero aparte de la ciática no le diagnosticaron nada.

»Un día al volver a casa me encontré con cuatro muchachos desconocidos sentados a la mesa.

»—Mamá, son de Afgán.* Me los he encontrado en la estación de tren. No tienen donde pasar la noche.

»—Os prepararé un pastel. Solo tardaré un momento. —No sé por qué, pero me alegré.

* «Afganistán», en la jerga de los soldados excombatientes.

»Se quedaron en nuestra casa durante una semana. Creo que vaciaron tres cajas de vodka, no las conté. Cada noche me encontraba en mi casa a cinco hombres desconocidos. El quinto era mi hijo... No quise escuchar sus conversaciones, me asustaban. Pero estábamos en la misma casa... Los oía aunque no quisiera... Decían que cuando pasaban dos semanas de emboscada les daban unos estimulantes para que fueran más valientes. Pero que eso lo tenían que guardar en secreto. Comentaban qué arma era mejor para matar... A qué distancia... De todo esto me acordé después, cuando ocurrió aquello... Entonces empecé a pensar, a recordar febrilmente. Pero antes solo tenía miedo: "Ay —me decía a mí misma—, están todos locos. Son unos chiflados".

»De noche... La noche antes de aquel día... Cuando mató... Tuve un sueño, soñé que esperaba a mi hijo y él no aparecía. Y entonces me lo traían... Lo traían esos cuatro "afganos", los excombatientes. Le tiraban sobre un mugriento suelo de cemento... Pero era en mi cocina... Era como el suelo de una cárcel.

»Para entonces él ya se había matriculado en los cursillos preparatorios de la escuela superior de radiotecnia. Escribió una redacción muy buena. Estaba feliz, todo le iba bien. Yo por primera vez pensé que todo pasaría. Que estudiaría. Que se casaría. Pero cada noche... Las noches me daban miedo... Se sentaba mirando a la pared con una cara completamente inexpresiva. Se dormía sentado en el sillón... Cuánto deseaba correr a abrazarle, protegerlo con todo mi cuerpo y no dejar que se fuera nunca. Ahora también sueño con mi hijo: es pequeño y me dice que tiene hambre... Todo el rato está hambriento. Alarga las manos hacia mí... En mis sueños siempre le veo pequeño y humillado. ¿Y en la vida real? Una visita cada dos meses. Cuatro horas de conversación con un cristal de por medio...

»Solo hay dos visitas al año en que le puedo dar de comer. Y ese ladrido de perros... Sueño con ese ladrido. Me echa fuera esté donde esté.

»Hay un hombre que me ha estado cortejando... Me trajo flores... Cuando se me presentó con el ramo, se me escapó un grito: "¡Aléjese de mí, soy la madre de un asesino!". Al principio me daba miedo encontrarme con conocidos por la calle, me encerraba en el cuarto de baño esperando a que las paredes se me cayesen encima. Tenía la sensación de que en la calle todos me reconocían, me señalaban, se susurraban unos a otros: "¿Recuerdas ese terrible caso?... Pues el asesino es su hijo. Descuartizó a un hombre. Al estilo 'afgano'...". Solo salía de casa por la noche, lo aprendí todo sobre las aves nocturnas. Las reconocía por los sonidos.

»Abrieron una investigación... El sumario duró varios meses... Él no hablaba. Fui a Moscú, al hospital militar Burdenko. Allí conocí a unos chicos que habían servido en las fuerzas especiales igual que él. Les abrí mi corazón...

»—Chicos, ¿cómo ha podido mi hijo matar a un hombre?

»—Se lo merecería.

»De alguna manera yo tenía que comprobar que él podía hacerlo... Matar... Pasé mucho rato con ellos, haciéndoles preguntas, y lo comprendí: ¡sí que podía! Les preguntaba sobre la muerte... No, no sobre la muerte, sino sobre la capacidad de matar. Pero ese tema no despertaba en ellos ningún sentimiento en especial, ningún sentimiento de los que normalmente produce cualquier asesinato en una persona que nunca ha visto correr la sangre. Esos chicos hablaban de la guerra como si simplemente se tratara de un trabajo donde había que matar. Más tarde conocí a otros chicos que también habían estado en Afganistán y que habían ido con los equipos de rescate a Armenia tras el terremoto. Sentía curiosidad, era como una obsesión mía: ¿tenían miedo?, ¿qué era lo que sentían al ver la muerte? Pero no, no les daba miedo nada, ni siquiera la compasión les hacía cosquillas. Cráneos desgarrados... Huesos aplastados... Escuelas enteras enterradas... Las aulas... La tierra se tragó tal cual a los niños que estaban en las clases. Pero ellos recordaban y contaban otras cosas: las exuberantes bodegas que desenterraban, los brandis que habían probado, los vinos. Se burlaban: ojalá se zarandease algún otro lugar. Pero que fuera una tierra soleada donde hubiese viñedos y buenos vinos... ¿Pueden estar sanos estos chicos? ¿Están bien de la cabeza?

»"A ese le odio incluso muerto". Me lo escribió mi hijo hace poco. Cinco años después... ¿Qué pasó entonces? No me lo explica.

Solo sé que aquel muchacho se llamaba Yura, y se jactaba del dinero que había cobrado en Afganistán. Luego se supo que había servido en Etiopía, era alférez. O sea que mentía sobre Afganistán...

»En el juicio solo la abogada dijo que estaban juzgando a un enfermo. Que en el banquillo de los acusados no se encontraba un criminal, sino un enfermo. Que había que curarlo. Pero entonces, eso fue hace siete años, entonces la verdad sobre Afganistán todavía no existía. Los llamaban héroes. Los soldados internacionalistas. Mi hijo era el asesino... Porque él hizo aquí lo mismo que ellos hacían allí. Allí por hacer eso les daban medallas y órdenes... ¿Por qué entonces solo le juzgaron a él? ¿Verdad que no juzgaron a los que le habían enviado allí? ¡A los que le habían enseñado a matar! Yo eso no se lo enseñé... [*Pierde el control y grita*]

»Mi hijo mató a un hombre con mi cuchillo de cocina... Y por la mañana lo trajo y lo volvió a guardar en el armario. Como si fuera un cuchillo o un tenedor cualquiera...

»Envidio a esa madre que tiene un hijo que volvió sin piernas... Qué importa que la odie cuando se emborracha. Que odie al mundo entero... Qué importa que arremeta contra ella como un animal. La madre le paga prostitutas para que no se vuelva loco... Una vez ella misma le hizo el amor porque su hijo pretendía lanzarse desde un décimo piso. Cualquier cosa me parece mejor... Envidio a todas las madres, incluso a las que enterraron a sus hijos. Me sentaría al lado de su tumba y estaría feliz. Le llevaría flores.

»¿Oye el ladrido de los perros? Me persiguen. Los oigo...»

Una madre

De las libretas de notas (en la guerra)

1986, junio

No quiero volver a escribir sobre la guerra... No quiero vivir de nuevo inmersa en la «filosofía de la desaparición» en vez de en la «filosofía de la vida». Recolectar la interminable experiencia de la no-existencia. Cuando acabé *La guerra no tiene rostro de mujer* pasé mucho tiempo sin ser capaz de estar presente cuando, tras un pequeño golpe, a un niño le sangraba la nariz. En las vacaciones me tenía que alejar corriendo de los pescadores, que lanzaban alegremente sobre la arena a los peces extraídos de las profundidades; sus ojos saltarines, petrificados, me daban náuseas. Cada persona tiene una cantidad determinada de fuerzas para defenderse ante el dolor, sea físico o psicológico, y las mías estaban agotadas. El chillido de una gata atropellada por un coche me volvía completamente loca, desviaba la mirada frente a cada lombriz aplastada. Una rana pisoteada y reseca en mitad de la carretera... Muchas veces he pensado que los animales, los pájaros, los peces, también tienen derecho a su propia historia del sufrimiento. Algún día se escribirá.

Y de pronto... Si es que se puede decir «de pronto». Estamos en el séptimo año de guerra... Pero no sabemos nada más allá de los heroicos reportajes televisivos. De vez en cuando nos sentimos golpeados por esos ataúdes de zinc procedentes de un país lejano y que no encajan con las diminutas dimensiones de las viviendas urbanas. Luego quedan atrás las salvas fúnebres y otra vez reina el silencio. Nuestra mentalidad mitológica es inmutable: somos justos y sublimes. Y siempre tenemos razón. Arden y se extinguen los últimos destellos de las ideas de la revolución mundial... Nadie se da cuenta de que el incendio ya está aquí. Nuestra casa está en llamas. Ha empezado la Perestroika de Gorbachov. Aspiramos a una vida nueva. ¿Qué nos deparará el futuro? ¿De qué seremos capaces después de tantos años de letargo artificial? Mientras tanto, nuestros chicos se están muriendo en un país lejano por algo que desconocemos...

¿De qué se habla a mi alrededor? ¿De qué se escribe? De deberes internacionales y de geopolítica, de intereses soberanos y de las fronteras del sur. Y la gente se lo cree. ¡Se lo creen! Las madres que hace nada se arrodillaban sumidas en la desesperación frente a los ciegos cajones de metal en los que les devolvían a sus hijos, hoy dan discursos en las escuelas y en los museos militares para animar a otros muchachos a «cumplir con su deber ante la Patria». La censura vigila atentamente los reportajes bélicos para que no haya mención alguna de las pérdidas humanas, pregonan que el llamado contingente limitado de las tropas soviéticas está ayudando a un pueblo hermano a construir puentes, carreteras y escuelas, a repartir fertilizantes y harina por los *kishlak*,* y que los médicos soviéticos asisten a las mujeres afganas en sus partos. Los soldados que regresan llevan sus guitarras a las escuelas para cantar aquello que pide hablarse a gritos.

Con uno mantuve una larga conversación... Quería que me hablara de lo angustioso de esta elección: ¿disparar o no? Sin embargo, para él en eso no había drama alguno. ¿Qué es bueno? ¿Qué es malo? ¿Es bueno matar «en nombre del socialismo»? Para estos muchachos los límites morales los marca la orden de su superior. Aunque, eso sí: ellos hablan de la muerte con mucha más cautela que nosotros. Ahí es donde se nota al instante la distancia entre un soldado y un civil.

¿Cómo hacerlo para vivir en la historia y escribir sobre ella al mismo tiempo? No se puede agarrar por el cuello un pedazo de vida, toda esa porquería existencial, y arrastrarlo a la fuerza hasta el libro. No se

* Aldeas rurales de los pueblos túrquicos seminómadas de Asia Central y Azerbaiyán.

puede coger todo eso y engastarlo en la historia tal cual. Es necesario «abrir una brecha en el tiempo» y «atrapar la esencia».

«La esencia de todo pesar tiene veinte sombras» (Shakespeare, *Ricardo II*).

... En la estación de autobuses, en una sala de espera medio vacía, había un oficial sentado con su maleta, a su lado un chaval con la cabeza rapada al estilo militar escarbaba con un tenedor la tierra de la maceta de un ficus seco. Dos pueblerinas, con su ingenuidad natural, se sentaron a su lado y le preguntaron de todo: ¿adónde, por qué, quién? El oficial acompañaba a su casa al soldado, que había perdido la razón: «Desde Kabul no para de cavar, cava con cualquier cosa que tenga en las manos: una pala, un tenedor, un palo, un bolígrafo». El chaval levantó la cabeza: «Tenemos que escondernos... Cavaré una trinchera. Soy muy rápido. Las llamamos fosas comunes. Cavaré una trinchera muy grande donde quepamos todos...».

Era la primera vez en mi vida que veía unas pupilas tan anchas como el ojo.

Estoy en el cementerio municipal... A mi alrededor hay centenares de personas. En medio, nueve ataúdes forrados con tela roja. Hablan los militares. Un general ha pedido la palabra... Las mujeres de negro lloran. La gente guarda silencio. Tan solo una niña pequeña con trenzas se ahoga en sollozos junto a uno de los ataúdes: «¡Papá! ¡¡Papááá!! ¿Dónde estás? Me prometiste que me traerías una muñeca. ¡Una muñeca bonita! He dibujado para ti toda una libreta con casitas y flores... Te estoy esperando...». Un oficial joven coge a la niña en brazos y se la lleva hacia un coche negro que hay aparcado afuera. Pero durante mucho rato seguimos oyendo: «¡Papá! Papááá... Papááá, te quiero...».

El general pronuncia su discurso... Las mujeres de negro lloran. Nosotros guardamos silencio. ¿Por qué guardamos silencio?

No quiero estar callada... Y no puedo seguir escribiendo sobre la guerra.

1988, SEPTIEMBRE

5 de septiembre

Taskent. El aeropuerto es asfixiante, huele a melones, parece que estás en un melonar. Son las dos de la madrugada. Unos gatos gordos, casi salvajes, se meten con osadía debajo de los taxis, los llaman gatos afganos. Entre la muchedumbre de veraneantes bronceados, entre cajas y cestas llenas de fruta, avanzan unos soldados jóvenes, chavales, saltando sobre sus muletas. Nadie se fija en ellos, la gente está acostumbrada a su presencia. Duermen y comen aquí mismo, en el suelo, encima de periódicos y revistas viejas, llevan semanas tratando de comprar un billete de avión a Sarátov, a Kazán, a Novosibirsk, a Kiev... ¿De dónde vienen todos estos mutilados? ¿Qué es lo que estaban defendiendo? A nadie le interesa. Tan solo hay un niño pequeño que no les quita de encima los ojos bien abiertos, y una vagabunda borracha, que se ha acercado a uno de los soldaditos:

—Ven aquí... Te daré un abrazo...

Él la rechaza con un movimiento de su muleta. Ella, sin ofenderse, añade una frase triste, femenina.

A mi lado están sentados unos oficiales de permiso. Comentan lo malas que son nuestras prótesis. Hablan de la fiebre tifoidea, del cólera, de la malaria, de la hepatitis. De cómo en los primeros años de guerra no había ni pozos, ni cocinas, ni baños, ni siquiera había con qué lavar los platos. También hablan de las cosas que se llevan a casa: uno va con un videocasete, otro con un magnetófono Sharp o Sony. Se me ha quedado grabada en la memoria la manera en que observaban a las mujeres, mujeres descansadas, guapas, con sus vestidos escotados...

Esperamos durante mucho rato el avión militar que nos llevará a Kabul. Nos comentan que primero cargarán el equipamiento y después a la gente. Hay unas cien personas esperando. Todos son militares. Me sorprende que hay muchas mujeres.

Fragmentos de las conversaciones que escucho:

—Estoy perdiendo el oído. Lo primero que dejé de oír son los pájaros que cantan más agudo. Es debido a una contusión craneal...

Por ejemplo, al escribano cerillo no lo oigo en absoluto. He grabado su canto y me pongo la cinta a toda pastilla, pero nada...

—Primero disparas y luego miras a ver a quién le has dado: ¿será una mujer?, ¿un niño? Cada uno tiene su propia pesadilla...

—El burrito, durante el bombardeo, se tumba. Acaba el bombardeo y se levanta de un brinco.

—¿Quiénes somos nosotras en la Unión Soviética? ¿Las putas? Eso lo sabemos. Una trata de ganar al menos para comprarse una vivienda. ¿Y los hombres qué? Todos se dan a la botella.

—El general hablaba del deber internacional, de la defensa de las fronteras del sur. Incluso le salió la vena sentimental: «Llévense caramelos. Sí, los afganos son como niños. El mejor regalo son unos caramelos».

—Era un oficial joven. Se enteró de que le habían cortado la pierna y lloró. Su tez parecía de niña: blanca, con las mejillas rosadas. Al principio los muertos me daban cosa, sobre todo si no tenían piernas o brazos. Y después, nada, me he acostumbrado...

—Caen prisioneros. Les cortan los miembros y luego los ponen torniquetes para que no mueran desangrados. Y así los dejan, les nuestros recogen a esos muñones. Ellos buscan la muerte, pero los curan contra su voluntad. Y después del hospital no quieren volver a casa.

—En la aduana vieron que llevaba la bolsa de viaje vacía: «¿Qué llevas?». «Nada». «¿Nada?». No me creyeron. Me obligaron a quitarme la ropa. Todo el mundo va con dos o tres maletas.

En el avión me toca sentarme al lado de un vehículo blindado que va atado con unas cadenas. Por suerte, el mayor que va en el asiento vecino está sobrio, los demás van borrachos. Cerca de mí alguien duerme abrazado a un busto de Marx (los retratos y los bustos de los caudillos socialistas se transportaban sin envoltorios); no solo transportan el armamento, sino todo lo necesario para los ritos soviéticos. Hay una pila de banderas rojas, rulos de cintas rojas...

El aullido de la sirena...

—Despiértese. Si no, se perderá el reino de Dios. —Eso ya cuando sobrevolábamos Kabul.

Iniciamos el aterrizaje.

... El mugido de los cañones... Una patrulla armada con fusiles de asalto y chalecos antibalas me exige que enseñe el salvoconducto.

Yo no quería volver a escribir sobre la guerra. Pero ahora estoy en una guerra de verdad. Estoy en medio de la gente de la guerra, los objetos de la guerra. El tiempo de la guerra.

12 de septiembre

Hay algo amoral en la observación atenta de la valentía y el riesgo ajenos. Ayer entramos a desayunar en el comedor y al pasar saludamos al guardia. Media hora más tarde ese guardia había muerto por un fragmento de mina que había llegado volando hasta el cuartel por pura casualidad. Me pasé todo el día intentando recordar la cara de ese muchacho...

Aquí a los periodistas los llaman fabulistas. Lo mismo ocurre con los escritores. En nuestro grupo de literatos solo hay hombres. Se mueren por visitar los puestos lejanos, por entrar en combate. Le pregunto a uno:

—¿Para qué?

—Lo encuentro interesante. Después podré contar que he estado en el túnel de Salang. Y dispararé un poco...

No logro quitarme de encima la sensación de que la guerra es fruto de la naturaleza masculina, de la que en muchos aspectos me siento muy alejada. Aunque es cierto que la cotidianidad de la guerra es grandiosa. Apollinaire veía la belleza en ella.

En una guerra todo es distinto: tu ser, tu naturaleza, tus pensamientos. Aquí he comprendido que el pensamiento humano puede llegar a ser muy cruel.

Esté donde esté, pregunto y escucho: en el cuartel, en el comedor, en el campo de fútbol, en la sala de baile.... sorprendentemente, en todas partes aparecen elementos de la vida en tiempos de paz:

—He disparado a quemarropa y he visto como un cráneo humano se hacía pedazos. Y pensé: «Es el primero». Después del combate solo quedan muertos y heridos. Todos callados... Aquí siempre sueño con tranvías. Sueño que voy a casa en un tranvía... Mi recuerdo favorito: mamá horneando pasteles. Toda la casa olía a masa dulce...

—Te haces amigo de un buen tipo... y poco después ves sus entrañas esparcidas por las rocas. Entonces empiezas a vengar su muerte.

—Estábamos esperando una caravana. Pasamos dos o tres días preparados para la emboscada. Teníamos que permanecer todo el rato tumbados sobre la arena caliente, nos meábamos encima. Al final del tercer día explotábamos de cólera. Con qué odio disparamos aquella primera ráfaga. Después del tiroteo, cuando todo se había acabado, nos dimos cuenta: la caravana iba cargada de plátanos y mermelada. Nos hartamos de dulce para el resto de nuestras vidas...

—Hicimos prisioneros a unos *dushmán*...* Los interrogamos: «¿Dónde están los almacenes militares?». Ellos callados. A dos de ellos los subimos en los helicópteros: «¿Dónde? Señaládnoslo». Nada. A uno de ellos lo tiramos a las rocas...

—Hacer el amor en la guerra y después de la guerra no es lo mismo... En la guerra todo es como si fuera la primera vez...

—Los Grad** disparan... Sobrevuelan los cohetes... Pero por encima de todo eso está ¡vivir!, ¡vivir!, ¡vivir! No sabes nada más, no te importan los sufrimientos de los del otro bando. Vivir y ya está. ¡Vivir!

Contar toda la verdad sobre uno mismo, según una observación de Pushkin, resulta «una imposibilidad física».

En la guerra lo que salva al hombre es que la conciencia se distrae, se dispersa. Porque la muerte a su alrededor siempre es absurda, casual. Carece totalmente de cualquier significado sublime.

... Escrito con pintura roja en la coraza de un carro blindado: «Vengaremos a Malkin».

* En la jerga de los excombatientes, «muyahidines». Proviene del idioma de los afganos pastunes.

** El BM-21, apodado Grad, era un sistema soviético de lanzamiento múltiple de cohetes.

En mitad de una calle, arrodillada ante un niño muerto, una joven afgana grita. Probablemente, solo los animales heridos gritan así.

Hemos pasado por delante de aldeas muertas, parecen un campo arado. La arcilla inerte de lo que hasta hace poco ha sido una vivienda humana asusta todavía más que la oscuridad desde la que nos pueden disparar.

He ido al hospital y he dejado un osito de peluche sobre la cama de un niño afgano. Él ha cogido el juguete con los dientes y así, sonriendo, se ha puesto a jugar: le faltaban ambos brazos. «Tus rusos le han disparado. —Me iban traduciendo lo que decía su madre—. ¿Tú tienes algún hijo? ¿Qué es, niño o niña?» No sabría decir qué era lo que había en sus palabras, si terror o perdón.

Cuentan la crueldad con que los muyahidines castigan a los prisioneros rusos. Es algo que te hace pensar en la Edad Media. En realidad, aquí el tiempo es otro, los calendarios marcan el siglo XIV.

En *Un héroe de nuestro tiempo*, de Lérmontov, cuando el personaje de Maksímych comenta la actuación del montañés que degolló al padre de Bela, dice: «Claro, a su entender él tenía razón». Sin embargo, desde el punto de vista de un ruso aquel era un acto bárbaro. El escritor había sabido captar ese sorprendente rasgo de los rusos: la capacidad de ponerse en el lugar de otro pueblo, de ver las cosas desde otro punto de vista.

Pero ahora...

17 de septiembre

Día tras día observo como el ser humano se hace pequeño. Solo en contadas ocasiones se crece.

Iván Karamázov, de Dostoievski, observa: «Una bestia jamás podría ser tan cruel como lo es el hombre, tan artística y estéticamente cruel».

Sí, sospecho que es así: no queremos oír nada, no queremos saberlo. Sin embargo, en cualquier guerra, no importa quién luche ni por qué luche, ya sea con Julio César o con Iósif Stalin, los hombres se matan entre ellos. Se trata de asesinato. Y sin embargo, en nuestro país no hay costumbre de reflexionar sobre ello; por alguna razón, ni siquiera en las escuelas se habla de la educación patriótica, sino de la patriótica militar. Pero ¿por qué debería sorprenderme? En el fondo es muy lógico: socialismo militar, país militar, pensamiento militar.

No se debe poner a prueba al ser humano de este modo. El ser humano no resiste tantos experimentos. En medicina, a esto se le llama la vivisección. Experimentación *in vivo*.

Por la tarde, en la residencia de soldados, situada enfrente del hotel, suena un casete de música. Yo también he estado escuchando esas canciones «afganas». Esas voces juveniles, que aún no han acabado de hacer el cambio, intentando imitar la voz ronca de Visotski:* «El sol cayó sobre el *kishlak* como una bomba enorme», «No quiero fama, queremos vivir, esa es nuestra recompensa», «¿Por qué matamos? ¿por qué nos matan?», «Ya he empezado a olvidar los rostros», «Afganistán, eres más que nuestro deber, tú eres nuestro mundo», «Los cojos saltan a la orilla del mar como aves enormes», «Un muerto ya no es de nadie, no hay odio en su cara».

Por la noche sueño que nuestros soldados se marchan a casa, yo estoy entre los que los despiden. Me acerco a un chaval, no tiene lengua, es mudo. Había sido prisionero. El pijama del hospital le sobresale por debajo de la guerrera. Le pregunto algo, pero él no para de escribir su nombre: «Vánechka... Vánechka...». Distingo su nombre de una forma tan clara: Vánechka... Se parece al muchacho con el que hablé el día anterior, repetía todo el rato: «Mi madre me está esperando en casa».

Recorremos las calles de Kabul a una hora en que la vida ya se ha extinguido, en el centro de la ciudad vemos un montón de pancartas que nos son familiares: «El comunismo es un futuro de luz», «Kabul, la ciudad de la paz», «El pueblo y el partido están unidos». Son nuestras pancartas, salieron de nuestras imprentas. Nuestro Lenin está aquí con la mano alzada...

Nos encontramos con unos cámaras de Moscú.

* Vladímir Visotski (1938-1980), célebre actor ruso muy conocido también como cantautor.

Han estado filmando cómo cargan el «tulipán negro».* Sin levantar la mirada, explican que a los muertos los visten con uniformes militares antiguos de los años cuarenta, esos del pantalón abotinado, y que a veces los meten en los ataúdes sin nada: los viejos uniformes tampoco dan para todos. Las maderas astilladas, los clavos oxidados...** «Hoy han traído nuevos muertos al frigorífico. Huelen como la carne de jabalí cuando ya está rancia.»

¿Alguien me creerá si escribo esto?

20 de septiembre

He visto un combate...

Han matado a tres soldados... Por la noche hemos cenado todos juntos y nadie se ha acordado de los muertos, aunque los tenemos aquí al lado.

El derecho del hombre a no matar. A no aprender a matar. No está escrito en ninguna de las constituciones existentes.

La guerra es un mundo, no es un suceso... Aquí todo es distinto: el paisaje, el hombre, las palabras. En la memoria se graba la parte más teatral de la guerra: un tanque hace una maniobra, se oyen las voces de mando... la destellante trayectoria de las balas en la oscuridad...

Pensar en la muerte es como pensar en el futuro. Algo le ocurre al tiempo cuando piensas en la muerte, cuando la observas. Al lado del miedo a la muerte está el atractivo de la muerte...

No hace falta inventarse nada. Hay fragmentos de grandes libros en todas partes. En cada persona.

En lo que cuentan (¡tan a menudo!) sorprende la agresividad ingenua de nuestros chicos. De aquellos que hasta hace muy poco eran

* Así llamaban al avión soviético (modelo Antónov AN-12), de transporte mixto de carga y pasaje, en el que se transportaban los ataúdes desde Afganistán a la Unión Soviética.

** Las maderas y los clavos pertenecen a los ataúdes. Estos eran cajas de zinc recubiertas de tablones de madera.

los estudiantes soviéticos del último curso. Lo que quiero conseguir de ellos es el diálogo del hombre con su hombre interior.

Y, sin embargo... ¿qué idioma hablamos con nosotros mismos, con los demás? Por eso me gusta el lenguaje oral, no le debe nada a nadie, fluye libremente. Todo está suelto y respira a sus anchas: la sintaxis, la entonación, los matices, y así es como se reconstruye exactamente el sentimiento. Yo rastreo el sentimiento, no el suceso. Cómo se desarrollan nuestros sentimientos, no los hechos. Probablemente lo que yo estoy haciendo se parece a la labor de un historiador, soy una historiadora de lo etéreo. ¿Qué ocurre con los grandes acontecimientos? Quedan fijados en la Historia. En cambio, los pequeños, que sin embargo son importantes para el hombre pequeño, desaparecen sin dejar huella. Hoy mismo un chico —no parecía un soldado, era frágil y de aspecto enclenque— me ha contado lo extraño y a la vez apasionante que es matar todos juntos. Y lo espantoso que es fusilar.

¿Acaso eso quedará en la Historia? Eso es a lo que yo me dedico desesperadamente (libro tras libro): a disminuir la historia hasta que toma una dimensión humana.

He estado reflexionando mucho sobre la imposibilidad de escribir un libro acerca de la guerra estando en medio de una guerra. Hay muchas interferencias: la compasión, el odio, el dolor físico, la amistad... Y esa carta que viene de casa y nos enciende las ganas de vivir... Cuentan que cuando matan evitan mirar a los ojos, incluso esquivan la mirada de los camellos. Aquí no hay ateos. Todos son supersticiosos.

Me llenan de reproches (sobre todo los oficiales, no tanto los soldados): ¿cómo puedo escribir sobre la guerra si nunca he disparado ni he sido blanco de disparos? Pero tal vez eso sea lo mejor, que nunca he disparado.

¿Dónde está ese ser humano a quien el simple hecho de pensar en la guerra le causa sufrimiento? No lo encuentro. Ayer cerca del Estado Mayor había un pájaro muerto en el suelo, de una especie que desconozco. Es curioso... Los militares se acercaban a él, trataban de adivinar qué especie era. Les daba lástima.

Sobre los rostros muertos se puede leer algo así como la inspiración... No logro acostumbrarme a la locura de los objetos cotidianos en la guerra (agua, cigarrillos, pan...). Sobre todo cuando nos fuimos del acuartelamiento y subimos a las montañas. Allí el hombre está cara a cara con la naturaleza y la incertidumbre. ¿La bala pasará por delante, sí o no? ¿Quién disparará primero, tú o él? Allí te encuentras con el hombre que la naturaleza creó, no el que creó la sociedad.

En la Unión Soviética los reportajes de la tele muestran imágenes de cómo se plantan las arboladas de la amistad, que ninguno de nosotros ni ha visto ni ha plantado...

Dostoievski en *Los Demonios*: «El hombre y sus convicciones son, está claro, dos cosas muy diferentes. Todos somos culpables, todos somos culpables... ¡solo nos falta convencernos de ello!». También dice que la humanidad sabe sobre ella misma mucho más de lo que ha podido plasmar en la literatura o en la ciencia. Sin embargo, él decía que esta reflexión no era suya, sino de Vladímir Soloviov.

Si no hubiera leído a Dostoievski me sentiría aún más desesperada...

21 de septiembre

De lejos se oyen las descargas del lanzacohetes Grad. Resulta espantoso incluso a distancia.

Después de las grandes guerras del siglo XX y sus muertes masivas, la tarea de escribir sobre guerras modernas (más pequeñas), como la guerra afgana, requiere otra postura ética y metafísica. Hay que reclamar un espacio para lo diminuto, lo personal y lo aislado. Un solo hombre. Único para alguien. El hombre no debe verse desde la perspectiva del Estado, sino desde la perspectiva de quién es para su madre, para su mujer. Para su hijo. ¿Cómo recuperar la perspectiva normal?

También me interesa el cuerpo, el cuerpo humano, ese enlace entre la naturaleza y la historia, entre lo animal y lo verbal. Todos los pormenores físicos son importantes: los cambios de la sangre expuesta al sol, el hombre justo antes de su marcha... La vida como tal es increíblemente pintoresca y, por muy cruel que suene, el sufrimiento humano es especialmente pintoresco. La cara oscura del arte. Ayer, por ejemplo, presencié como recogieron, pedazo a pedazo, a unos chicos que habían volado por los aires con una mina antitanque. Podría no haber ido, pero fui para poder escribirlo. Y ahora lo escribo...

Sin embargo: ¿era realmente necesario ir a verlo? Oí como los oficiales se burlaban de mí a mis espaldas: la señorita se rajará. Pero fui, y no hubo nada de heroico en ello porque me desmayé. Tal vez fuera por el calor o por la conmoción. Quiero ser honesta.

23 de septiembre
He subido a un helicóptero... Desde el aire he visto centenares de ataúdes de zinc, el suministro para el futuro, brillan bajo el sol, es bonito y terrorífico...

Cuando te enfrentas a algo así enseguida surge un pensamiento: la literatura se ahoga dentro de sus límites... El hecho y su reproducción solo sirven para expresar lo que ven los ojos, ¿quién necesita un informe detallado? Hace falta algo diferente... Instantes estampados, extirpados de la vida...

25 de septiembre
Volveré siendo una persona libre... No lo era antes de ver lo que estamos haciendo aquí. Me sentía sola y asustada. Volveré y jamás entraré en un museo militar...

En el libro no doy nombres reales. Unos me pedían que respetara el secreto de confesión, otros quieren olvidarlo todo. Olvidar aquello que Tolstói definió como «el hombre fluido». Todo está en su interior.

Sin embargo, en mi diario he conservado los apellidos. Tal vez llegará un día en que mis protagonistas querrán que la gente los conozca:

Serguéi Amirjanián, capitán; Vladímir Agápov, teniente mayor, jefe de unidad; Tatiana Belozérskij, empleada; Victoria Vladímirovna Bartashévich, madre del soldado caído en combate Yuri Bartashévich; Dmitri Babkin, soldado, operario-apuntador; Saia Emeliánovna Babuk, madre de Svetlana Babuk, enfermera fallecida; María Teréntievna Bobkova, madre de Leonid Bobkov, soldado caído; Olimpiada Románovna Báukova, madre de Aleksander Báukov, soldado caído; Taisia Nikoláievna Bógush, madre de Víktor Bógush, soldado caído; Victoria Semiónovna Valóvich, madre de Valeri Valóvich, teniente mayor caído; Tatiana Gaisenko, enfermera; Vadim Glushkov, teniente mayor, intérprete; Gennadi Gubánov, capitán, piloto; Inna Serguéevna Galovneva, madre de Yuri Galovnev, teniente mayor caído; Anatoli Devetiárov, mayor, encargado de propaganda de regimiento de artilleros; Denis L., soldado, granadero; Tamara Dóvnar, viuda de Piotr Dóvnar, teniente mayor; Ekaterina Nikítichna Platítsina, madre de Aleksandr Platitsin, mayor caído; Vladímir Erojovets, soldado granadero; Sofía Grigórievna Zhuravliova, madre de Aleksander Zhuravliov, soldado caído; Natalia Zhestóvskaia, enfermera; María Onúfrievna Zilfigárova, madre de Oleg Zilfigárov, soldado caído; Vadim Ivanov, teniente mayor, jefe de la sección de zapadores; Galina Fiódorovna Ílchenko, madre de Aleksandr Ílchenko, soldado caído; Evgueni Krásnik, soldado de infantería motorizada; Konstantín L., consejero militar; Evgueni Kotélnikov, sargento, auxiliar sanitario de compañía de reconocimiento; Aleksandr Kostakov, soldado de comunicaciones; Aleksandr Kuvshínnikov, teniente mayor, jefe de la sección de granaderos; Nadezhda Serguéevna Kozlova, madre de Andréi Kozlov, soldado caído; Marina Kiseleva, empleada; Tarás Ketsmur, soldado; Piotr Kurbánov, mayor, jefe de la sección de fusileros de alta montaña; Vasili Kúbic, alférez; Oleg Leliushenko, soldado, granadero; Aleksandr Leletko, soldado; Serguéi Loskutov, cirujano militar; Valeri Lisichénok, sargento de comunicaciones; Aleksandr Lavrov, soldado; Vera Lisenko, empleada; Artur Metlitski, soldado de reconocimiento; Evgueni Stepánovich Mujórtov, mayor, comandante de batallón, y su hijo Andréi Mujórtov, subteniente; Lidia Efímovna Manquévich, madre de Dmitri Manquévich, sargento caído; Galina Mliávaia, viuda de Stepán Mliavi, capitán caído; Vladímir Mijolap, soldado granadero; Maxim Medvédev, soldado apuntador aéreo; Aleksandr Niloláenko, capitán, jefe de la escuadra de helicópteros; Oleg L., piloto de helicóptero; Natalia Orlova, empleada; Galina Pávlova, enfermera; Vladímir Pankrátov, soldado de reconocimiento; Vitali Rúzhentsev, soldado, conductor; Serguéi Rusak, soldado, tanquista; Mijaíl Sirotin, teniente mayor, piloto; Aleksandr Sujorúkov, teniente mayor, jefe de la sección de fusileros de alta montaña; Timoféi Smirnov, sargento de artillería; Valentina Kirílovna Sanko, madre de Valentín Sanko, soldado caído; Nina Ivánovna Sidélnikova, madre; Vladímir Simanin, teniente coronel; Tomas M., sargento, jefe de la sección de infantería; Leonid Ivánovich Tatárchenko, padre de Ígor Tatárchenko, soldado caído; Vadim Trubin, soldado del grupo especial de operaciones; Vladímir Ulánov, capitán; Tamara Fadéeva, médica bacterióloga; Ludmila Jaritónchik, viuda de Yuri Jaritónchik, sargento mayor caído; Anna Jakas, empleada; Valeri Judiakov, mayor; Valentina Iákoleva, alférez, jefa de la unidad secreta...

Día uno

«Porque vendrán muchos en mi nombre...»*

Una llamada de teléfono, larga como una ráfaga de fusil, inaugura la mañana:

—Escucha —empieza él sin tapujos—, he leído ese pasquín tuyo, si te atreves a publicar una sola línea más...

—¿Quién eres?

—Uno de esos sobre los que escribes. Algún día nos llamarán, nos entregarán las armas para que pongamos orden. Entonces responderéis por todo esto. Haced el favor, difundid vuestros apellidos, no os ocultéis detrás de seudónimos. ¡Cómo odio a los pacifistas! ¿Alguna vez has subido montañas completamente pertrechada, has viajado dentro de un carro blindado cuando la temperatura afuera es de más de cincuenta grados? ¿Hueles por la noche la peste de las plantas espinosas? ¿A que no la hueles?... No, ¿verdad?... ¡Pues entonces, no toques nada! ¡Eso es nuestro! ¿Para qué lo quieres? Eres una mujer, ¡lo tuyo es parir niños!

—¿Por qué no me dices tu nombre?

—¡No toques nada! A mi mejor amigo, que era como mi hermano, me lo traje de una incursión metido en bolsas de plástico... La cabeza por un lado, las piernas por otro, los brazos... Le habían despellejado como a un jabalí... Descuartizado, abierto en canal... A él le gustaba tocar el violín, escribir versos. Él sí que habría escrito, pero tú... Dos días después de su entierro, a su madre se la llevaron a un manicomio. Dormía en el cementerio, encima de su tumba. Era invierno, dormía sobre la nieve. ¡Tú! Tú... ¡No toques nada! Éramos soldados, nos enviaron allí. Cumplíamos órdenes. Hice un juramento militar. Besé la bandera de rodillas.

* Mateo, 24:5.

—«Mirad que nadie os engañe; porque vendrán muchos en mi nombre». Nuevo Testamento. El Evangelio según san Mateo.

—¡Qué lista! Diez años después todos os habéis vuelto listos. ¿Queréis seguir bien limpitos? O sea que nosotros os estamos manchando... Ni siquiera sabes cómo vuela una bala. Jamás has levantado un fusil de asalto... ¡Me importan un bledo vuestros nuevos testamentos! Yo llevé mi verdad en unas bolsas de plástico... Por un lado la cabeza, por el otro los brazos... No hay otra verdad... —Y acto seguido el pitido dentro del auricular, parecido a un estallido lejano.

De todos modos, me da pena que no hayamos acabado nuestra conversación. Tal vez era mi protagonista...

La autora

«Solo me llegaban las voces... Por mucho que me esforzara, no conseguía que las voces tuvieran rostro. Se alejaban y después volvían. Creo que me dio tiempo para formular: "Me muero". Y abrí los ojos...

»Me desperté en Taskent, dieciséis días después de la explosión. Cuando recuperas el sentido te sientes tan mal, es tan asqueroso que hasta piensas que sería mucho mejor no existir... No haber regresado nunca... Estarías más cómodo. Sientes la cabeza embotada y tienes náuseas, ni siquiera son náuseas, más bien ahogo, como si tuvieras los pulmones llenos de agua. Tardas mucho en salir de ese estado. El aturdimiento y las náuseas... Solo con susurrar me dolía la cabeza, no podía hablar más alto que un susurro. Ya había dejado atrás el hospital de Kabul. En Kabul me habían abierto el cráneo, dentro todo estaba hecho una sopa, me extrajeron pequeños pedacitos de huesos, me reconstruyeron el brazo izquierdo con tornillos, me había quedado sin articulaciones. La primera sensación: qué pena que ya nada volverá, no volveré a ver a mis amigos y, lo más doloroso, no podré practicar la barra fija.

»Pasé dos años menos quince días en hospitales. Dieciocho intervenciones, cuatro de ellas con anestesia general. Los estudiantes hacían trabajos de clase sobre mi caso: qué tengo y qué no. No podía afeitarme yo solo, los compañeros me afeitaban. La primera vez me vaciaron encima un frasco entero de agua de colonia, y yo gritando: "¡Traed otra!". No había olor. Yo no lo sentía. Empezamos a sacar de todo de la mesita de noche: embutidos, pepinos, miel, bombones, ¡nada olía! Había color, había gusto, pero nada de olor. ¡Por poco pierdo la chaveta! Empezó la primavera, los árboles florecían, y yo lo veía pero no lo olía. Me habían extraído un centímetro cúbico y medio de cerebro y, por lo visto, con ello habían amputado un centro, ese que está vinculado al olfato. Incluso ahora (han pasado cinco años), no siento el olor de las flores, del humo del tabaco, de los perfumes de las mujeres. Puedo oler una colonia si el aroma es lo bastante fuerte y penetrante, siempre que meta la nariz dentro, claro. Supongo que lo que me queda de cerebro ha asumido la función perdida. Eso creo.

»En el hospital recibí una carta de un amigo. Por ella supe que una mina explosiva italiana había hecho saltar nuestro vehículo por los aires. Él había visto como junto con el motor del carro había salido volando un hombre... Ese hombre era yo...

»Me dieron el alta y me asignaron un subsidio: trescientos rublos. Por una herida leve te corresponden ciento cincuenta, por una grave trescientos. Y a partir de ahí, ya te las apañarás. Una pensión de cuatro perras. A vivir a costa de tus padres. Mi padre vive en una guerra aunque hoy no haya ninguna. La cabeza se le ha puesto toda blanca, y tiene la tensión por las nubes.

»Durante la guerra no sabía nada, comencé a verlo claro después. Y todo empezó a rebobinarse...

»Me llamaron a filas en 1981. Por entonces la guerra ya llevaba dos años, pero entre los civiles todavía no se sabía mucho de ella y se hablaba poco. En mi familia pensaban: "Si el Estado ha mandado tropas allí, es porque es lo preciso". Así razonaban mi padre, los vecinos. No recuerdo que nadie opinara distinto. Las mujeres ni siquiera lloraban, todo aquello aún estaba lejos y no asustaba. Una guerra que no lo parece, y si es una guerra, pues es una guerra rara, sin muertos ni prisioneros. Nadie había visto todavía los ataúdes de zinc. Fue más tarde cuando nos enteramos de que los ataúdes llegaban a la ciudad y que los enterraban en secreto, de noche, y en las lápidas ponían «falleció» en vez de «cayó en combate». Nadie se preguntaba: ¿por qué de pronto los chavales de diecinueve años se morían haciendo el servicio militar? ¿Era por el vodka? ¿Por la gripe? ¿O tal vez se habrán empachado de naranjas? Los únicos que los lloraban eran sus parientes, mientras que los demás vivían como siempre porque no los tocaba de cerca. Los periódicos decían que nuestros soldados construían puentes, plantaban arboladas de la amistad y que nuestros médicos atendían a las mujeres y a los niños afganos.

»En Vítebsk, en el batallón de instrucción, no se nos ocultaba que nos preparaban para ir a Afganistán. Muchos trataban de escabullirse a toda costa. Un tipo me confesó que tenía miedo porque allí nos matarían a tiros. Yo le traté con desdén. Justo antes de irnos otro se negó a ir: primero mintió diciendo que había perdido el carnet del Komsomol, pero después el carnet apareció y él se inventó que su chica estaba encinta. Yo lo consideraba subnormal. ¡Íbamos a hacer la revolución! Eso era lo que nos decían. Y nosotros nos lo creíamos. Ante nosotros veíamos algo romántico.

»La bala se encuentra con el hombre, tú lo oyes (no se te olvida, es inconfundible), ese chapoteo húmedo, tan característico. Un muchacho al que conoces cae de bruces a tu lado sobre el polvo agrio como la ceniza. Le vuelves boca arriba: sus dientes todavía aprietan el cigarrillo que tú mismo le has dado hace un segundo. Todavía humea... Yo no estaba preparado para disparar al hombre, todavía formaba parte de la vida de paz... Yo venía de la paz... La primera vez actúas como en un sueño: corres, te arrastras, disparas, pero nada se te queda en la memoria, después del combate no tienes nada que contar. Todo se queda como detrás de un cristal... Al otro lado de una cortina de lluvia... Lo percibes como una pesadilla. El miedo te hace despertar pero no logras recordar nada. Para experimentar el horror tienes que recordarlo, que acostumbrarte a él. En unas dos o tres semanas no queda ni rastro de tu personalidad anterior, solo tu nombre. Tú ya no eres tú, eres otra persona. Creo que es así... Por lo visto, así es... Y esa otra persona... Ese otro hombre ya no se espanta cuando ve a un muerto, sino que la mar de tranquilo, o tal vez incluso mosqueado, piensa en cómo lo va a bajar de las rocas y arrastrarlo durante varios kilómetros en medio de un calor insoportable. No tiene que imaginarlo... ya sabe cómo apestan en medio de ese calor las entrañas salidas afuera y lo que cuesta después quitar de la ropa el olor a excrementos y a sangre humana. ¿La imaginación? La imaginación mengua. Observas el rictus de las calaveras calcinadas en medio de un sucio charco de metal fundido, como si al morir no gritaran, sino que se estuvieran riendo a carcajadas... Y todo eso de pronto te resulta ordinario... Simple... Surge una excitación aguda y estimulante cuando ves a un muerto: ¡no soy yo! Sucede tan rápidamente... Esa transformación... Es muy rápida. Y nos afecta a todos.

»En la guerra, la muerte no tiene ningún secreto. Matar es simplemente apretar el gatillo. Nos instruían: se salvará el que dispare primero. Es la ley de la guerra. "Aquí debéis saber hacer dos cosas: andar con rapidez y tener buena puntería. De pensar ya me encargo yo", decía el comandante. Disparábamos en la dirección que nos indicaban. Había sido adiestrado para disparar a quien me indicaran. Yo disparaba, no me apiadaba de nadie. Fui capaz de matar a un niño. Porque allí todos combatían contra nosotros: los hombres, las mujeres, los viejos, los niños. El convoy pasaba por un *kishlak*. El motor del vehículo que iba en cabeza se encalla. El conductor baja de la cabina, levanta el capó... Un chaval, diez años, no más, le hinca un cuchillo en la espalda... Justo donde el corazón. El soldado cae encima del motor... Los niños le acribillan a cuchilladas... Si en aquel instante nos hubiesen dado una orden, habríamos reducido esa aldea a polvo. La habríamos borrado. Cada uno trataba de sobrevivir. No había tiempo para pensar. Teníamos todos dieciocho o veinte años como mucho. Me acostumbré a la muerte ajena, pero la mía me espantaba. Había visto a un hombre quedar reducido a la nada en un segundo, como si nunca hubiera existido. Y entonces enviaban a casa el uniforme de gala en un ataúd vacío. Dentro echaban tierra para que pesara lo debido... Cómo nos apetecía vivir. Nunca he sentido tantas ganas de vivir como allí. Regresábamos del combate y nos reíamos. Nunca me he reído tanto como allí. Los chistes malos tenían tanto éxito como los mejores. Este, por ejemplo...

»Un traficante de poca monta llega a la guerra. Antes que nada averigua cuántos vales* dan por cada *dushmán* capturado. El precio son ocho vales. Dos días más tarde alrededor del cuartel se levanta una nube de arena: el tipo trae a doscientos prisioneros. Un compañero le pide: "Véndeme uno. Te doy siete vales". "Qué dices, querido. Si los acabo de comprar a nueve por barba."

»Nos reíamos aunque nos lo contasen por milésima vez. Cualquier chorrada nos hacía reír a carcajadas, a mandíbula batiente.

»Hay un *dushmán* (así llamábamos a los muyahidines) con un diccionario en las manos. Es un francotirador. Ha visto a uno con tres estrellas pequeñas en las hombreras: es un teniente primero... Mira el diccionario: por tres estrellas pagan cincuenta mil afganis. ¡Pam, pam! Una estrella grande es un mayor, son doscientos mil afganis. ¡Pam, pam! Dos estrellas pequeñas es un alférez. ¡Pam, pam! Por la noche su jefe pasa cuentas. Un teniente primero: pagamos, un mayor: pagamos, un... ¿cómo? ¿Un alférez? ¡Idiota, te acabas de cargar a nuestro intermediario! ¿Quién nos venderá ahora las conservas, quién nos venderá las mantas? ¡A la horca!

»De dinero hablábamos mucho. Más que de la muerte. Yo no me llevé nada. El fragmento de la mina que me sacaron y ya está. Algunos cogían de todo... Porcelana, piedras preciosas, joyas, alfombras... Eso durante las misiones de combate, cuando entrábamos en los *kishlak*. Otros compraban o hacían trueque... Un cargador de caja con los cartuchos a cambio de un estuche de maquillaje: rímel, polvos y sombra de ojos para la novia. Vendían cartuchos hervidos. Una bala hervida no sale disparada por el cañón, es como que el cañón la escupe. No se puede matar con una bala así. Cogíamos los pucheros, echábamos allí los cartuchos, poníamos agua y los hervía-

* Los vales eran una especie de divisa complementaria (en formato de papel) que existió en la Unión Soviética entre 1964 y 1988. Se cobraban en vales los sueldos de los ciudadanos soviéticos que trabajaban en el extranjero, incluidos los soldados que servían en Afganistán. Con los vales solo se podían realizar compras en establecimientos determinados, que pertenecían a una red estatal de tiendas con un surtido de mercancías más variado y de más calidad que las tiendas convencionales. El cambio vale-rublo era de 4,6:1, por lo que el poder adquisitivo del sueldo en vales era cuatro veces mayor.

mos durante dos horas. ¡Y ya está! Por la tarde los vendíamos. Todo el mundo hacía negocios, los oficiales y los soldados, los valientes y los cobardes. De los comedores desaparecían cuchillos, tenedores, marmitas, cucharas. En los cuarteles faltaban jarras, taburetes, martillos. Desaparecían las bayonetas de los fusiles, los retrovisores de los coches, los recambios... Incluso las condecoraciones... En los *ducán* aceptaban de todo, hasta la basura que el transporte sacaba de la base militar: latas, periódicos viejos, clavos oxidados, trozos de madera chapada, botes de plástico... La basura se vendía a camiones. El dólar y el agua siempre abrirán el camino. En cualquier lugar. Un soldado soñaba... había tres... tres sueños de soldado: comprar un chal para su madre, un estuche de maquillaje para su novia, y unos slips para él, en la Unión Soviética entonces no había slips. Así fue esa guerra.

»Nos llaman "los afganos". Es un nombre que me resulta ajeno. Como un vestigio. Un estigma. No somos como los demás. Somos distintos. ¿Que cómo somos? Yo no sé quién soy: no sé si soy un héroe o un imbécil a quien señalan con el dedo. ¿O tal vez soy un criminal? Ya se habla que ha sido un error político. Hoy lo dicen a media voz, mañana lo dirán más alto. Y yo dejé sangre allí... Mía... Y de otros... Nos concedieron órdenes que no nos ponemos... Un día las devolveremos... Son condecoraciones recibidas honradamente en una guerra deshonrada... Las escuelas nos invitan a dar charlas. ¿De qué se supone que tengo que hablarles? De las operaciones militares... De mi primer muerto... De que incluso ahora me aterroriza la oscuridad, de que cuando se me cae algún objeto, me estremezco... De cómo capturábamos prisioneros pero no los entregábamos al cuartel... O no siempre. [*Se calla*] En un año y medio de guerra nunca vi a un *dushmán* vivo, solo muertos. ¿De las colecciones de orejas humanas desecadas? Trofeos de guerra... Cómo se jactaban de ellos... ¿De los *kishlak*, que después de darles un repaso con la artillería se parecen más a un campo arado que a un pueblo? ¿Será esto lo que quieren oír en nuestras escuelas? Qué va, allí necesitan a los héroes. Pero yo recuerdo cómo destruíamos y matábamos, y allí mismo construíamos, repartíamos regalos. Todo aquello estaba tan mezclado que ni siquiera ahora logro separarlo. Esos recuerdos me asustan... Me escondo de ellos. Los eludo... No conozco ni a un solo hombre que no fume ni beba después de haber regresado de allí. Los cigarrillos flojos no me sirven, busco los de la misma marca que fumábamos allí... Los médicos me tienen prohibido fumar... Tengo media cabeza hecha de metal. Tampoco puedo beber alcohol...

»Por favor, no escriba eso de la hermandad "afgana". No existe. Yo no lo creo. En la guerra estábamos unidos: nos habían engañado por igual, todos deseábamos vivir por igual y nos moríamos por volver a casa, también por igual. Aquí nos une que, mientras que la fortuna en nuestro país se reparte por enchufe a los privilegiados, ninguno de nosotros tenemos nada. Y eso que están en deuda, por nuestra sangre. Compartimos los mismos problemas: subsidios, apartamentos, buenos medicamentos, prótesis, electrodomésticos... Una vez que los resolvamos, nuestras asociaciones se disolverán. Conseguiré, atraparé, arrancaré a mordiscos ese apartamento, muebles de importación, frigorífico, lavadora, reproductor de vídeo de marca japonesa y ¡adiós! Entonces se verá con toda claridad que no me queda nada por hacer en esa asociación. Para los jóvenes no tenemos ningún atractivo. Para ellos somos una cosa rara. Oficialmente nos equiparan con los excombatientes de la Gran Guerra Patria, pero ellos defendían su país, ¿nosotros qué? Nos había tocado el papel de los alemanes, un chico me lo dijo tal cual. Sí... Eso es... Así es como nos ven ellos... Y a nosotros eso nos molesta. Ellos estaban aquí escuchando música, bailando, leyendo, mientras nosotros allí nos alimentábamos de bazofia y moríamos en explosiones de minas. Quien no haya estado allí conmigo, quien no lo haya visto, no lo haya vivido, para mí no es nadie.

»Dentro de diez años, cuando todas nuestras hepatitis, malarias y lesiones internas salgan a la superficie, tratarán de quitársenos de encima. En el trabajo, en casa... Dejarán de guardarnos un sitio en las mesas de presidencias de honor. Seremos una carga... ¿Para qué sirve su libro? ¿Para quién escribe? A nosotros, a los que regresamos, de todos modos no nos gustará. ¿Acaso se puede contar todo tal como realmente fue? Cómo los camellos y los hombres muertos yacían en el mismo charco de sangre, mezclándose una sangre con otra. ¿Quién quiere saber eso? En nuestro país, para todos, somos unos extraños. No me queda más que mi casa, mi esposa y mi hijo, que nacerá pronto. Y unos pocos amigos de allí. No creo a nadie más.

»Y jamás podré creer.»

Soldado, granadero

«He mantenido la boca cerrada durante diez años... Todo aquello lo he tenido callado...

»Los periódicos decían: "Hoy un regimiento ha hecho prácticas de marcha... Ha realizado ejercicios de tiro...". Lo leíamos y se nos hinchaba la vena. Yo estaba en una sección que acompañaba los vehículos. Con un destornillador se puede agujerear fácilmente un coche, imagínate con una bala, son un blanco perfecto. Cada día nos disparaban, nos mataban. Una vez mataron al chico que estaba a mi lado. Fue el primero... que cayó ante mis ojos. No nos conocíamos mucho todavía... Disparaban con un mortero. Tardó mucho rato en morirse, se le habían clavado varios cascos de metralla. Él nos reconocía, sabía quiénes éramos. Pero llamaba a otras personas...

»La noche antes de marcharme a Kabul, estuve a punto de pelearme con un chaval, su amigo nos intentaba separar.

»—¡No te enfades con este, que mañana se va a Afgán!

»Allí jamás hubo propiedades individuales, ninguno tenía su marmita personal o su cuchara. Había una marmita y todos nos abalanzábamos sobre ella, unos ocho hombres. Pero Afgán no es ninguna novela, no es una aventura. Ves en el suelo a un campesino muerto: cuerpo flacucho y manos grandes... Cuando te están bombardeando pides (no sé a quién se lo pides, supongo que a Dios) que la tierra se abra y te oculte. Que la roca se abra... Los perros aullaban. Los lastimosos aullidos de los perros detectores de explosivos. A ellos también los mataban, los herían. Hombres muertos, perros muertos, perros y hombres vendados. Hombres sin piernas, perros sin patas. Sobre la nieve no hay modo de distinguir qué sangre es humana y cuál es de perro. Amontonábamos juntas todas las armas que cogíamos, como trofeo: las de producción china, americana, paquistaní, soviética, inglesa... eran (reconozco que me sorprendía) muy bonitas, pero todo aquello servía para matarme. ¡Miedo! No me avergüenzo de ese miedo. El miedo es más humano que la valentía. Eso lo comprendí pronto. Sientes miedo y compasión, aunque solo sea por ti mismo... Miras a tu alrededor, empiezas a fijarte en la vida... Todo seguirá viviendo, pero tú desaparecerás. No es agradable pensar que yacerás, insignificante y pequeño, a miles de kilómetros de tu casa. El hombre es capaz de conquistar el cosmos, pero las personas se matan entre ellas exactamente igual que hace miles de años. Con balas, con cuchillos, con piedras... En los *kishlak* a nuestros soldados los ensartaban con las horcas de madera...

»Yo regresé en 1981. Acompañados por el son de las fanfarrias... ¡Habíamos cumplido con el deber internacional! ¡Con el santo deber! ¡Éramos unos héroes! Llegué a Moscú por la mañana, muy temprano. Llegué en tren. El autobús no salía hasta la noche. No podía esperar. Cogí un tren de cercanías hasta Mozhaisk, de allí fui a Gagarin en un autobús de línea, y luego hasta Smolensk en autostop. De Smolensk a Vítebsk en un camión. En total son seiscientos kilómetros. La gente, cuando se enteraba de que volvía de Afgán, se negaba a aceptar mi dinero. Eso se me quedó grabado en la memoria. El último kilómetro y medio lo hice a pie. Corriendo. Corrí hasta llegar a mi casa.

»En casa: el olor de los álamos, el tintineo de los tranvías, una niña comiendo helado. ¡Y los álamos, el olor de los álamos! Allí la naturaleza solo es una zona verde, lo llaman "el verdor", desde allí disparan. Cuántas ganas tenía de ver un abedul, un pájaro carbonero de los de toda la vida... Me daban miedo las esquinas. Doblar la esquina de un edificio... Me acercaba a una esquina y sentía que se me hacía un nudo en las entrañas: ¿quién habrá detrás de esa esquina? Viví un año con miedo de salir a la calle: sin el chaleco antibalas, sin el casco, sin la metralleta... es como estar desnudo. ¡Y los sueños! Alguien me apunta directamente a la frente y el calibre es para volarme media cabeza... Me daba golpes de cabeza contra la pared... Sonaba el teléfono y yo, empapado en sudor: "¡Nos están disparando!". ¿Desde dónde? Entonces escrutaba las paredes y me topaba con la librería... ¡Uffff! Estoy en mi casa...

»Los periódicos seguían con lo mismo: "El piloto de helicóptero tal ha realizado un ejercicio de vuelo... Fulano ha sido condecorado con la orden de la Estrella Roja... En Kabul se ha celebrado el Primero de Mayo con un concierto de gala donde participaron los soldados soviéticos...".

»Afgán me ha curado. Me ha liberado de la fe de que lo nuestro siempre es correcto, de que los periódicos y la tele dicen la verdad. "¿Ahora qué hago? —me preguntaba— ¿Qué hago?" Yo quería hacer algo al respecto, ir a algún sitio y hablar sobre ello. Pero ¿adónde? Mi madre me disuadía, y tampoco me apoyaron los amigos: todo el mundo se callaba la boca. Era lo correcto.

»Se lo he dicho a usted... Por primera vez he dicho lo que pienso. Es una sensación rara.»

Soldado, infantería motorizada

«Me da miedo empezar a contarlo... Las sombras volverán y se me echarán encima...

»Cada día... Allí, cada día me decía: "Qué boba soy. ¿Por qué lo hice?". Esos pensamientos me venían sobre todo por la noche, cuando no estaba trabajando, porque de día pensaba en otras cosas: "¿Cómo los ayudo a todos?". Las heridas eran horribles... Me asombraba: "¿Para qué esas balas?, ¿quién las ha inventado?". El agujero de entrada era pequeño, pero por dentro todo (las entrañas, el hígado, el bazo), todo estaba destrozado, desgarrado. El inventor de esa cosa no tenía bastante con matar, herir; todo eso le parecía poco, lo que quería era hacer sufrir mucho. Les dolía... y ellos siempre gritaban lo mismo: "¡Mamá!". No se oía otra palabra...

»Mi intención era irme de Leningrado por un año o dos; en cualquier caso, marcharme. Se me había muerto mi hijo, después mi marido. Nada ni nadie me ataba ya a esa ciudad, todo lo contrario, cada rincón me devolvía recuerdos, me repelía. Mi primera cita fue aquí... Mi primer beso allí... En este hospital fue donde di a luz...

»Me llamó el médico jefe:

»—¿Aceptaría trabajar en Afganistán?

»—Sí, acepto.

»Necesitaba ver que había gente que lo pasaba peor que yo. Y lo vi.

»La guerra, nos decían, es justa: ayudamos al pueblo afgano a dejar atrás el feudalismo y a levantar una sociedad de socialismo luminoso. Se ocultaba el hecho de que nuestros muchachos morían en combate, pero en cualquier caso nosotros sabíamos que allí abundan las enfermedades infecciosas: malaria, fiebre tifoidea, hepatitis. Año 1980... Era al principio... Aterrizamos en Kabul... El hospital estaba alojado en unos antiguos establos ingleses... No teníamos nada... Una sola jeringuilla para todos... Los oficiales habían vaciado las provisiones de alcohol, tratábamos las heridas con gasolina. Las heridas se curaban mal... El sol era de gran ayuda. Los rayos del sol matan a los microbios. Los primeros heridos que vi iban en ropa interior y botas. Sin pijamas. Los pijamas tardaron mucho en llegar. Lo mismo pasó con las zapatillas. Y con las mantas... Un chico... Recuerdo a aquel chico: su cuerpo se doblaba en todas direcciones, como si no tuviese huesos, sus piernas parecían cuerdas. Le habían extraído como dos decenas de metrallas.

»Durante todo el mes de marzo, allí mismo, junto a las tiendas de campaña, se amontonaban los brazos y las piernas amputados. Los cadáveres... yacían en una sala aparte... Estaban medio desnudos, con los ojos arrancados, una vez vi uno con la estrella dibujada a cuchillo sobre la barriga... Lo había visto antes en las películas de la Guerra Civil. Todavía no había ataúdes de zinc, aún no los habían fabricado.

»Al poco tiempo empezamos a preguntarnos: ¿cuál es nuestro papel aquí? Nuestras dudas no gustaron a los superiores. Las zapatillas y los pijamas aún faltaban, pero las pancartas y los llamamientos ya colgaban por todas partes. La propaganda en primer plano y de trasfondo los rostros enjutos y tristes de nuestros chicos. Esa imagen se me ha quedado grabada para siempre... Celebrábamos las reuniones de instrucción política dos veces a la semana. Nos instruían sin parar: el santo deber, las fronteras han de estar selladas. Lo más desagradable del ejército es la delación, es la orden de delatar. Informar de cualquier nadería. Espiar a cada herido, a cada enfermo. Se le llamaba «estar al tanto de los ánimos». El ejército debe gozar de buena salud... La regla era chivarse de todos. No se nos permitía compadecernos. Pero nosotros nos compadecíamos, aquello solo podía aguantarse a base de compasión...

»Habíamos venido para... salvar, ayudar, amar. Ese era nuestro objetivo... Al poco tiempo de estar allí me di cuenta de que estaba llena de odio. Odiaba esa arena suave y ligera que quemaba como el fuego. Odiaba esas montañas. Odiaba esos *kishlak* planos desde los que, en cualquier momento, podían dispararnos. Odiaba a ese afgano que caminaba con un cesto lleno de melones y al que estaba de pie al lado de su casa. A saber dónde había pasado la noche y qué había hecho. Mataron a un oficial que yo conocía, había salido del hospital hacía poco... Degollaron a todos los soldados que había en dos tiendas de campaña... En otro sitio envenenaron el agua... Un muchacho cogió del suelo un bonito encendedor y le explotó en las manos... Los que morían eran nuestros chicos. Los nuestros. Hay que comprenderlo... ¿Ha visto alguna vez a un hombre quemado? No, no lo ha visto. No hay rostro, no hay ojos, no hay cuerpo... Es algo arrugado, todo cubierto de una costra amarilla... Lo que sale de su interior no es un grito, es un mugido...

»Allí vivían de odio, sobrevivían de odio. ¿Y el sentimiento de culpa? No surgió allí, sino aquí, cuando lo vi a distancia. Allí todo me parecía justo, aquí me horroricé al recordar a una niña pequeña sin brazos ni piernas tirada en una carretera polvorienta... Como una muñeca rota. Después de nuestro bombardeo... Pero allí... hasta nos sorprendía que no les cayésemos bien... Le administrabas una medicina a una mujer y ella no te miraba a los ojos, nunca te sonreía. Y nos mosqueábamos. Allí irritaba, aquí no. Aquí ya eres una persona normal, ya has recuperado los sentimientos.

»Tengo una buena profesión: salvo vidas, eso fue lo que me salvó a mí. Puedo justificarme: allí éramos necesarios. Pero no salvamos a todos a los que podríamos haber salvado, eso es lo más terrible. Podría haberlos salvado, pero no disponía de los medicamentos adecuados. Podría haberlos salvado, pero los trajeron tarde. ¿Sabe con quiénes habían completado las unidades sanitarias? Con unos cuantos soldados mal instruidos, que como mucho habían aprendido a poner vendas. Podría haberlos salvado, pero no conseguí despertar al cirujano, que estaba durmiendo la mona. Podría haberlos salvado... Ni siquiera se nos permitía decir la verdad en las notificaciones de fallecimiento. Morían por explosiones de minas... a menudo lo único que quedaba de una persona era medio cubo lleno de trozos de carne... Y nosotros escribíamos: falleció en un accidente de coche, cayó por un precipicio, sufrió una intoxicación alimentaria. Solo cuando ya se contaban a miles nos dieron permiso para comunicar la verdad a sus familiares. Yo me acostumbré a los cadáveres. Pero aceptar que eran tan jóvenes, tan próximos, tan niños... me era imposible.

»Una vez trajeron a un herido. Durante mi turno. Él abrió los ojos y me miró:

»—Por fin —dijo. Y se murió.

»Le habían estado buscando por las montañas durante tres días. Al final lo encontraron. Lo trajeron al hospital. Él deliraba: "¡Un médico! ¡Un médico!". Cuando vio mi bata blanca, pensó: "¡Estoy salvado!". Pero su herida era incompatible con la vida. Solo entonces supe lo que es una herida craneal... En la memoria guardo mi propio cementerio personal, mi propia galería de retratos. Enmarcados en negro.

»La muerte no los igualaba. Por alguna razón, lloraban más los que caían en combate. Los que fallecían en el hospital normalmente se lamentaban menos. Aun así, había algunos que gritaban mientras morían... ¡Cómo gritaban! Recuerdo a un mayor que estaba muriéndose en la UCI. Era consejero militar. Su mujer vino a verle. Y él se murió ante sus ojos. Ella también empezó a chillar a voz en grito... Como un animal... Desearía haber cerrado todas las puertas para que nadie la oyera... Sobre todo porque justo al lado había otros soldados muriéndose. Muchachos... Y no había nadie que llorara su muerte. Ellos morían en soledad. Allí aquella mujer sobraba...

»—¡Mamá! ¡Mamá!

»—Estoy aquí, hijo —les decíamos, los engañábamos.

»Nos convertíamos en sus madres, en sus hermanas. Yo siempre me esforzaba por estar a la altura de su confianza.

»Traían a un soldado herido. Sus compañeros nos lo entregaban, pero no se marchaban:

»—Chicas, de verdad que no queremos nada. Solo os pedimos si podemos quedarnos aquí un rato.

»En cambio, aquí, en casa... tienen a sus madres, a sus hermanas. Sus mujeres. Aquí no nos necesitan. Pero allí nos confesaban lo que jamás le hubieran contado a nadie en su vida normal. Le has robado bombones a tu compañero y te los has comido. Aquí eso es una nadería. Pero allí suponía una tremenda decepción de uno mismo. En unas circunstancias como aquellas el hombre se esclarece. Si uno es cobarde, no pasa mucho tiempo hasta que queda al descubierto que lo es. Si es un chivato, pronto se ve claro que lo es. Si es un mujeriego, todos se enteran. No estoy segura de que aquí alguno de ellos fuera capaz de reconocerlo, pero allí lo escuché muchas veces: quitarle la vida a alguien puede llegar a gustar, matar produce placer. Es un sentimiento intenso. Conocí a un alférez que cuando estaba a punto de volver a la Unión Soviética lo admitió sin tapujos: "¿Cómo podré vivir allí con lo que me gusta matar?". Quizá sea una especie de adicción: ellos, la mar de tranquilos, comentaban los asesinatos. Los chicos (¡con pasión!) contaban cómo habían quemado un *kishlak* entero, lo habían reducido a cenizas. Pero ellos no están locos, ¿a que no? Fueron miles los que regresaron con esas ideas... Asesinar a un hombre no les costaba nada... Una vez vino de visita un oficial, había estado en Kandahar. Por la noche, cuando llegó la hora de despedirse, se encerró en una habitación vacía y se pegó un tiro. Decían que estaba borracho, no lo sé. Es difícil. Llegar al final de cada día era difícil. Un muchacho se pegó un tiro mientras estaba de guardia. Llevaba tres horas bajo el sol. Era un buen chico, no aguantó. Muchos perdían la razón. Al principio los ponían en salas comunes, más tarde los alojaron por separado. Comenzaron las fugas, les espantaban las ventanas enrejadas. Cerca de los demás se sentían mejor. Recuerdo sobre todo a uno:

»—Siéntate —decía—. Te cantaré la canción del licenciamiento. —Cantaba, cantaba y se dormía.

»Se despertaba:

»—¡A casa! ¡A casa! Con mamá... Aquí tengo calor...

»No paraba de repetirlo.

»Muchos fumaban porros. Hachís, marihuana... Lo que pudieran conseguir... Explicaban que con eso se sentían fuertes, libres de todo. En primer lugar, de su propio cuerpo. Es como si anduvieras de puntillas, en cada célula notas la levedad, sientes cada músculo. Tienes ganas de volar. ¡Te mueves volando! La alegría te desborda. Todo está bien, cualquier tontería te hace reír. La vista, el oído... se vuelven más agudos. Distingues más olores, más sonidos. En ese estado matar se te hace más leve, estás anestesiado. No hay compasión. Y tampoco te asusta tu muerte, el miedo se ha ido. La sensación es como si llevaras un chaleco antibalas, como si estuvieras acorazado. Yo los comprendía... En dos ocasiones... yo... fumé porros dos veces... En ambos casos fue cuando mi organismo, mi psique, ya no daban más de sí. Yo estaba al cargo de la unidad de enfermedades infecciosas. La capacidad máxima era de treinta enfermos, pero llegamos a tener hasta trescientos hombres a la vez. Fiebre tifoidea, malaria... Sí, les suministraban sábanas y mantas, pero la realidad era que no tenían otra cosa que poner en el suelo aparte de sus capotes. De ropa, no llevaban más que los calzoncillos. Tenían las cabezas rapadas, y aun así llovían piojos, llovían... Piojos del cuerpo... De la cabeza... Jamás me había imaginado que pudieran existir tantos piojos... Y los afganos del *kishlak* de al lado eran los que vestían nuestros pijamas y se hacían turbantes con nuestras sábanas. Sí, nuestros muchachos se lo vendían todo. No se lo reprocho... No... En la mayoría de los casos. ¡Morían por tres rublos al mes! El sueldo mensual de nuestro soldado era de ocho vales. Eso equivale a tres rublos... Los alimentaban con carne podrida, con pescado pasado que olía a herrumbre... Todos padecíamos escorbuto, a mí se me cayeron los dientes incisivos. Ellos vendían las mantas y compraban hachís. O algo dulce. O bagatelas... Los tenderetes allí son tan llamativos... Había montones de baratijas atractivas. Aquí, en la Unión Soviética, no hay nada parecido, ellos nunca lo habían visto. Así que vendían sus armas, hasta los cartuchos, y después con esos mismos fusiles y con esos cartuchos los mataban. Compraban chocolate... Bollos...

»Después de haber vivido aquello veo mi país con otros ojos. Mi ángulo de visión cambió, se ensanchó...

»Tenía miedo de volver a casa. Todo me parecía raro. Era como si me hubieran despojado de todo, hasta de la piel. Lloraba sin parar. No podía ver a nadie que no hubiera estado allí. Con las personas que habían estado en Afgán hubiera podido pasar días y noches enteros. Pero las palabras de los demás me parecían vanas, hablaban de chorradas. Así estuve durante medio año aproximadamente. Ahora ya no me corto, y en una cola ladro como todos. Pero no es lo mismo. Te esfuerzas en vivir con normalidad, como vivías antes. Pero no te sale. Por mí, por mi vida, ya no siento otra cosa que indiferencia. La vida está acabada, no habrá nada en el futuro. Esto a los hombres les duele más todavía. Una mujer puede aferrarse a su hijo, pero ellos no tienen nada en lo que centrarse. Ellos regresan, se enamoran, tienen hijos... y, sin embargo, por encima de todo sigue estando Afganistán. Me gustaría entender por qué es así. ¿Para qué fue todo eso? ¿Por qué me afecta tanto? Allí nos esforzábamos en enterrarlo en el rincón más apartado del alma, aquí sale a la superficie.

»Ellos necesitan compasión, todos los que han estado allí. Yo era una persona adulta, ya había cumplido los treinta, y aun así el mono es tremendo. Pero ellos... ellos eran unos críos, no comprendían nada. Los sacaron de sus casas y les dieron armas. Les dijeron: "Tenéis una misión sagrada, la Patria no os olvidará". Y ahora les apartan las miradas, pretenden que esa guerra quede olvidada. ¡Todos! Los primeros, los que nos enviaron allí. Incluso nosotros mismos, cada vez hablamos menos de la guerra. Todo el mundo detesta esa guerra. Sin embargo, yo todavía lloro cuando oigo el himno afgano. Me enamoré de la música de aquel país. Es como una droga.

»Hace poco, en el autobús, me encontré con un soldado. Había estado en tratamiento en nuestro hospital. Perdió el brazo derecho. Yo lo recordaba bien, también es de Leningrado.

»—Hola, Seriozha. ¿Te puedo ayudar? ¿Tal vez necesitas alguna cosa?

»Y él, enfadado:

»—¡Déjame en paz!

»Sé que me encontrará y que me pedirá perdón. Pero ¿quién se lo pedirá a él? ¿Quién se lo pedirá a todos los que estuvieron allí? ¿A todos los que quedaron destrozados y rotos? Y no hablo de los mutilados. ¿Hasta qué punto tienes que despreciar a tu propio pueblo para meterlo de lleno en algo semejante? Desde entonces no solo detesto la guerra, odio incluso las peleas de niños. Y que nadie me diga que aquella guerra se ha acabado. Un hálito de polvo cálido en verano, el centelleo del agua muerta, el olor penetrante de las flores secas... son como un golpe en la sien...

»Nos seguirá persiguiendo durante toda la vida.»

Enfermera

«Ya he vuelto a la vida, me he curado de la guerra... Pero ¿cómo transmitir todo lo que viví allí?

»Ese temblor en todo el cuerpo, esa rabia... ¿Cómo? Cuando hice el servicio militar yo ya estaba graduado en la escuela técnica de vehículos terrestres, así que me nombraron chófer de un comandante de batallón. La vida no me iba mal. Pero entonces surgió el tema del contingente reducido de las tropas soviéticas en Afganistán, insistían mucho, ni en una sola de nuestras tutorías de política se dejó de hablar del asunto: nuestras tropas aseguran las fronteras de la Patria, prestan una ayuda fraternal al país amigo. Nos alarmamos: ¡podían enviarnos a la guerra! Después comprendí que directamente decidieron engañarnos...

»Nos invitaron al despacho del comandante de la unidad y nos preguntaron:

»—Chicos, ¿os apetecería estrenar unos vehículos nuevos que tenemos?

»Y, por supuesto, todos dijimos a una:

»—¡Sí! Es nuestro sueño.

»Acto seguido venía:

»—Vale, pero antes deberíais echar una mano en la campaña de cosecha de las tierras vírgenes del sur.

»Todos aceptamos.

»Ya en el avión nos enteramos por casualidad de que estábamos volando a Taskent. Sin saber por qué me surgieron dudas: ¿de verdad íbamos a participar en la campaña de cosecha en las tierras vírgenes? Aterrizamos en Taskent. Formamos y nos condujeron a un lugar cercado con alambrada cerca del aeródromo. Esperaríamos allí. Los jefes trajinaban de aquí para allá, parecían ansiosos, entre ellos hablaban en susurros. A la hora de comer, empezaron a traernos cajas y cajas de vodka. Y al poco:

»—¡Formen!

»Colocados en fila, nos anunciaron que en unas horas vendría a buscarnos un avión militar: nos enviaban a la República de Afganistán a cumplir nuestro deber. Acorde al juramento prestado.

»¡La que se armó! El miedo y el pánico transformaron a los chicos en animales: sumisos o furiosos. Unos lloraban por la ofensa, otros estaban estupefactos ante aquel increíble y repugnante engaño. Por eso habían preparado el vodka... Para que tratar con nosotros les fuera más fácil. Luego, cuando el vodka ya se nos había subido a la cabeza, algunos soldados intentaron escapar, otros se abalanzaron encima de los oficiales. Pero había soldados con metralletas acordonando el estacionamiento, y nos iban empujando a todos hacia el avión. Nos cargaban dentro como si fuéramos sacos, nos dejaban tirados en la barriga metálica.

»Así fue como llegamos a Afganistán... Al poco tiempo vimos a los heridos, a los muertos, escuchamos las palabras "misión de reconocimiento", "combate", "operación". Creo... ahora comprendo... que experimenté un shock... Empecé a volver a la normalidad, a percibir claramente lo que me rodeaba, ya pasados unos meses.

»Cuando mi mujer preguntó: "¿Cómo es que mi marido ha acabado en Afganistán?", le contestaron: "Expresó su deseo voluntario de ir". Iguales respuestas recibieron todas nuestras madres y esposas. Si necesitasen mi vida, mi sangre, para una gran misión, yo mismo respondería: "¡Me apunto voluntariamente!". Pero no, me engañaron dos veces: me enviaron a una guerra y no me dijeron la verdad sobre esa guerra. Supe la verdad ocho años más tarde. Mis amigos descansan en sus tumbas y no saben cómo los engañaron con esa vil guerra. A veces siento envidia de ellos porque nunca lo sabrán. Nadie volverá nunca a engañarlos.»

Soldado, conductor

«Yo echaba muchísimo de menos mi Patria...

»Mi marido estuvo sirviendo durante mucho tiempo en Alemania, después en Mongolia... Pasé veinte años lejos de mi Patria, a la que amaba irreprimiblemente. Así que finalmente envié una carta al Estado Mayor: había pasado toda mi vida en el extranjero, no podía más. Solicitaba que me ayudasen a regresar a casa...

»Ya estábamos en el tren, pero yo seguía sin poder creérmelo. A cada minuto le preguntaba a mi marido:

»—¿De verdad que a la Unión Soviética? ¿No me estarás mintiendo?

»En la primera parada agarré un puñado de tierra, de mi tierra natal, la miraba y sonreía: ¡mi tierra! Me la metía en la boca, en serio. Me lavaba la cara con ella.

»Mi favorito... mi... nuestro... Yura es mi hijo mayor. Una madre no debería decir estas cosas, pero yo le amaba más que a nadie en este mundo. Más que a mi marido, más que a mi segundo hijo. A ellos también los quería, pero con Yura era algo especial. Cuando era pequeñito, no le soltaba. Incluso cuando yo dormía, le agarraba de la pierna. No se me metía en la cabeza: ¿cómo iba yo a dejarlo con alguien para ir al cine? Me lo llevaba conmigo, tenía unos tres meses. Cogía unos cuantos biberones de leche y nos íbamos al cine. Puedo decir que estuve con él durante toda su vida. Le educaba solo según los libros, según los ideales: Pavka Korchaguin, Oleg Koshevói, Zoia Kosmodemiánskaia. En primero de primaria no se sabía de memoria las fábulas o los versos infantiles, sino que recitaba páginas enteras de *Tkl zakaliálas stal* (Así se templó el acero), de Nikolái Ostrovski.*

* Nikolái Ostrovski (1904-1936) fue un escritor soviético, autor de la novela de culto *Así se templó el acero* (1932), que narra las experiencias de tres personajes durante la revolución bolchevique: Pavka Korchaguin, Koshevói y Kosmodemiánskaia.

»Su maestra estaba encantada:

»—Yura, ¿a qué se dedica tu madre? Has leído tantos libros...

»—Mi mamá es bibliotecaria.

»Él conocía los ideales, pero no sabía nada de la vida real. Lo mismo que yo. Después de tantos años lejos de la Patria, creía que la vida se componía de ideales. Un ejemplo... Ya habíamos regresado a nuestra tierra natal, vivíamos en Chernivtsi, y Yura era estudiante en una academia militar. Una vez, a las dos de madrugada, llamaron a nuestra puerta. Abrí, y allí estaba él:

»—¿Hijo? ¿Cómo es que vienes tan tarde? Llueve a cántaros, estás empapado...

»—Mamá, he venido a decirte algo: vivir se me hace muy difícil. Todo lo que me has enseñado... Nada de eso existe. ¿De dónde lo has sacado? Y esto es solo el principio... ¿Qué será de mi vida?

»Pasamos el resto de la noche sentados en la cocina. ¿Qué le podía decir? Lo de siempre: la vida es bella, la gente es buena. Todo es cierto. Me estuvo escuchando en silencio. Por la mañana volvió a la academia.

»Insistí muchas veces:

»—Yura, deja la academia y matricúlate en una universidad civil. Ese es tu lugar. Me duele ver como te torturas.

»Él no era feliz con su elección, había decidido estudiar para convertirse en militar profesional de pura casualidad. Hubiera sido un buen historiador... o un científico. Los libros eran su vida... "Qué maravilla de país era la Antigua Grecia." Leía todo lo que encontraba sobre Grecia. Después se enamoró de Italia: "Mamá, Leonardo da Vinci ya reflexionaba sobre los viajes espaciales. Algún día alguien descifrará la sonrisa de *La Gioconda*...". Durante el último curso escolar, pasó las vacaciones de invierno en Moscú. Allí vive mi herma-

---

El primero es un personaje básico de la mitología soviética. Los dos últimos eran personas reales, miembros del Komsomol y partisanos durante la Segunda Guerra Mundial que, tras su muerte, torturados y ejecutados a manos de los nazis, se convirtieron en mártires de la Unión Soviética.

no, un coronel jubilado. Yura le confesó: "Quiero matricularme en la facultad de Filosofía". Su tío no lo aprobó:

»—Yura, eres un muchacho honesto. Hoy en día, en nuestro país, ser filósofo es difícil. Tendrás que engañarte a ti mismo y a los demás. Si dices la verdad, acabarás en la cárcel o en el manicomio.

»Así que, llegada la primavera, Yura tomó una decisión:

»—No me preguntes por qué, mamá. He elegido la profesión militar.

»Yo hacía tiempo que había visto los ataúdes de zinc en el cuartel. Pero entonces mi hijo mayor solo hacía séptimo, y el otro era aún más pequeño. Mi esperanza era que la guerra terminase antes de que ellos se hiciesen mayores. ¿Cómo puede ser que una guerra dure tanto?... Pero, como dijo alguien en el funeral de Yura, "la guerra acabó siendo tan larga como el colegio, diez años".

»Llegó la graduación en la academia militar. Mi hijo se convirtió en oficial. Pero no me podía creer que mi hijo tuviera que ir a ninguna parte. Ni por un instante podía imaginarme mi vida sin él.

»—¿Adónde te destinarán?

»—Solicitaré un puesto en Afganistán.

»—¡¡¡Yura!!!

»—Mamá, tú me has educado, ahora no se te ocurra intentar reeducarme. Me has educado bien. Esos degenerados que me he encontrado en la vida no son mi pueblo, ni mi Patria. Iré a Afganistán para demostrarles que lo sublime existe en esta vida, que no todo el mundo piensa que la felicidad es tener un coche y el frigorífico lleno. Que hay algo más... Tú me lo has enseñado...

»No fue el único que se presentó voluntariamente, muchos chicos solicitaron servir en Afganistán. Todos procedían de buenas familias: uno era el hijo del presidente de un *koljós*, otro tenía un padre que era maestro en una escuela rural... La madre era enfermera...

»¿Qué podía replicarle a mi hijo? ¿Que la Patria no lo necesitaba? ¿Que aquellos a los que él pretendía demostrar algo siempre pensarán que los que van a Afganistán lo hacen por dinero o por esas tonterías que se compran allí? O por las medallas. O por hacer carrera. Para esa gente, Zoia Kosmodemiánskaia es una fanática, no un ideal, porque una persona en sus cabales jamás actuaría de ese modo.

»No sé qué me pasó: lloré, rogué. Le confesé cosas que no me atrevía a confesarme ni a mí misma... Todo lo que ya se empezaba a escuchar por ahí... Lo que la gente murmuraba por detrás de las puertas cerradas. Le suplicaba:

»—Yura, la vida no es como yo te la he enseñado. Si algún día me entero de que estás en Afganistán, me iré a la plaza Roja... subiré al patíbulo... me rociaré de gasolina y me quemaré. Allí te matarán, y no por la Patria, sino por nada... Porque sí. ¿Acaso es digno de una patria condenar a muerte a sus mejores hijos sin que haya una gran idea detrás?

»Él me engañó, me dijo que se iba a Mongolia. Pero yo lo sabía: es mi hijo, estará en Afganistán.

»Por la misma época, Guena, mi otro hijo, empezó el servicio militar obligatorio. No me preocupaba por él, había crecido de otra manera. Sus eternas disputas con Yura eran:

»—Tú, Guena, no lees. Jamás te he visto con un libro. Siempre con la guitarra —decía Yura.

»—No quiero ser como tú. Quiero ser como los demás —respondía Guena.

»Se fueron los dos, me instalé en su habitación. No había nada en la vida que me interesara, excepto sus libros, sus cosas, sus cartas. Yura me describía Mongolia en sus cartas, pero cometía tantos errores con la geografía que ya no me quedaba ninguna duda de dónde estaba realmente. Me pasaba los días y las noches repasando mi vida... Estaba desgarrada. No hay palabras para transmitir ese dolor...

»Yo lo he enviado allí. ¡Yo misma!

»... Un día vinieron a verme unos desconocidos, en sus caras vi enseguida que traían una mala noticia. Me fui corriendo a la habitación. La última esperanza que me quedaba.

»—¿Es Guena?

»Evitaban mirarme a los ojos. Yo estaba dispuesta a darles un hijo para salvar al otro:

»—¿Guena?

»Uno de ellos pronunció en voz muy baja:

»—No, es Yura.

»No puedo... No puedo seguir... Hace dos años que me muero. No estoy enferma, pero me muero. No me quemé en la plaza, mi marido no fue a las autoridades a tirarles a la cara su carnet del partido. Debe de ser que ya estamos muertos. Solo que nadie lo sabe...

»Ni nosotros lo sabemos...»

Madre

«Conseguí convencerme: "Lo he olvidado. Lo he olvidado...".

»En nuestra familia este tema es tabú. A mi mujer, que tenía cuarenta años, allí se le quedó la cabeza toda blanca de canas. Mi hija solía llevar el pelo largo. Pues ahora siempre lo lleva corto. Durante los bombardeos nocturnos de Kabul no conseguíamos despertarla y le tirábamos de las trenzas...

»Han pasado cuatro años y es como si el dique se hubiera roto... Quiero hablar... Ayer mismo vinieron unos amigos, no pude parar. Traje el álbum... pasé dispositivas: helicópteros suspendidos en el aire sobre un *kishlak*, un herido, lo acomodan en la camilla, a su lado tiene la pierna arrancada, calzada todavía con la bamba. Los prisioneros miran ingenuamente al objetivo, en diez minutos ya no existirán... ¡Allahu Akbar! Giré la cabeza para comentarles una cosa a los invitados: los hombres fumaban en el balcón, las mujeres se habían refugiado en la cocina. Solo miraban los niños. Unos adolescentes. Sentían curiosidad. No entiendo qué me está pasando. Quiero hablar. ¿Por qué será? Para que nada se me olvide...

»No me veo capaz de explicar cómo era entonces, qué era lo que sentía. Puedo decir lo que siento hoy. Pasados cuatro años... Dentro de diez lo diré de otra manera o, tal vez, todo se haya roto en pedazos...

»Sentía una especie de rabia. De grima. ¿Por qué tengo que ir yo? ¿Por qué me ha tocado a mí? Pero si te cae una carga encima y no te quebrantas, a la larga te aporta satisfacción. Comienzas a prepararte con pequeñeces: qué navaja me llevo, qué maquinilla de afeitar... Ya estás listo. Entonces la espera se te hace inaguantable: quieres enfrentarte a lo desconocido cuanto antes, mientras todavía estás entusiasmado, en la cumbre. Es como una especie de esquema que se repite... Eso cualquiera se lo confirmará. A mí me daban como escalofríos y sudor pegajoso... Y otro detalle: cuando el avión toma tierra, te sientes aliviado y a la vez excitado: ahora empezará, por fin lo veremos, lo tocaremos, lo viviremos.

»Tres afganos, allí, de pie. Están hablando, se ríen. Un chaval sucio pasa corriendo por delante de los tenderetes, se zambulle por debajo y se esconde entre unas telas gruesas, bajo el aparador. Un papagayo me clava su mirada de ojos verdes, no parpadea. Estoy allí y no entiendo lo que está pasando... Esos tres no interrumpen su charla. El que está de espaldas a mí se gira... Y yo ya me encuentro mirando el cañón de una pistola. La pistola se levanta... se levanta... Tengo el orificio delante de mis ojos... Lo veo. Oigo un chasquido seco y ya no existo... Estoy al mismo tiempo en uno y otro lado... Pero todavía no me he caído, me mantengo de pie. Quiero hablar con ellos: aaah...

»El mundo reaparece lentamente, como en una fotografía... Una ventana... Es alta... Una cosa blanca, dentro de ella se encuentra algo grande, pesado... Es alguien... Sus gafas me impiden verle el rostro... Caen gotas de sudor... que golpean con fuerza mi rostro... Levanto los pesados párpados y oigo un suspiro de alivio:

»—Ya está, camarada teniente coronel, ha vuelto del viaje.

»Pero si levanto la cabeza o tan solo la vuelvo, mi cerebro se hunde. La conciencia parpadea... El chaval se zambulle de nuevo en el montón de trapos gruesos debajo del aparador... El papagayo me clava su mirada de ojos verdes que no parpadean... Los tres afganos están de pie... El que se encuentra de espaldas a mí se gira... Mis ojos se topan con el cañón de la pistola... Con el agujero... Lo veo... Ya no espero el chasquido familiar... Grito: "¡Debo matarte! ¡Debo matarte!...".

»¿De qué color es un grito? ¿Qué sabor tiene? ¿De qué color es la sangre? En el hospital es roja, sobre la arena seca es gris, sobre una roca, cuando anochece, es de color azul, pero ya no está viva. En un herido de gravedad, la sangre se escurre muy deprisa, igual que de un frasco roto... Y el hombre se apaga... se apaga... Tan solo sus ojos brillan hasta el final. Su mirada se vuelve esquiva, tenazmente esquiva...

»¡Está todo pagado! ¡Todo! Íntegramente. [*Nervioso, empieza a avanzar por la habitación a grandes pasos*]

»Si miras las montañas desde abajo son infinitas, de cimas inalcanzables. Cuando subes en un avión, más abajo ves unas esfinges volcadas. ¿Comprende a qué me refiero? Al tiempo. A la distancia entre los acontecimientos. Entonces ni siquiera nosotros, los involucrados, sabíamos qué guerra era aquella. No confunda al yo de hoy con el de ayer, con el hombre que estuvo allí en 1979. ¡Sí, yo lo creía! En 1983 vine a Moscú. La gente aquí actuaba, vivía, como si nosotros no estuviéramos allí. Como si no hubiera ninguna guerra. En el metro, igual que siempre, se reían, se besaban. Leían. Yo caminaba por la calle Arbat e iba parando a la gente:

»—¿Cuántos años hace que dura la guerra de Afganistán?

»—Ni idea...

»—¿Cuántos años hace que dura esta guerra?...

»—Dos, tal vez...

»—¡Ah! ¿Es que hay una guerra, en serio?

»Hoy cualquiera se atreve a reírse de nosotros, a pitorrearse: eran ciegos y tontos, eran unos borregos. ¡Un rebaño sumiso! Ahora Gorbachov les ha dado permiso... Se ha abierto la veda... ¡Venga, a burlarse todo el mundo!... Hay un antiguo proverbio chino que dice: aquel cazador que se jacta delante de un león muerto merece todo el desdén del mundo, aquel que se jacta delante de un león derrotado merece todo el respeto del mundo. Algunos pueden hablar de errores. Yo no sé quién. En cualquier caso, yo no. Me preguntarán: "¿Por qué se calló usted la boca entonces? Ya no era un muchacho. Casi había cumplido los cincuenta". Tengo que aclararlo...

»De entrada: sí, allí yo disparaba, pero al mismo tiempo le tengo respeto a ese pueblo. Incluso lo adoro. Me gustan sus canciones, sus oraciones, sosegadas e infinitas como sus montañas. Aun así, yo (y hablo solo por mí) creía sinceramente que una yurta es peor que un bloque de viviendas de cinco plantas, que sin un inodoro no hay cultura. Los atiborraremos de inodoros y les levantaremos viviendas de piedra. Les enseñaremos a conducir tractores. Así que les llevamos escritorios para los despachos, jarrones para el agua y manteles rojos para las reuniones oficiales, y de paso miles de retratos de Marx, Engels y Lenin. Estaban colgados en cada despacho, encima de la cabeza de cada jefe. Les llevamos coches negros para llevar a los jefes. Y también les llevamos nuestros tractores, y nuestros toros sementales. Los campesinos (los *dekjan**) se negaban a tomar la tierra que les regalábamos: la tierra pertenece a Alá, el hombre no puede darla ni tomarla. Los cráneos rotos de las mezquitas nos observaban como si fuéramos seres de otra galaxia...

»Nunca sabremos cómo es el mundo visto por una hormiga. Engels lo comenta en sus obras. Hay un dicho: "Afganistán no se compra con dinero, se compra con mucho dinero". Por la mañana enciendo un cigarrillo: sobre el cenicero hay una lagartija tan pequeña como un abejorro. Vuelvo pasados unos días: la lagartija continúa encima del cenicero, no se ha movido, ni siquiera ha girado la cabeza. Me ha hecho comprender: así es Oriente. Yo desaparezco y renazco, una, dos, diez veces, caeré y me levantaré, mientras que ella ni siquiera tendrá tiempo de girar su diminuta cabeza. Sus calendarios marcan el año 1361...

»Estoy en mi casa, sentado en mi sillón, delante de la tele. ¿Que si soy capaz de quitarle la vida a un hombre? ¡Pero si no puedo ni matar una mosca! Los primeros días, incluso los primeros meses, cuando las balas cortaban al vuelo las ramas de las moreras la sensación era del todo irreal... La psicología del combate es diferente. Corres y tiras al blanco... Delante de ti... Con visión periférica... No llevaba la cuenta de cuántos había matado... Pero sí, corría. Apuntaba a los blancos... Por aquí... Por allá... Blancos vivos, en movimiento... Yo mismo era un blanco. Una diana... Pues no, ninguno regresa de la guerra hecho un héroe. No es posible regresar de allí convertido en héroe...

»¡Está todo pagado! ¡Todo! Íntegramente.

»La gente se imagina, y adora, al soldado de 1945 a quien toda

* Jerga de los excombatientes. Proviene del persa *dehqān*, que significa «agricultor, granjero».

Europa amaba. Un hombre inocente, cándido, ceñido con un cinturón ancho. No quería nada, solo ansiaba la victoria, y después ¡a casa! Pero ese otro soldado que acaba de regresar, su vecino de escalera, de calle, es diferente. Ese ansiaba unos tejanos y un magnetófono. Él ha visto una vida distinta y la recuerda. Se le ha despertado el apetito... Ya lo decían los sabios antiguos: no despiertes al perro dormido. No sometáis al hombre a pruebas inhumanas. No las aguantará.

»A mi querido Dostoievski no lo podía leer allí. Es demasiado lúgubre. Me llevaba mis libros a todas partes. Ray Bradbury. Ciencia ficción. ¿Quién quiere vivir eternamente? Nadie.

»Pero hubo de todo... ¡Lo hubo! Recuerdo... En una cárcel me presentaron al caudillo de una banda (así es como los llamábamos). Estaba tumbado en un catre metálico y leía... Reconocí la portada... Lenin: *El estado y la revolución*. "Qué pena —dijo—, yo no llegaré a terminarlo. Tal vez mis hijos sí lo lean..."

»Se incendió el edificio de la escuela, solo quedó una pared. Cada mañana, los niños venían a estudiar y escribían sobre esa pared con los carbones que quedaron tras el incendio. Después de las clases pintaban otra vez la pared de blanco. Volvía a ser una hoja de papel intacta...

»Trajeron a un teniente herido, había perdido ambas piernas y ambos brazos. Había perdido sus partes masculinas. Las primeras palabras que pronunció después de recuperarse de la impresión fueron: "Hola, chicos, ¿cómo estáis?...".

»¡Está todo pagado! Y nosotros pagamos más que cualquiera... Más que ustedes...

»No queremos nada, hemos pasado por todo. Solo escúchennos y compréndannos... La gente está acostumbrada a actuar: a recetar pastillas, a adjudicar el subsidio, a facilitar la vivienda. Aportar algo y olvidar... Todo lo que pidamos nosotros ya está pagado. Y lo hemos pagado caro, con nuestra sangre. Aun así, hemos venido a confesarnos. Y nos confesamos.

»No olviden el secreto de confesión...»

Consejero militar

«Digan lo que digan, es bueno que haya acabado así. En derrota. Eso nos abrirá los ojos...

»No se puede relatar todo... Había lo que había, de allí quedó lo que vi y lo que recuerdo, que ya solo es una parte del todo, y después no quedará más que lo que sea capaz de contar. Las palabras abarcarán una décima parte... En el mejor de los casos, sacando lo mejor de mí. Si me esfuerzo. Pero ¿por amor a quién debo hacerlo? Por Aliosha, que murió en mis brazos: se le habían clavado en el vientre ocho cascos de metralla. Descendimos las montañas con él durante dieciocho horas. Vivió durante las primeras diecisiete, murió en la última. ¿Recordar por amor a Aliosha? Estando ahí arriba, él no lo necesita. Solo la religión cree que los muertos necesitan ser recordados. Yo prefiero pensar que los muertos no sienten dolor, no sienten miedo y no se avergüenzan. Entonces ¿para que atizar el brasero? Usted intenta averiguar algo a través de nosotros... Sí... Por supuesto que llevamos un estigma... Pero ¿de qué se puede enterar por nosotros? Tal vez se está confundiendo de personas. Compréndalo: es difícil adquirir ideales cuando se combate en un país ajeno, defendiendo vaya usted a saber qué. Encontrarle el sentido. Allí todos éramos iguales, pero no éramos correligionarios... Lo mismo que pasa aquí... En el mundo normal... Es pura casualidad: al destino no le costaría nada intercambiar a los que estaban allí por aquellos que no lo estaban. Todos somos distintos, pero en cualquier parte somos iguales, aquí o allá.

»Recuerdo que en sexto grado la profesora de ruso me hizo salir a la pizarra:

»—¿Quién es tu personaje favorito: Chapáiev o Pavka Korchaguin?

»—Es Huckleberry Finn.

»—¿Por qué Huckleberry Finn?

»—Cuando Huck Finn dudaba sobre si delatar a Jim, el prófugo negro, o si arder por él en el infierno, se dijo a sí mismo: "Al diablo, arderé por él en el infierno", y no le delató.

»—¿Y si Jim fuera un soldado del Ejército Blanco y tú fueras un soldado de la Guardia Roja? —me preguntó después de la clase mi amigo Aliosha.

»Y así transcurre nuestra vida, entre los blancos y los rojos, los que no están con nosotros están contra nosotros.

»Era cerca de Bagram... Entramos en un *kishlak* y pedimos comida. Según sus leyes, si un hombre entra en tu casa y está hambriento, no puedes negarle una torta caliente. Las mujeres nos dejaron sentarnos a su mesa y nos dieron de comer. Cuando nos hubimos marchado, los vecinos apedrearon a esas mujeres y a sus hijos hasta la muerte. Ellas sabían que los iban a matar, y sin embargo no nos echaron de sus casas. Y nosotros irrumpíamos en su país con nuestras reglas... Entrábamos en sus mezquitas sin quitarnos las gorras...

»¿De qué sirve que me obligue usted a recordar? Todo aquello es muy íntimo: el primer hombre a quien maté, mi propia sangre sobre la arena ligera, el larguísimo cuello de un camello (parecía una chimenea) que se balanceó sobre mí justo antes de perder el sentido. Al mismo tiempo, allí fui igual que los demás. En toda mi vida solo una vez me he negado a ser como los otros... En la guardería nos obligaban a cogernos de las manos y a caminar en parejas, pero a mí me gustaba pasear en solitario. Las maestras jóvenes aguantaban mis caprichos a regañadientes, pero al poco tiempo una de ellas se casó, se marchó, la sustituyó la señora Klava.

»—Coge a Seriozha de la mano. —La señora Klava me obligó a acercarme al otro niño.

»—No me apetece.

»—¿Por qué no te apetece?

»—Me gusta pasear solo.

»—Tienes que hacerlo, como todos los niños y niñas buenos.

»—Que no.

»Cuando se acabó el recreo, la señora Klava me desnudó, incluso me quitó los calzoncillos y la camiseta, y me dejó solo en una habitación oscura durante tres horas. Cuando eres pequeño, no hay nada peor que quedarte solo. En medio de la oscuridad. Es como si todos se olvidasen de ti. Crees que nadie te encontrará. Al día siguiente, paseé de la mano con Seriozha, como todos los demás. En la escuela las decisiones las tomaba la clase, en el instituto (el curso, en la fábrica) el colectivo. En todas partes decidían por mí. Me inculcaron que una sola persona no sirve de nada. Una vez leí en un libro: "El asesinato de la valentía". Cuando me marché allí, dentro de mí ya no había nada que asesinar: "Voluntarios, dos pasos hacia delante". Todos dieron dos pasos hacia delante, y yo también los di.

»En Shindand... vi a dos de nuestros soldados que habían perdido la chaveta, se pasaban el rato "conversando" con los *dushmán*. Les explicaban lo que era el socialismo según el libro de texto de noveno... quién era Lenin... "Pues resulta que aquel ídolo estaba hueco, los sacerdotes se metían dentro y desde allí le hablaban al pueblo." El viejo Krilov...* todo un clásico... Un día en el cole (yo tenía once años) vino una "señora francotiradora" que había matado a setenta y ocho "señores nazis". Regresé a casa tartamudeando, por la noche me subió la fiebre. Mis padres creyeron que había pillado un virus. Me quedé en casa durante una semana. Me la pasé leyendo mi libro favorito, *El Tábano*, de Ethel Voynich.**

»¿De qué sirve que me obligue a recordar? Cuando regresé... no fui capaz de ponerme mis viejos tejanos y camisas, eran la ropa de otra persona, de un desconocido, aunque mi madre insistiera en que aún conservaban mi olor. Aquel hombre ya no está, no existe. El otro hombre, el que soy ahora, tan solo lleva el mismo apellido. Antes del servicio militar yo había tenido una novia, había estado enamorado. Cuando volví a casa ni la llamé. Ella se enteró por casualidad de que estaba en la ciudad, y me encontró. Fue un error... No debimos volver a vernos... "El hombre al que tú querías y que te quería a ti ha desaparecido —le dije—. Soy otra persona. ¡Joder, yo

* Iván Krilov (1769-1844) fue un poeta ruso que revitalizó el género de las fábulas basándose a menudo en los textos clásicos de Esopo o de La Fontaine. La cita pertenece a la fábula *Oráculo*, que cuenta la historia de un ídolo pagano que ofrecía consejos sabios mientras por su boca hablaban los sabios; cuando en su interior se metió un idiota, el oráculo empezó a decir tonterías.

** Ethel Lilian Voynich (1864-1960) fue una escritora y compositora angloirlandesa. Su novela *El Tábano* fue publicada por primera vez en 1897 en Estados Unidos, en 1898 apareció la traducción rusa. *El Tábano* es una novela romántico-revolucionaria, anticlerical, ambientada en la Italia de la primera mitad del siglo XIX, que narra la historia de los miembros de una asociación política. En Rusia obtuvo un inmenso éxito, que se prolongó hasta la segunda mitad del siglo XX.

soy otro!" Ella lloraba. Venía. Me llamaba. ¿Para qué? ¡Si soy otro! ¡Otro! [*Se calla un rato. Recupera la calma*] A decir verdad, aquel, el de antes, me caía bien... Lo echo de menos... A menudo me acuerdo de él... "Padre —le pregunta el Tábano a Montanelli—, ¿su Dios está satisfecho ahora?"

»¿A quién puedo lanzarle a la cara todas estas palabras? Como si fueran una granada...»

Soldado, artillero

«¿Que cómo he llegado a parar aquí? Es muy fácil. Creyéndome todo lo que decían los periódicos...

»Me decía: "Antes la gente llevaba a cabo hazañas, éramos capaces de sacrificarnos, pero los jóvenes de hoy no valemos para nada. Yo tampoco. Allí hay gente luchando y yo estoy aquí haciéndome un vestido nuevo, inventándome un nuevo corte de pelo". Mi madre lloraba: "No te lo perdonaré nunca, ni en el lecho de muerte. No os he dado la vida para acabar enterrando vuestros brazos y piernas por separado".

»¿Mis primeros recuerdos? Cuando nos enviaron a Kabul. La alambrada, los soldados armados con metralletas... Los perros ladraban. Solo había mujeres. Centenares de mujeres. Los oficiales se acercaban y elegían a las más bonitas, a las más jóvenes. Descaradamente. Uno me llamó:

»—Venga, si no te disuade mi vehículo, te llevo conmigo a mi batallón.

»—¿Qué le pasa a tu vehículo?

»—Llevo el "cargamento 200"... —Yo ya sabía que el "cargamento 200" eran los muertos, los ataúdes.

»—¿Hay ataúdes?

»—Los descargarán enseguida.

»Era un camión Kamaz como cualquiera, con cubierta de lona. Tiraban los ataúdes uno encima de otro como si fuesen cajas de pertrechos. Me quedé de piedra. Los soldados enseguida se dieron cuenta: es una novata. Llegué a la unidad. Hacía un calor tremendo, sesenta grados. En los lavabos había tantas moscas que todas esas alas juntas podrían haberme levantado en el aire. No había duchas. El agua valía más que el oro. Yo era la única mujer.

»Al cabo de dos semanas el comandante del batallón me dijo:

»—Vivirás conmigo...

»Dos meses de resistencia absoluta. En una ocasión por poco le lancé una granada, en otra incluso agarré una daga. Tuve que escuchar de todo: "Así que buscas a alguien de mayor rango... Pues el día que quieras una taza de té con azúcar, vendrás sin que yo te lo pida...". Nunca en mi vida había soltado un taco, pero me harté:

»—¡¡¡Váyase a tomar por culo!!!

»Me volví grosera, escupía blasfemias a diestro y siniestro. Me trasladaron a Kabul, me pusieron de recepcionista en una residencia. Al principio acometía contra cualquiera como una fiera. Me miraban como si estuviera loca.

»—Pero ¿por qué nos atacas? No te vamos a morder...

»Era incapaz de comportarme de otro modo, me había acostumbrado a defenderme. Si alguien me decía:

»—Vente a tomar una taza de té.

»—¿Me invitas a tomar el té o a chupártela?

»Hasta que apareció mi... ¿amor?... Esas palabras aquí no se pronuncian. Él me presentaba a sus amigos diciendo:

»—Mi mujer.

»Y yo le susurraba al oído:

»—¿Tu mujer "afgana"?

»Un día íbamos sentados encima de un vehículo blindado... Nos dispararon y yo le protegí con mi cuerpo. Por suerte la bala se metió por la escotilla. Él estaba de espaldas... Cuando volvimos al cuartel le escribió a su esposa sobre mí. Ahora lleva dos meses sin recibir cartas de su casa.

»Me gusta salir a disparar. Vaciar el cargador de una ráfaga. Hace que me sienta mejor.

»Yo misma he matado a un *dushmán*. Hicimos una salida a las montañas, para respirar aire fresco, para disfrutar de las vistas. Escuché un ruido detrás de una roca, me tiré hacia atrás como si me hubiera dado una descarga eléctrica y apreté el gatillo, disparé en ráfaga. Me adelanté a él. Después me acerqué a mirar: era un hombre fuerte, guapo...

»—Tú sí que vales —me dijeron los chicos.

»Me hinché como un pavo. También les gustó que no revolviera en su bolsa, no le cogí nada, excepto la pistola. De camino al campamento me vigilaban todo el rato por si me mareaba o vomitaba. Nada de nada. Solo noté que mi cuerpo se hacía muy ligero... Llegué, abrí el frigorífico y comí, comí mucho, tanto que en otro momento me hubiera bastado para una semana. Era una crisis nerviosa. Me trajeron una botella de vodka. Lo bebía y no me emborrachaba. Estaba aterrada: si hubiera fallado, mi madre me habría recibido en el "cargamento 200".

»Yo quería estar en la guerra, pero no en esta, en la Gran Guerra Patria.

»¿De dónde nace el odio? Es muy fácil. Han matado a tu compañero, al mismo que tantas veces había estado a tu lado, los dos habíais comido de la misma marmita. Él te había hablado de su novia, de su madre. Y de repente ves su cuerpo calcinado. Todo se te hace muy claro... Dispararás como una demente. No estamos acostumbrados a reflexionar sobre las grandes cuestiones: ¿quién organizó todo esto?, ¿quién es el culpable? Hay un chiste... A la radio armenia le preguntan: ¿qué es la política? La radio armenia responde: ¿ha oído usted mear a un mosquito? Pues la política es una cosa aún más fina. Que el gobierno se encargue de eso, pero aquí los hombres ven la sangre y se vuelven bestias. Pierden los cabales... Una vez que observas como la piel quemada se encoge... Igual que las medias de nailon... Y ya tienes suficiente... Es horrible cuando matan los animales... Ejecutaron a una caravana que transportaba armas. Fusilaron por separado a los hombres y a los asnos. Ambos esperaban en silencio la muerte de igual manera. El grito de un asno herido era como si restregaras una pieza de metal contra otra. Estridente...

»Mi cara, mi voz aquí son diferentes. Puede hacerse una idea de cómo somos aquí nosotras, las chicas. Comentamos en voz alta:

»—¡Menudo imbécil! Se ha enfadado con el sargento y se ha

unido a los *dushmán*. Tendrían que haberle pegado un tiro. ¡Lo habrían contabilizado como otra baja de combate!...

»Esta es una conversación sincera, ¿verdad?... Es que muchos oficiales creen que aquí es igual que en la Unión Soviética, que pueden coger a un soldado y pegarle, ultrajarle. Pues después se los encuentran muertos... Un tiro por la espalda en combate... Ponte a buscar quién ha sido. Y demuéstralo.

»En los puestos de montaña los chicos llevan años sin ver a nadie. El helicóptero pasa tres veces por semana. Una vez fui con uno. Se me acercó un teniente:

»—Señorita, quítese el pañuelo. Suéltese el pelo. —Yo llevaba unas trenzas muy largas—. Llevo dos años sin ver otra cosa que las cabezas rapadas de los soldados.

»Los soldados, todos, saltaron fuera de sus trincheras...

»Otra vez, en un combate, un soldado me protegió con su cuerpo. Le recordaré mientras viva, prenderé una vela por él cada vez que pise una iglesia. No me conocía de nada, lo hizo solo porque yo era una mujer. Esas cosas se te graban en la memoria. ¡Porque en la vida normal es imposible comprobar si una persona te hará o no de escudo! Aquí lo bueno se mejora, y lo malo se agrava. Durante un bombardeo... Le estoy contando otro caso... Un soldado me gritó una grosería. ¡Una guarrada! Eran palabras soeces. "¡Maldito seas!", pensé. Y justo entonces le alcanzó una descarga, le cortó media cabeza, medio cuerpo. Delante de mis ojos... Temblé como en mitad de un ataque de malaria. Y eso que yo ya había visto las grandes bolsas de plástico con los cuerpos muertos. Cadáveres envueltos en papel de aluminio... Como... No encuentro una comparación... No podría escribir libros, me pasaría el rato buscando y rebuscando las palabras. Tendría que irlas probando. Como... como si fueran un juguete muy grande... Pero nunca antes me había dado por temblar. No lograba calmarme.

»Nunca he visto a una chica ponerse las condecoraciones militares, aunque se las merezca. Una se puso una vez la medalla por Servicio de Combate y, venga, todos a burlarse: "Por servicio de cama". Porque todos lo sabemos: se puede ganar una medalla a cambio de una noche con el comandante del batallón... ¿Por qué se cree que aquí aceptan a las mujeres? Pues porque somos imprescindibles... ¿Me entiende? Si no, algunos oficiales se habrían vuelto locos. ¿Y por qué las mujeres se desviven por ir a la guerra? Por el dinero... Por un buen puñado de dinero. Te compras un magnetófono, ropa... Y, de vuelta a casa, los vendes. En la Unión Soviética jamás ganarás tanto dinero. Ni ahorrando... No hay una verdad única, toda verdad es distinta. Es una conversación sincera, ¿no?... Algunas chicas se liaban con los dueños de los *ducán* a cambio de ropa. Pasas por el *ducán*, y los *bacha*...* (los niños) te gritan: "*Kanum,*** *dzhik-dzhik...*", y te señalan el cuartito de atrás. Nuestros oficiales les pagan a las chicas con vales, y lo dicen tal cual: "Voy a ver a la valerosa". Hay un chiste que dice: en el centro de traslado de Kabul se encuentran Koschéi el inmortal, Zméi Gorínich y Baba Yagá.*** Los tres vienen a defender la revolución. Pasados dos años, de vuelta a casa, vuelven a encontrarse: Zméi Gorínich ha perdido dos de sus tres cabezas, Koschéi apenas se mantiene en pie, ha sobrevivido a duras penas gracias a que es un ser inmortal... y Baba Yagá está la mar de contenta, fresca como una rosa, luciendo tejanos nuevos:

»—Estoy tramitando los papeles para quedarme otros dos años aquí.

»—¡Vieja, te has vuelto loca!

»—Vieja lo soy en la Unión Soviética, aquí me tienen por una princesa.

»Los soldados... Los muchachos... Todos ellos salen de aquí destrozados, tienen dieciocho o diecinueve años. Son unos niños. Aquí han visto de todo. De todo... Han visto a una mujer venderse por una caja... bueno, ni eso, por dos latas de carne. A partir de ahora mirarán así a sus mujeres. A todas las mujeres... Aquí les han estropeado la visión. Por eso no nos debe sorprender que después, en casa, su

* «Niño», del persa.

** «Mujer», del persa.

*** Son tres personajes del folclore ruso: Koschéi, un ser malvado, de aspecto horrible y senil; Zméi Gorínich, un dragón de tres cabezas; y Baba Yagá, la bruja malvada.

comportamiento no se ajuste a lo normal. Tengo un amigo que ya ha ido a parar a la cárcel... Vuelven con una experiencia distinta. Se han acostumbrado a resolverlo todo con un arma, a la fuerza... Había un *ducán* donde el dueño vendía sandías, una sandía por cien afganis. Nuestros soldados querían que se las vendiera más baratas. El vendedor se negó. "¿Me estás diciendo que no?" Un soldado se encabritó y frió a balas las sandías, una montaña entera de sandías. Imagínese qué puede pasar si le pisas un pie en el autobús o no le cedes el paso en un cruce. ¡Imagine!

»Yo soñaba: volveré a mi casa, sacaré una tumbona al jardín y me echaré una siesta bajo el manzano. Bajo las ramas llenas de manzanas... Pero ahora me da miedo. Muchos lo dicen, sobre todo ahora, en vísperas de la salida de nuestras tropas: "Tengo miedo de volver a la Unión Soviética". ¿Por qué? Es muy fácil. Regresaremos y allí todo habrá cambiado: después de dos años la moda es otra, la música es otra, las calles son distintas. La percepción de esta guerra es distinta... Allí seremos las ovejas negras.

»Venga a verme dentro de un año. Cuando esté en mi casa. Le voy a dar mi dirección.»

Empleada

«Mi convicción era tan fuerte que ni siquiera ahora soy capaz de abandonarla por completo...

»Ni siquiera ahora... Digan lo que digan, lea lo que lea, cada vez me aseguro una mínima vía de escape. Es el instinto de conservación. Una especie de defensa. Antes de hacer el servicio militar me gradué en la Universidad del Deporte. Mi última práctica, la de fin de carrera, la hice como monitor en el campamento Artek.* Allí no

* Artek, el Centro Internacional de Niños, es el campamento de pioneros (organización juvenil soviética) más conocido de la Unión Soviética. Situado en la costa de Crimea, gozaba de gran prestigio entre los niños soviéticos. Durante la década de 1980 llegó a constar de más de cien edificios, varias piscinas, centros médicos, escuelas y un estadio, y podía albergar a decenas de miles de niños a lo largo de un año.

paraba de escuchar palabras sublimes: palabra de pionero, misión de pionero... Hoy en día parece una tontería... pero entonces todo esto hacía que se me saltaran las lágrimas.

»Fui a la oficina de reclutamiento y pedí: "Destínenme a Afganistán...". El responsable de la instrucción política nos dio una ponencia sobre la situación internacional, fue él quien nos dijo que nos habíamos adelantado a los Boinas Verdes americanos tan solo por una hora, cuando estos ya estaban en el aire camino de Afganistán. Ahora mi credulidad me da lástima. Nos explicaban, nos inculcaban, nos machacaban... y finalmente nos hicieron creer que aquel era nuestro "deber internacional". Nunca logro llegar hasta el final... Poner el último punto en mis reflexiones... "Quítate —me digo— las gafas rosas." No me fui allí en 1980 ni en 1981, ya era 1986. Pero todo el mundo seguía guardando silencio. En 1987 estaba en Jost. Tomamos una colina... Allí se quedaron siete de nuestros chicos... Entonces aparecieron los periodistas de Moscú y a quienes les enseñaron fue a los "verdes" (el Ejército Nacional Afgano), fingiendo que eran ellos los que habían conquistado esa colina. Los afganos posaban para los fotógrafos mientras que nuestros soldados yacían en la morgue...

»Para el batallón de instrucción para Afganistán seleccionaban a los mejores. Pero la idea de acabar en Tula, Pskov o en el caluroso y sucio Kirovabad nos espantaba, todos pedíamos, luchábamos por ir a Afgán. El mayor Zdobin trató de convencernos a mí y a mi amigo Sasha Krivtsov de que retirásemos nuestras solicitudes:

»—Es mejor que maten a Sinitsin que a vosotros. El Estado ya ha invertido mucho en vosotros dos.

»Sinitsin era un muchacho sencillo, de pueblo, un tractorista. Yo ya me había graduado, Sasha era estudiante de la Facultad de Filología romano-germánica de la Universidad de Kémerovo. Era un cantante excepcional. Tocaba el piano, el violín, la flauta, la guitarra. Componía música. Dibujaba. Éramos como hermanos. En las clases de instrucción política nos hablaban de los actos de valentía, del heroísmo. Afganistán, decían, es como la España de los años treinta. Y de repente: "Es mejor que maten a Sinitsin que a vosotros".

»Desde el punto de vista psicológico, estar en una guerra me parecía interesante. En primer lugar, el hecho de conocerme a mí mismo. Yo lo encontraba atractivo. Les preguntaba a los muchachos que habían estado allí. Había uno que (ahora me doy cuenta) no hacía más que contarnos patrañas. Sobre su pecho se veía una mancha grande, como una quemadura, en forma de letra "p". Siempre llevaba las camisas desabrochadas, la enseñaba. Nos contaba cómo desembarcaban de noche en las montañas. Otra cosa que se me quedó grabada es que decía que durante tres segundos el paracaidista es un ángel; luego el paracaídas se le abre y durante tres minutos, mientras vuela, es un águila; el resto del tiempo es un caballo de carga. Creíamos a puño cerrado todo lo que nos decía. ¡Ojalá me cruzara ahora por la calle con ese Homero! No empecé a cazar las mentiras hasta mucho más tarde: "Menos mal que tengo la cabeza hueca, si no habría sufrido una conmoción cerebral".* Otro chico (todo lo contrario) me intentaba disuadir:

»—No vayas. Es una inmundicia, de romántico no tiene nada.

»Eso no me gustaba:

»—¿A que tú lo has probado? Pues ahora me toca a mí.

»Nos enseñaba cómo salir con vida:

»—Pegas un disparo y acto seguido te tienes que alejar un par de metros del sitio desde el que has disparado. Oculta el cañón de tu metralleta detrás de un muro, o de una roca, para que no se vea la llama, para que no pueden situar dónde estás. Si tienes que caminar, no bebas, las piernas te fallarán. De guardia no te quedes nunca dormido: aráñate, muérdete la mano, pero no te duermas. Cuando te tires en paracaídas, primero corre todo lo que puedas y luego todo lo que sea necesario.

»Mi padre es investigador científico, mi madre es ingeniera. Desde pequeño, siempre me educaron para que tuviera personalidad. Quería tener una identidad... Por eso... [*Se ríe*]... me expulsaron

* Esta frase hace referencia a un chiste popular. Un mono cae de cabeza y se da un buen golpe. Cuando se levanta, exclama: «Menos mal que tengo la cabeza hueca, si no habría sufrido una conmoción cerebral».

de la organización de los Pequeños de Octubre* y luego tardaron mucho en aceptarme en la de Pioneros. Tuve que pelear por ese honor. Cuando por fin me pusieron el pañuelo de los pioneros, no me lo quitaba, dormía con el pañuelo puesto. En las clases de literatura, la maestra me interrumpía:

»—Deja de opinar, explícalo tal y como está en el libro de texto.

»—¿Lo que he dicho no es correcto?

»—No es como está redactado en el manual...

»Es como esa fábula de un zar que odiaba todos los colores menos el gris. Y todo en su reino era del mismo color que los ratones.

»Siempre les digo a mis alumnos (trabajo en una escuela):

»—Aprended a pensar para que no os conviertan en los bobos de turno. En unos soldaditos de plomo.

»Antes de la mili, Dostoievski y Tolstói eran los que me enseñaban a vivir, en el ejército lo hacían los sargentos. El poder de los sargentos es ilimitado, son tres por cada pelotón.

»—¡Atención! ¿Qué ha de tener el paracaidista? ¡Repetidlo!

»—El paracaidista ha de tener la cara dura, el puño de hierro y ni un gramo de conciencia.

»—Para el paracaidista la conciencia es un lujo. ¡Repitan!

»—Para el paracaidista la conciencia es un lujo.

»—Sois el batallón médico-sanitario. El batallón médico-sanitario es la sangre azul de las tropas aerotransportadas. ¡Repitan!

»Le cito la carta a casa de un soldado: "Mamá, compra un cordero y ponle de nombre Sargento, cuando vuelva lo degollaré".

»La rutina diaria embota la conciencia, no hay fuerzas para resistirlo. Estás vulnerable...

»A las seis es el toque de diana. Tres veces seguidas: el toque de diana, el toque de queda. A levantarse, a acostarse.

* Nombre de la organización juvenil soviética que agrupaba a niños de entre siete y nueve años de edad. Por norma general, en la siguiente etapa los niños se integraban en la organización de Jóvenes Pioneros.

»Tres segundos para formar en la "pista",* cubierta de linóleo blanco para poder limpiarlo más a menudo, para sacarle brillo. Ciento sesenta hombres tienen que saltar de sus camas y formar filas en tres segundos. Cuarenta y cinco segundos para vestirse con el uniforme número 3 (el uniforme completo pero sin el cinturón y el gorro). Un día un soldado no llegó a tiempo con los peales.

»—¡Rompan filas y a repetir!

»De nuevo no llegó a tiempo.

»—¡Rompan filas y a repetir!

»Luego está la preparación física. El combate cuerpo a cuerpo: una mezcla de kárate, boxeo, sambo y técnicas de combate para la daga, el palo, la pala de zapador, la pistola, la metralleta. El otro está armado con la metralleta y tú a mano limpia. Tú con la pala de zapador y tu adversario a mano limpia. Cien metros saltando como un "conejito"... A la pata coja... Romper diez ladrillos con el puño. Nos llevaban a las obras en construcción: "Os quedaréis aquí hasta que aprendáis". Lo más difícil es superarte a ti mismo, golpear sin miedo.

»Cinco minutos para lavarse. Hay doce pilas y ciento sesenta hombres.

»—¡Formen! ¡Rompan filas! —Al cabo de un minuto de nuevo—: ¡Formen! ¡Rompan filas!

»La revisión matutina: el control de las hebillas (han de resplandecer, tienes que sacarles brillo constantemente), de si llevas el cuello blanco, o las dos agujas y un hilo en el gorro.

»—¡Adelante! ¡Marchen! ¡Hacia la base de partida!

»En todo el día solo tienes una media hora libre. Después de comer, es el rato de escribir las cartas.

»—Soldado Krivtsov, ¿por qué no está escribiendo?

»—Estoy pensando, camarada sargento.

»—¿Por qué no contesta a grito pelado tal como se le ha enseñado a contestar? Tendrá que practicar "en el ojete".

* En la jerga de los militares rusos de Afganistán, la «pista» es un pasillo ancho dentro del cuartel a ambos lados del cual se distribuyen las camas.

» "Practicar en el ojete" es chillar a grito pelado en el inodoro, perfeccionar la voz de mando. El sargento se pone detrás y comprueba que el eco resuene lo suficiente.

»Del vocabulario de soldado:

»El toque de queda: "Te amo, vida mía". La revisión matinal: "El que cree en mí". La lista de retreta: "Tu cara me suena". La celda de arresto: "Lejos de la patria". El licenciamiento: "La luz de una estrella lejana". El campo de entrenamiento táctico: "Campo de bobos". Lavavajillas: "Discoteca" (los platos giran como los vinilos). El responsable del trabajo político: "Cenicienta" (en la marina de guerra los apodan "pasajeros").

»—El batallón médico-sanitario es la sangre azul de las tropas aerotransportadas. ¡Repitan!

»El hambre es permanente. La tienda del cuartel se convierte en el lugar favorito, venden de todo: bollos, bombones, chocolate. Obtener la nota máxima en un ejercicio de tiro te vale por un permiso para visitar la tienda. Si el dinero no nos llega, entonces vendemos unos ladrillos. Cogemos un ladrillo y nos acercamos, dos tíos enormes, a cualquier novato que tenga pasta:

»—Cómpranos el ladrillo.

»—¿Y para qué quiero yo un ladrillo?

»Lo rodeamos:

»—Cómpranos el ladrillo...

»—¿Cuánto vale?

»—Tres rublos.

»Nos paga los tres rublos, dobla la esquina y tira el ladrillo. Y nosotros con tres rublos nos damos una panzada. Un ladrillo equivale a diez bollos.

»—Para el paracaidista la conciencia es un lujo. El batallón médico-sanitario es la sangre azul de las tropas aerotransportadas.

»Supongo que como actor soy bueno, muy pronto aprendí a interpretar el papel que me había tocado. Lo peor que podía pasarte era tener fama de niñato, de ser débil, afeminado. Al cabo de tres meses me fui de permiso. ¡Cuántas cosas se me habían olvidado! No había pasado tanto tiempo desde la última vez que había besado a una chica, que había ido a pasar el rato a una cafetería, que había ido a bailar. Pero era como si hubieran pasado tres años en lugar de tres meses. El regreso a la civilización.

»Por la noche:

»—¡Macacos, a formar! ¿Qué es lo principal para un paracaidista? Lo principal para un paracaidista es no pasar de largo la tierra.

»Justo antes de partir celebramos la Nochevieja. Yo era Papá Noel, y Sasha, la Doncella de la Nieve. Me recordó a la escuela.

»Nos pasamos doce días caminando... Lo único peor que las montañas son las montañas...* Una banda nos perseguía... Aguantamos gracias al dopaje...

»—Venga, sanitario, pásame un poco de "enfurecín".

Era Sindocarb.** Acabamos con las provisiones.

»Y también bromeábamos. Uno comenzaba:

»—"¿De qué se queja usted?", le pregunta el médico al gato Leopold.***

»—De los ratones.

»—Inspire, espire... Está más claro que el agua. Es usted demasiado bueno. Necesita enfurecerse. Le receto unas pastillas de "enfurecín". Debe tomarse una tres veces al día después de comer.

»—¿Y entonces qué?

»—Enfurecerá.

»... Al quinto día se quitó la vida. Dejó que los demás le adelantasen y se puso la metralleta en la garganta. Tuvimos que cargar con el fiambre, con su macuto, su chaleco antibalas, su casco. No tuvo compasión. Él sabía que nunca tirábamos los cadáveres, nos los llevábamos con nosotros.

»Lo recordamos y lo lloramos cuando ya nos íbamos a casa, cuando nos licenciamos:

* Parafrasea una canción de Vladímir Visotski (1938-1980), actor de cine y teatro, cantante, poeta muy popular y querido en la Unión Soviética.

** Fármaco estimulante creado en la Unión Soviética en la década de 1970.

*** Parafrasea un diálogo de *La venganza del Gato Leopold*, una película de animación soviética muy popular.

»—Se tomará una pastilla tres veces al día después de comer.

»—¿Y entonces qué?

»—Enfurecerá.

»Las heridas de explosión son las más terribles... Una pierna arrancada de cuajo por la rodilla... El hueso queda desnudo... La misma explosión le corta el talón de la otra pierna... También el miembro... Le hace saltar un ojo... Le arranca una oreja... Las primeras veces me estremecía, sentía como un hormigueo en la garganta. Trataba de convencerme: "Si no lo haces ahora, nunca serás un auxiliar sanitario". Me acerqué a rastras. No había piernas. Puse el torniquete, paré la sangre, le anestesié, le dormí... A otro una bala explosiva le dio en el abdomen... Todas las tripas fuera... Le puse el vendaje, paré la sangre, le anestesié, le dormí... Le mantuve con vida durante cuatro horas... Murió...

»Los medicamentos eran escasos. No teníamos antisépticos ni de los más sencillos. O bien tardaba en llegar el suministro, o bien se nos agotaba demasiado rápido la cantidad que teníamos asignada: así es la economía de planificación centralizada. Entonces nos agenciábamos los fármacos de importación de los afganos como botín. En mi macuto siempre llevaba veinte jeringuillas desechables japonesas. El envase es de plástico, quitas la funda y pones la inyección. En las nuestras de la marca Récord se deterioraban los protectores de papel, no eran estériles. La mitad no succionaban, ni bombeaban, eran defectuosas. Nuestros suministros de sangre se administraban en botellas de medio litro. Un herido de gravedad necesita dos litros; eso son cuatro botellas.

»¿Cómo te lo montas para aguantar, en plena batalla, el tubo de goma durante una hora con la mano tendida? ¿Y cuántas botellas puedes llevar encima? ¿Sabe cómo lo solucionan los italianos? Con un paquete de polietileno de un litro. Puedes saltar encima con las botas puestas y nada, no se rompe. Seguimos. Las vendas, la venda estéril de producción soviética. El envoltorio es tosco, pesa más que la venda en sí. Las de importación... las tailandesas, las austríacas... son más finas, más blancas, a saber por qué... Las vendas elásticas... esas simplemente no las teníamos. Así que también utilizaba las que incautaba como botín... francesas, alemanas... ¿Y nuestras tablillas? Son como unos esquís, ni de lejos se parecen a un artículo médico. ¿Cuántas puedes llevar contigo? Yo trabajaba con las inglesas; las había de medidas específicas: para el antebrazo, para la pierna, para la cadera. Eran hinchables, con un cierre de cremallera. Metes la mano por dentro y cierras. Así tienes el hueso roto inmovilizado y protegido de golpes, listo para transportar.

»En nueve años de guerra no fabricaron ni un solo artículo nuevo. La misma venda, la misma tablilla. El soldado ruso es el más barato del mundo. Es el más barato, no tiene pretensiones. No está equipado ni protegido. Es material consumible. Así fue en 1941... Cincuenta años después sigue ocurriendo lo mismo. ¿Por qué?

»Lo espantoso es cuando te disparan a ti, no cuando disparas tú. Para sobrevivir tienes que estar pensando constantemente en que quieres sobrevivir. Yo lo hacía... Nunca me subía al primer vehículo ni al último. Nunca iba con las piernas colgadas por la escotilla, mejor las apoyaba encima de la coraza para que no me las arrancara una explosión. Tenía una provisión de pastillas alemanas de esas que reprimen el miedo. Aunque nadie me las ha vuelto a pedir. Tenía un chaleco antibalas... ¡tres cuartos de lo mismo! Nuestro chaleco pesaba una barbaridad, cuando lo llevabas puesto no te podías ni mover, en el americano no hay ni una sola pieza metálica, está hecho de un material especial antibalas que no pesa. Lo llevas como si fuera un chándal. Resiste un disparo a quemarropa de una pistola Makárov, y una bala de fusil de asalto solo lo atraviesa si estás a menos de cien metros. Nuestros cascos son de los años treinta, son ridículos. Son de aquella guerra... [*Se detiene, pensativo*] De eso... De muchas cosas, allí sentíamos vergüenza... ¿Por qué somos así? Los sacos de dormir americanos, el modelo de finales de los años cuarenta, con relleno de pluma, son ligeros. Los sacos japoneses son excelentes, aunque algo cortos. El nuestro, guateado, pesa por lo menos unos siete kilos. Despojábamos a los mercenarios abatidos y nos llevábamos sus chupas, sus quepis de visera larga, sus pantalones chinos, que no rozan la entrepierna. Nos lo llevábamos todo. Incluso los calzoncillos, porque hasta eso nos faltaba. Y también los calcetines, las bambas. Yo me hice con una linterna pequeña, con una daga. Y siempre estábamos con ganas de comer... ¡Teníamos hambre! Cazábamos corderos salvajes. Considerábamos salvaje a un cordero alejado a cinco metros del rebaño. O bien hacíamos trueques: dos kilos de té por un cordero. El té siempre venía de los botines, a nosotros no nos daban. De las misiones de combate siempre volvíamos con dinero, con los afganis. Pero los oficiales de mayor rango nos los quitaban. Allí mismo, delante nuestras narices, se los repartían. A veces cogíamos un cartucho, metíamos dentro un par de billetes y echábamos un poco de pólvora encima; así conseguías quedarte con algo.

»Unos querían emborracharse, otros sobrevivir. Después también estaban los que soñaban con las condecoraciones. Yo también anhelaba una medalla. Porque algún día volvería a la Unión Soviética y me recibirían preguntando:

»—¿Y tú qué, sargento? ¿Has sido jefe de la brigada del trastero?

»Nuestra credulidad da pena. Los responsables políticos nos convencían de algo que ni siquiera ellos se creían.

»Las recomendaciones del responsable político antes de la vuelta a casa: de lo que se puede hablar y de lo que no. Ni una palabra sobre los caídos, porque somos un ejército grande y poderoso. No debéis extenderos sobre los abusos, porque somos un ejército grande, fuerte y moralmente sano. Romped las fotografías. Destruid los carretes. Aquí no hemos disparado, no hemos bombardeado, no hemos envenenado, no hemos volados por los aires. Somos un ejército grande y fuerte, el mejor del mundo...

»En la aduana nos quitaron los regalos que llevábamos para casa: los perfumes, los chales, los relojes...

»—No está permitido, muchachos.

»No se llevaba a cabo ningún inventario. Simplemente, era su negocio. Pero ¡cómo olía a hojas verdes en primavera!... Por delante de mí pasaban las chicas con sus vestidos ligeros... En mi memoria estalló, y volvió a desaparecer en un instante, un recuerdo fugaz: Svetka Afoshka (no recuerdo su apellido, solo su mote: Afoshka). En su primer día en Kabul se acostó con un soldado por cien *afóshkas,** fue antes de que comprendiera cómo iba la cosa. En un par de semanas ya cobraba tres mil. Eso no estaba al alcance del bolsillo de un soldado. ¿Y dónde estará Pavka Korchaguin? Su nombre era Andréi, le apodaron Pavka por su apellido.

»—¡Pavka, mira qué chicas!

»Pavka-Andréi tenía una novia. Un día ella le envió la fotografía de su boda. Le vigilábamos por las noches, temíamos por él. Un buen día, por la mañana, Pavka enganchó la fotografía de su novia en una roca y con una ametralladora la acribilló a balazos.

»—¡Pavka, mira qué chicas!

»En el tren tuve un sueño: nos preparábamos para salir en misión, Sasha Krivtsov me preguntaba:

»—¿Por qué llevas trescientos cincuenta cartuchos en vez de los cuatrocientos reglamentarios?

»—Porque tengo que llevar los medicamentos.

»Se calló un rato y luego me preguntó:

»—¿Serías capaz de fusilar a aquella afgana?

»—¿A cuál?

»—A aquella que nos condujo hasta la emboscada. Murieron cuatro soldados, ¿lo recuerdas?

»—No lo sé... No, creo que no. En la guardería y en el colegio se reían de mí porque siempre protegía a las niñas, me llamaban mujeriego. ¿Y tú, la matarías?

»—Me da mucha vergüen...

»No le dio tiempo a decirme qué era lo que le daba vergüenza: me desperté.

»En casa me esperaba un telegrama de la madre de Sasha: "Ven, Sasha ha muerto".

»Estuve delante de su tumba:

»—Sasha, me da mucha vergüenza haber sacado un excelente en el examen final de comunismo científico con aquella crítica a la democracia burguesa. Hice un análisis comparativo. Tú ya me entiendes... Cuando nos fuimos a Afgán estábamos ciegos... Ahora todo el

* «Afganis», en la jerga de los combatientes.

mundo dice que esa guerra es una afrenta. Sin embargo, hace poco nos entregaron unas nuevas insignias: "Soldado internacionalista". No abrí la boca... Incluso di las gracias. Sasha, tú estás allí y yo aquí.

»Necesito hablar con él...»

Cabo, auxiliar sanitario de compañía de reconocimiento

«Era muy pequeñito. Nació pequeño como una niña, pesaba dos kilos y medía treinta centímetros. Me daba miedo cogerlo en brazos...

»Lo estrechaba contra mi pecho:

»—Vida mía...

»Nada le asustaba, solo las arañas. Un día volvió de la calle... Le acabábamos de comprar un abrigo nuevo. Había cumplido cuatro años... Dejé el abrigo en el colgador y me fui a la cocina, desde allí empecé a oír: plaf-plaf, plaf-plaf... Salí corriendo: el recibidor estaba lleno de ranas, saltaban de los bolsillos de su abrigo. Él las recogía.

»—No tengas miedo, mamá. Son buenas. —Y las metía otra vez en los bolsillos.

»—Vida mía...

»Le gustaban los juguetes militares. Yo le regalé un tanque, una metralleta, una pistola. Se las ponía y desfilaba por casa.

»—Soy un soldado... Soy un soldado...

»Le tocaba empezar primer curso, pero no lográbamos comprarle un uniforme, se los probábamos y se le caían de lo grandes que le iban todos.

»—Vida mía...

»No nos dijo adónde se iba. Pasaron dos meses y nos llegó una carta desde Afganistán: "No llores, mamá, nuestra coraza es muy fuerte".

»—Mi vida... Nuestra coraza es muy fuerte...

»Yo ya le estaba esperando en casa, solo le quedaban dos meses de servicio. Le compré camisas, una bufanda, un par de zapatos. Ahí siguen, dentro del armario. Se lo habría puesto para la tumba... Yo misma se lo habría puesto, pero no me dejaron abrir el ataúd. Verle por última vez, tocarlo... ¿Habrán encontrado un uniforme de su talla? No sé cómo vestiría allí...

»El primero en venir fue un capitán de la oficina de reclutamiento:

»—Sea fuerte, señora...

»—¿Dónde está mi hijo?

»—Aquí, en Minsk. Se lo traerán enseguida.

»Me desplomé sobre el suelo:

»—¡¡¡Vida mía!!! —Me levanté y me abalancé sobre el capitán—. ¿Por qué está usted vivo y ni hijo no? ¡Usted es tan fuerte, tan robusto! Pero él es pequeño... Usted es hombre, él es un muchacho. ¡¿Por qué está usted vivo?!

»Trajeron el ataúd, yo le llamaba:

»—¡Mi vida! ¡Mi vida!

»Ahora le visito en el cementerio. Caigo sobre la lápida, la abrazo:

»—Mi vida...»

Madre

«Me metí un puñado de mi tierra en el bolsillo. Cuántas emociones experimenté luego, en el tren...

»¡Uau! ¡La guerra! Yo lucharé. Entre nosotros, claro está, también había cobardes. Un chaval no pasó el examen médico de la visión, y salió corriendo, feliz: "¡Qué suerte!". Otro que iba detrás de él tampoco lo pasó, pero ese por poco se puso a llorar: "¿Cómo voy a volver ahora a mi unidad? Los chicos llevan dos semanas haciéndome despedidas. Si al menos fuera por una úlcera estomacal, pero me rechazan por mis muelas". Tal como estaba, en paños menores, se coló en el despacho del general: "¡Si no me aceptan por unas muelas malas, que me las quiten de una vez!".

»En el cole siempre sacaba excelentes en Geografía. Cerraba los ojos y veía las montañas, los monos, tomábamos el sol, comíamos plátanos... La realidad fue diferente. Nos metieron en tanques: íbamos envueltos en capotes, con una ametralladora apuntando hacia la derecha y otra hacia la izquierda. El último vehículo, el que cerraba la fila, iba con la ametralladora apuntando hacia atrás, todas las aspilleras estaban abiertas, las metralletas asomando. Parecía un erizo metálico. Nos cruzamos con otros dos vehículos blindados: los chicos se sentaban encima de la carrocería, lucían camisas de rayas y sombreros de tela, nos observaban y se tronchaban de risa. Vi a un mercenario muerto, eso me trastornó. ¡Qué preparación física, era un atleta! Yo en cambio llegué a las montañas y no sabía ni cómo pisar las rocas, que siempre hay que empezar con el pie izquierdo. Tuve que transportar un teléfono portátil a lo largo de diez metros por encima de una abrupta roca... Cuando había una explosión yo cerraba la boca en vez de abrirla, que es lo que hay que hacer porque si no los tímpanos te revientan. Nos entregaron unas máscaras antigás. Las tiramos el primer día, los *dushmán* no tenían armas químicas. Vendimos nuestros cascos en el *ducán*. Era otra carga inútil encima de la cabeza, además se calentaban como sartenes. Mi único problema era cómo conseguir cargadores extra con cartuchos. Nos dieron cuatro a cada uno, el quinto se lo compré a un compañero con la primera paga que recibí, el sexto me lo regalaron. En un combate, cuando sacas el último cargador, el último cartucho te lo metes entre los dientes. Ese es para ti.

»Íbamos a construir el socialismo, pero nos cercaron con una alambrada de púas: "Chicos, está prohibido salir. No hace falta que hagáis propaganda del socialismo, ya hay otra gente encargándose de eso". Claro que esa desconfianza nos ofendía. Yo hablaba con el dueño de un *ducán*:

»—Tu forma de vivir no es correcta. Nosotros te enseñaremos cómo vivir. Construiremos el socialismo.

»Él, sonriendo:

»—Yo ya vendía antes de la revolución y sigo vendiendo ahora. Vete a tu casa. Son nuestras montañas. Ya nos las arreglaremos nosotros solos...

»Circulábamos por las calles de Kabul, las mujeres tiraban piedras y palos a nuestros tanques. Los *bacha* escupían tacos en ruso; sin acento, gritaban: "Ruso, lárgate a casa".

»¿Para qué habíamos venido?

»... Nos disparaban con un lanzagranadas. Tuve tiempo de girar la ametralladora, eso fue lo que me salvó. El proyectil iba directo hacia mi pecho, pero conseguí desviarlo, me acribilló un brazo y las metrallas se me clavaron en el otro. Recuerdo perfectamente esa sensación suave, agradable... Nada de dolor... Y un grito encima de mí: "¡Dispara! ¡Dispara!". Yo apretaba, pero la ametralladora continuaba en silencio, luego me miré: tenía el brazo colgando, completamente quemado. A mí me parecía que estaba apretando con el dedo, pero no tenía dedos...

»No perdí el conocimiento, me arrastré junto con los demás fuera del vehículo y me pusieron un torniquete. Había que caminar, di un paso y me caí. Había perdido como un litro y medio de sangre. Escuché:

»—Nos están rodeando.

»Alguien sugirió:

»—Tenemos que dejarlo, si no moriremos todos.

»Yo pedía:

»—Rematadme, por favor...

»Uno de los chicos enseguida se alejó, pero otro hizo chasquear el seguro, muy lentamente. Cuando se hace lentamente el cartucho puede ponerse de través. Pues, efectivamente, el cartucho se puso atravesado, así que tiró el arma:

»—¡No puedo! Hazlo tú mismo...

»Estiré de la metralleta, traté de cogerla, pero poca cosa se puede hacer con una mano.

»Tuve suerte: había una pequeña zanja, me quedé allí, detrás de unas rocas. Me tapaba una piedra grande, lisa. Los *dushmán* pasaban junto a mí y no me veían. Pensé: "En cuanto se den cuenta de que estoy aquí voy a necesitar algo para quitarme la vida". A tientas encontré una piedra, la acerqué hasta mí, ensayé el movimiento...

»A la mañana siguiente vinieron a por mí. Los dos que se habían fugado la noche anterior me transportaron encima de un capote. Lo entendí al instante: tenían miedo de que yo contara la verdad, pero a mí ya me daba lo mismo. En el hospital me enviaron de inmediato al quirófano. Vino el cirujano: "Hay que amputar...". Me desperté y sentí que me faltaba un brazo... Entre los pacientes había de todo: sin un brazo, sin ambos brazos, sin una pierna. Llorábamos a escondidas. Algunos se daban a la botella. Yo practicaba para aprender a sujetar el lápiz con la mano izquierda.

»Llegué a casa de mi abuelo, no tengo a nadie más. Mi abuela venga a llorar a moco tendido: su nieto favorito había perdido un brazo. Mi abuelo levantó la voz: "No comprendes la política del partido". Los conocidos me preguntaban:

»—¿Has traído algún abrigo de piel? ¿Has traído un radiocasete japonés? ¿Ah, no? No has traído nada... ¿De verdad has estado en Afganistán?

»¡Tendría que haberme traído una metralleta!

»Me puse a buscar a mis compañeros de guerra. Ellos habían estado allí, yo había estado allí: hablábamos el mismo idioma. El nuestro. Nos entendíamos. Me citó el rector de la universidad: "Te hemos admitido con una nota baja, te hemos concedido una beca. No vayas con esos... ¿Con qué fin os reunís en el cementerio? Estáis alterando el orden público". Al principio nos prohibían que nos reuniéramos. Nos tenían miedo, decían que divulgábamos rumores nocivos. Patrañas. Debíamos organizarnos para luchar por nuestros derechos. Nos tendrían que facilitar viviendas, los obligaríamos a prestar ayuda a las madres cuyos hijos descansan en tumbas. Exigiríamos que se erigiesen monumentos, que al menos pusiesen unas vallas alrededor de esas tumbas. Dígame: ¿acaso alguien se preocupa por todo esto? Nos convencían: "Chicos, no os vayáis de la lengua, no expliquéis nada de lo que había allí, de lo que habéis visto. ¡Es secreto de Estado!". Cien mil soldados en un país ajeno son secreto de Estado. Incluso el calor que hace en Kabul es secreto de Estado...

»Una guerra nunca hace mejor a un hombre. Solo lo hace peor. De eso no cabe duda. Nunca podré regresar al día en que me fui a la guerra. Ya nunca seré el hombre que era antes de la guerra. Cómo puedo ser una persona mejor si he visto... como los médicos le compraban con vales dos vasos de orina a un ictérico. Luego se los bebían. Enfermaban. La comisión médica los mandaba a casa. He visto como se disparaban a sus propios dedos. Como se mutilaban con los cerrojos de las ametralladoras. Como... Como... Como dentro del mismo avión regresaban a casa los ataúdes de zinc sellados y maletas repletas de abrigos de piel, de tejanos, de braguitas de mujer... de té chino...

»Antes me temblaban los labios de emoción al pronunciar la palabra "Patria". Eso ha cambiado. Luchar por... ¿Por qué luchar? ¿Hemos combatido? Sí, hemos combatido. Y ya está. Tal vez hemos combatido por una causa, a saber. Aquí cada generación recibe su guerra. Los periódicos dirán que todo es correcto. Y será correcto. Al mismo tiempo ya empiezan a decir que somos unos asesinos. ¿A quién tenemos que hacerle caso? No lo sé. Yo ya no confío en nadie. ¿La prensa escrita? He dejado de leerla. Ya no estoy suscrito a ningún periódico. Hoy escriben una cosa y mañana la otra. Es algo propio de esta época... La Perestroika. Las verdades múltiples... ¿Dónde está la verdad única, la mía? Tengo a mis amigos. A unos cuantos de ellos los creo. Confío en todo lo que me dicen ellos. Pero en nadie más. Ya hace seis años que volví, y ahora se empieza a ver todo esto...

»Me entregaron el carnet de invalidez, tengo derecho a ciertos privilegios... Me dirijo a la ventanilla para excombatientes de la guerra:

»—¿Adónde vas, tío? Te has equivocado de cola.

»Aprieto los dientes y no digo nada. Por detrás escucho:

»—Yo sí que defendí la Patria, pero este...

»O cuando un desconocido me pregunta:

»—¿Cómo perdiste la mano?

»—Iba borracho y me atropelló un tren —respondo.

»Entonces veo la comprensión. Entonces me compadecen.

»Hace poco leí en una novela de Valentín Pikul titulada *Tengo el honor (La confesión del oficial del Estado Mayor ruso)*: "Ahora... —está hablando de las vergonzosas consecuencias de la guerra ruso-japonesa de 1905— muchos oficiales dimiten porque en cualquier parte, vayan adonde vayan, les someten al ultraje y a la burla. En el último extremo el oficial se avergüenza de su uniforme y prefiere salir a la calle vestido de civil. Ni siquiera los inválidos, mutilados de guerra, despiertan compasión: a los vagabundos sin piernas les dan más limosna si dicen que se las cortó un tranvía en el cruce de las avenidas Nevski y Liteini, que no tienen nada que ver con Liaoyang y con Mukden".

»Pronto escribirán lo mismo sobre nosotros...

»Me parece que incluso sería capaz de cambiar de patria. De emigrar.»

Soldado de transmisiones

«Yo mismo lo solicité... Soñaba con luchar en esa guerra... Sentía curiosidad...

»Me imaginaba cómo sería estar allí. Quería experimentar lo que se sentía cuando tienes una manzana y dos amigos, tú estás hambriento y ellos también, y les das esa manzana. Imaginaba que allí todos serían amigos, hermanos. Eso era lo que quería encontrar.

»Bajé del avión y me quedé ahí parado, admirando bobamente las montañas. Un licenciado (ese tipo ya se iba a la Unión Soviética) me dio un empujón:

»—Dame tu cinturón.

»—¡¿Cómo?! —El cinturón era mío, me encantaba.

»—¡Burro! De todas formas te lo quitarán...

»Me lo quitaron el primer día. Y yo que creía: "Afganistán es el lugar donde todos somos amigos". ¡Qué cretino! Un soldado novato no es más que un objeto. Se le puede despertar en plena noche para zurrarle (con sillas, con palos, con puños, con patadas...). Se le puede dar una bofetada, zumbar a golpes en un lavabo a pleno día, quitarle el macuto, quitarle sus cosas, sus latas de carne, sus galletas (a los que las tienen, los que las hayan traído de casa). Allí no había tele, no había radio, no había periódicos. Se divertían aplicando la ley de la fuerza. "Venga, pardillo,* lávame los calcetines", era lo mínimo que te decían. Otra: "Venga, pardillo, chúpame los calcetines. Chúpalos con

* En la jerga de los excombatientes, un «pardillo» es aquel soldado que lleva en servicio militar de seis a doce meses.

ganas y que todos lo vean". El calor era horrible, más de sesenta grados, caminas tambaleándote... Te arrastras de un lado a otro... Es curioso, porque en las operaciones militares los "viejos"* iban los primeros, nos protegían. Cuidaban de nosotros. Es verdad. Pero de regreso al cuartel: "Venga, pardillo, chúpame los calcetines...".

»Eso es más espantoso que el primer combate... ¡El primer combate es hasta interesante! Lo observas como si fuera una peli. Centenares de veces vi en la pantalla como se lanzaban al ataque, y de pronto resultó que era un camelo. En la guerra de verdad los soldados no van al ataque, sino que corren, y no corren al trote con el cuerpo encorvado elegantemente, corren con todas sus fuerzas. En ese momento la fuerza humana es enorme, como la de un loco, corres haciendo eses igual que una liebre demente. Antes me gustaban los desfiles militares en la plaza Roja, con todos esos vehículos militares... Lo adoraba... Ahora sé que no es algo para maravillarse. Ojalá todos esos tanques, carros blindados y metralletas se enfundaran y guardaran cuanto antes. ¡Cuanto antes! Porque todo eso solo sirve para aniquilar al hombre... ¡Para reducirlo a polvo! ¡Convertirlo en arcilla! A los que son iguales que tú... Mejor todavía: hagamos un desfile con todos los mutilados de Afgán... Yo participaría... ¡Mirad! Tengo las dos piernas amputadas por encima de las rodillas... Si hubiera sido por debajo de las rodillas... ¡Sería una suerte! Habría sido un hombre feliz. Me dan envidia los que perdieron las piernas por debajo de las rodillas... Después de que te quiten el vendaje, durante un par de horas te sientes inquieto... de repente, sin las prótesis, ¡eres tan pequeño! Estás ahí tumbado en calzoncillos y la camiseta mide lo mismo que tu cuerpo. Al principio no dejaba que nadie se me acercara. No hablaba. Si al menos hubiera sido una pierna, pero no, perdí las dos. Lo más difícil es olvidar que tenías dos piernas... De las cuatro paredes siempre apetece elegir la misma, la de la ventana.

»A mi madre le di un ultimátum: "Si vas a llorar, no vengas". Eso era lo que más miedo me daba en Afgán: me matarán, me llevarán a

* En la jerga de los excombatientes, un «viejo» es aquel soldado del servicio activo que lleva en el ejército más de un año y medio.

casa y mi madre llorará. Cuando acaba un combate, te compadeces de los heridos, pero no de los muertos; cuando alguien muere por quien lo sientes es por su madre. En el hospital quería darles las gracias a las auxiliares y no pude, incluso las palabras se me habían olvidado.

—¿Volverías a pedir que te mandasen a Afganistán?

—Sí.

—¿Por qué?

—Allí un amigo es un amigo, el enemigo es el enemigo. Aquí en cambio vives preguntándote constantemente: ¿por quién dejaron sus vidas mis amigos? ¿Por esos oportunistas bien cebados? ¿Por los burócratas? ¿O por los jóvenes pasotas a los que todo les importa un pimiento con tal de tener su lata de cerveza por la mañana? Aquí todo es distinto. Me siento como un extraño. Como un extranjero.

»Aprendí a caminar... Doy un traspié y me caigo. "Tranquilo —me digo—. Primero: date la vuelta y apóyate sobre los brazos, después: levántate y camina." Los primeros meses casi hubiera sido más adecuado decir "arrástrate" en vez de "camina". Me arrastraba. La imagen más viva que tengo de allí: un chiquillo moreno de rasgos rusos... Hay muchos de esos. Estamos allí desde 1979... Siete años. ¿Si volvería? ¡Seguramente! Si no fuera por las dos piernas cortadas por encima de la rodilla... Si al menos hubiera sido por debajo...

»Volvería a ir...»

Soldado, granadero

«Me preguntaba a mí mismo: ¿cómo fui a parar allí?

»Hay cientos de respuestas... Pero la principal está en estos versos, no recuerdo quién es el autor. ¿Tal vez fuera uno de nuestros chicos?

Dos cosas del mundo parecen una:
amor es la primera, el vino la segunda.
Más dulce que el vino, mejor que el amor,
es para el hombre de la guerra el ardor.

»Envidiaba la gran experiencia de los compañeros que habían estado en Afganistán. ¿Dónde en tiempos de paz puede obtenerse tanta experiencia? Yo soy cirujano... Ya tenía a mis espaldas diez años de práctica de quirófano en el hospital municipal, pero cuando llegó el primer transporte con los heridos por poco me volví loco. Ni brazos, ni piernas... Delante de ti solo hay un muñón que respira. Es una imagen que no puede verse ni en una película sádica. Allí practiqué intervenciones que en la Unión Soviética no podría hacer ni en mis mejores sueños. Las enfermeras más jóvenes no aguantaban. Rompían a llorar, tartamudeaban o se reían a carcajadas. Había una que no paraba de sonreír. Las tenían que enviar a casa.

»En la realidad el hombre no muere como en el cine. Nada que ver. No lo hace según el método Stanislavski: una bala alcanza el cráneo, el hombre agita las manos y se cae. En la realidad, esa bala alcanza el cráneo, los sesos vuelan, el hombre corre detrás de ellos, es capaz de correr medio kilómetro intentando atraparlos. Está más allá de los límites. Corre hasta que llega la muerte fisiológica. Sería más fácil rematarlo que presenciar como solloza e implora que la muerte le libere. Eso si aún le quedan fuerzas. O bien está tumbado mientras que el miedo se le acerca furtivamente... El corazón le traquetea. Él grita, te llama... Le revisas... Le calmas... Y la mente aguarda a que llegue el momento en que el chico se relaje... Te apartas a dos pasos de su cama y ya se ha ido. Hacía nada todavía estaba vivo...

»Aquello tardará mucho en pasar al olvido... Esos muchachos, los soldados, crecerán, pero volverán a vivirlo una y otra vez. Sus criterios cambiarán, olvidarán algunas cosas, otras saldrán a la superficie. Mi padre fue piloto durante la Segunda Guerra Mundial, pero nunca ha contado nada... Siempre callaba... Entonces yo no le comprendía, ahora sí, lo entiendo. Le respeto por su silencio. Recordar... es igual que meter una mano en el fuego. Una palabra, una indirecta, es suficiente... Ayer leí en un periódico: fulano se defendió hasta la última bala, pero con esa última bala se quitó la vida. ¿Qué es quitarse la vida? En un combate la cuestión siempre está presente: ¿tú o él? Está claro que tú tienes que ganar. Pero... todos se han marchado, tú los estás cubriendo, es lo que te han ordenado, o a lo mejor has sido tú quien ha tomado la decisión, aun sabiendo que eso es casi seguro lo mismo que elegir la muerte. No me cabe duda de que, psicológicamente, en ese momento suicidarte no te cuesta nada. En esas circunstancias el suicidio se percibe como un hecho normal, muchos son capaces de cometerlo. Luego los llaman héroes. Pero aquí... en la vida normal los suicidas son unos anormales. Sin embargo, allí... Allí todo está al revés... Hay otras leyes... No son más que dos líneas en un periódico, pero te dejan toda la noche sin pegar ojo, todo en tu interior está revuelto. La guerra regresa a ti.

»Los que hayan estado allí no querrán volver a luchar en una guerra. Ya no nos tragaremos todos esos cuentos chinos de que vamos a un sitio donde la carne crece en los árboles. Fuéramos como fuéramos (ingenuos, crueles, amantes de nuestras mujeres e hijos o no), en cualquier caso teníamos que matar. Ahora ya he entendido cuál era mi papel en la legión extrajera, pero no me arrepiento de nada. Hoy en día todos hablan del sentimiento de culpa. Yo no lo tengo. Los únicos culpables son los que nos mandaron allí. Llevo a gusto mi uniforme "afgano", con él me siento hombre. ¡A las mujeres les encanta! Una vez me lo puse para ir a un restaurante. La encargada me clavó la mirada. De alguna forma, lo estaba esperando:

»—¿Qué pasa? ¿Es que no voy vestido adecuadamente? Abran paso ante un corazón quemado...

»Que alguien se atreva a decirme que mi uniforme de campo no es de su agrado, que se atrevan a abrir la boca. Por alguna razón voy buscando que me lo digan...»

Médico militar

«Primero nació la niña...

»Antes de que naciera mi marido decía que daba igual si era una niña o un niño, casi mejor que fuera una niña, porque así después vendría su hermanito y ella le ataría los cordones. Y así fue...

»Mi marido llamó al hospital. Le respondieron:

»—Es una niña.

»—Muy bien. Tengo dos hijas.

»Pero entonces le dijeron la verdad:

»—Que no... su mujer ha tenido un niño... ¡Un hijo!

»—¡Ay, gracias! ¡Cuánto se lo agradezco!

»Les daba las gracias por el hijo.

»El primer día... el segundo... Las enfermeras traían a todos los niños menos al mío. Nadie me decía nada. Me puse a llorar, me subió la temperatura. Vino la doctora. "¿Señora, por qué se aflige? Su hijo es un auténtico fortachón. Está durmiendo, no se despierta. Aún no tiene hambre, no se preocupe." Le trajeron, le quitaron los paños, mi niño dormía. Entonces me calmé.

»¿Qué nombre le ponemos? Teníamos tres para elegir: Sasha, Aliosha, Misha. Todos nos gustaban. Los tres nos gustaban. Vinieron mi hija y mi marido de visita, y Tania dice: "He sacado el papelito de...". ¿Qué papelito? Resulta que habían puesto unos papelitos con los tres nombres dentro de un gorro para echar a suertes cómo se llamaría. Dos veces salió el papelito con el nombre Sasha. Así que lo decidió Tania. Mi hijo nació grande: pesaba cuatro kilos quinientos. Era enorme, medía sesenta centímetros. Comenzó a andar (lo recuerdo) a los diez meses. A los dieciocho ya hablaba bien, aunque hasta los tres años le costó pronunciar la "r" y la "s". Tenía un amigo al que llamaba Tigléi en vez de Serguéi. Su señorita de la guardería era Kila Kalavna en vez de Kira Nikoláievna. Al ver por primera vez el mar gritó: "Yo no nací, una ola me dejó en la orilla".

»Por su quinto cumpleaños le regalé su primer álbum de fotos. Tiene cuatro: el infantil, el escolar, el militar (de cuando estudiaba en la academia militar) y el "afgano" (con las fotografías que nos iba enviando). Mi hija también tiene los suyos, yo se los regalaba a cada uno. Yo adoraba mi casa, a mis hijos. Les escribía poemas:

Un brote de campanilla
atraviesa la nieve.
La primavera florece
y mi hijo llega a la vida...

»Antes, en la escuela, los estudiantes me apreciaban. Yo era muy alegre...

»Durante mucho tiempo su juego favorito fue el de policías y ladrones: "Soy muy valiente". Él había cumplido los cinco y Tania los nueve cuando viajamos al río Volga. Bajamos del barco, del embarcadero hasta casa de la abuela había medio kilómetro. Sasha se quedó plantado, como un clavo:

»—No quiero caminar. Llévame en brazos.

»—¡¿A un niño tan grande, en brazos?!

»—No quiero caminar.

»Y no lo hizo. Luego se lo recordamos muchas veces.

»En la guardería le encantaba bailar. Tenía unos pantaloncitos rojos, bombachos. Se fotografió con ellos. Tengo las fotos. Hasta octavo coleccionaba sellos, ahí están los álbumes. Después coleccionó pines, hay una caja entera de pines. También le gustaba la música. Guardo los casetes con sus canciones favoritas...

»De pequeño soñaba con ser músico. Pero parece que acabó pesando más el hecho de que su padre fuera militar de profesión. Vivíamos en el cuartel, y parece que eso se le metió dentro: comía con los soldados, los ayudaba a limpiar los vehículos... Nadie le dijo "no" cuando envió la solicitud a una academia militar, todo lo contrario: "Tú, hijo, serás un gran defensor de la Patria". Él sacaba muy buenas notas, en la escuela siempre era de los que participaban en el consejo escolar. Se graduó en la academia con diploma de honor. Los altos mandos nos enviaron felicitaciones.

»Año 1985... Sasha está en Afganistán... Estamos muy orgullosos de él, le adoramos: está en la guerra. Yo les hablaba a mis alumnos de Sasha, de sus amigos. Esperábamos su visita de permiso. Por alguna razón no se nos pasaba nada malo por la cabeza...

»Antes de que nos instaláramos en Minsk siempre habíamos vivido en cuarteles, se nos pegó la costumbre de no cerrar la puerta con llave mientras estábamos en casa. Él entró sin llamar diciendo: "¿Han llamado ustedes a un reparador de teles?". Él y sus amigos habían volado de Kabul a Taskent, habían conseguido billetes para Donetsk, que era lo más cercano. No había vuelos a Minsk, así que desde Donetsk volaron a Vilna. En Vilna tenían que esperar tres horas para coger el tren; era demasiado, la casa estaba a tan solo doscientos kilómetros. Tomaron un taxi.

»Estaba bronceado, flaco, le brillaban los dientes:

»—¡Hijito —lloraba yo—, qué flacucho estás!

»—¡Mamá! —Me cogió en brazos y daba vueltas por la habitación—. ¡Estoy vivo! ¡Estoy vivo, mamá! ¿Me oyes? ¡Vivo!

»Faltaban dos días para Nochevieja. Él puso los regalos debajo del árbol. Un chal grande para mí. De color negro.

»—¿Por qué elegiste el negro, hijo mío?

»—Mami, allí había de todo. Pero cuando me tocó a mí ya solo quedaban los negros. No pasa nada, te favorece...

»Con ese chal lo enterré, no me lo quité durante dos años.

»Siempre le había encantado hacer regalos, él los llamaba "sorpresitas". Recuerdo una vez, aún eran pequeños... Mi marido y yo volvimos a casa y los niños no estaban. Corrí a ver a los vecinos, salí a la calle: los niños no estaban y nadie los había visto. ¡Cómo grité, cómo lloré! En aquel momento se abrió una caja (acabábamos de comprarnos un televisor y todavía no habíamos tirado la caja), y de ella salieron mis hijos: "¿Por qué lloras, mami?". Por lo visto habían puesto la mesa, habían preparado el té, pero nosotros tardábamos. Así que a Sasha se le ocurrió darnos una "sorpresita": se esconderían en la caja. Y una vez dentro se quedaron dormidos.

»Era cariñoso, pocas veces los niños son tan cariñosos. Siempre me abrazaba, me besaba: "Mami... mamaíta...". Después de Afganistán se volvió más cariñoso todavía. En casa todo era de su agrado. Aunque en algunos momentos se sentaba en silencio, era como si no viese a nadie. Por las noches se levantaba de un salto y se ponía a caminar por la habitación. Una vez me despertó gritando: "¡Fogonazos! ¡Fogonazos! Mami, nos están disparando...". Otra noche oí que alguien lloraba. ¿Quién lloraría en nuestra casa? No había niños pequeños. Abrí la puerta de su habitación: se tapaba la cara con las dos manos y lloraba...

»—¿Hijito, por qué lloras?

»—Tengo miedo, mami. —Y ni una palabra más. Ni a su padre ni a mí.

»Se marchó como si no hubiera pasado nada. Le horneé galletas, se llevó una maleta entera de "nueces".* Eran sus favoritas. Una maleta, para que hubiera suficiente para todos. Allí todos echaban de menos la comida de casa. La de toda la vida.

»La segunda vez también vino para Nochevieja. Primero le esperábamos para el verano. Me escribió: "Mami, tú prepara compotas y confituras, vendré y me las acabaré todas". De agosto aplazó las vacaciones a septiembre, decía que le apetecía ir al bosque, a buscar setas. Pero no vino. Tampoco apareció en noviembre. Luego recibimos otra carta, nos preguntaba qué tal nos parecía si venía otra vez para Nochevieja, que además papá cumplía años en enero y mamá en diciembre.

»El 30 de diciembre... Me pasé toda la mañana en casa, no salí. El día antes me había llegado su carta: "Mami, te hago el encargo con tiempo: quiero una pasta con relleno de arándanos, cereza y queso fresco". Cuando mi marido volvió del trabajo decidimos que él se quedaba esperando en casa y yo iría a comprar la guitarra. Justo esa misma mañana habíamos recibido un aviso de la tienda diciendo que ya disponían de guitarras. Sasha nos lo había pedido: no hace falta una que valga mucho, comprad una guitarra sencilla.

»Volví de la tienda y él ya había llegado.

»—¡Ay, hijo, me la has jugado!

»Vio la guitarra:

»—¡Qué guitarra tan bonita! —Y bailó con ella por la habitación—. Estoy en casa. ¡Qué bien se está aquí! Hasta el olor de la escalera es especial.

»Decía que nuestra ciudad, nuestra calle, nuestra casa eran las más bellas, y las acacias que envolvían el edificio también lo eran. Amaba esta casa. Ahora vivir aquí se nos ha hecho difícil: todo nos trae recuerdos de Sasha. Pero mudarnos sería igual de difícil: él lo amaba todo de aquí.

»Aquella vez volvió cambiado. No solo nosotros, también sus amigos lo notaron. Él les decía:

* Las llamadas «nueces» son un tipo de galletas caseras muy populares en la Unión Soviética y se llaman así porque tienen forma de nuez.

»—¡Qué felices sois! ¡No imagináis lo felices que sois! Cada uno de vuestros días es una fiesta.

»Regresé a casa de la peluquería con un nuevo corte de pelo. Le gustó:

»—Mami, péinate siempre así. Estás tan guapa.

»—Hijito, para peinarme así cada día me haría falta mucho dinero.

»—Yo traigo dinero. Quedáoslo. No lo necesito.

»En la familia de un amigo suyo nació un bebé. Recuerdo perfectamente su cara cuando pidió: "¿Me dejas cogerlo?". Cogió al niño en brazos y se quedó inmóvil.

»Hacia el final de las vacaciones le molestaba una muela. Desde pequeño tuvo miedo a los dentistas. Le llevé a la clínica a rastras. Estábamos allí, esperando. Le miré: le sudaba todo el rostro, tanto miedo tenía.

»Si por la televisión daban un programa sobre Afganistán, él se iba a otra habitación. Una semana antes de su partida vi la angustia en sus ojos, se le salía hacia fuera. No sé, tal vez me lo invento ahora. Entonces yo estaba feliz: mi hijo a sus treinta años ya tenía el cargo de mayor, vino con la Orden de la Estrella Roja. En el aeropuerto le miraba y no me lo creía: ¿será posible que ese apuesto joven oficial sea mi hijo? Estaba tan orgullosa de él.

»Un mes más tarde llegó una carta suya. Felicitaba a su padre por el día del Ejército Soviético y me daba las gracias por las empanadas de setas. Después de aquella carta me pasó algo... No podía dormir... Me iba a la cama... y pasaban las horas... hasta las cinco de la madrugada sin dormir. No pegaba ojo.

»El 4 de marzo tuve un sueño... Había un campo grande, los fogonazos blancos centellean por todas partes. Explosiones... Una especie de cintas blancas se extienden por el campo... Mi Sasha corre, corre... Va de un lado a otro... No tiene donde esconderse... Aquí una explosión... Y allá... Yo corro tras él. Quiero adelantarlo. Quiero ponerme delante de él... Una vez, en el pueblo, cuando era pequeño, nos pilló una tormenta. Le cubrí con todo mi cuerpo, rasguñaba por debajo de mí como un ratoncito y gemía: "¡Mami, sálvame!". Pero no le logro alcanzar… ¡Es tan alto y sus pasos son tan largos! Yo corro con todas mis fuerzas. Por poco me revienta el corazón. Pero no logro alcanzarlo…

»… Oí que abrían la puerta de la entrada. Entró mi marido. Mi hija y yo estábamos sentadas en el sofá. Él caminó hacia nosotras tal como venía, con el abrigo, con los zapatos de calle, con el gorro. Nunca lo había hecho, es un hombre muy cuidadoso: ha pasado toda la vida en el ejército, disciplina por todos lados. Se nos acercó y se puso de rodillas:

»—Chicas, qué desgracia…

»Entonces vi que había más gente en el recibidor. Entraron la enfermera, el comandante, los maestros de mi escuela, los amigos de mi marido…

»—¡Sasha! ¡¡¡Hijito!!!

»Ya han pasado tres años… Todavía no nos hemos atrevido a abrir la maleta. Allí están todas las cosas de Sasha… La trajeron junto con el ataúd… Me parece que huelen a Sasha.

»Le hirieron quince metrallas a la vez. Solo pudo pronunciar: "Cuánto duele, mami".

»¿Por qué? ¿Por qué él? Tan cariñoso. Tan bueno. ¿Cómo es posible que ya no esté? Estos pensamientos me matan lentamente. Sé que estoy muriendo: vivir ya no tiene sentido. Me reúno con otra gente, me arrastro hasta esos encuentros. Vengo con Sasha, con su nombre, hablo sobre él… Un día di una conferencia en la Universidad Politécnica, se me acercó una estudiante y me dijo: "Si usted no le hubiera atiborrado de patriotismo, él todavía seguiría vivo". Me puse mala tras esas palabras. Me desmayé.

»Yo fui por amor a Sasha. En honor a su nombre. Me sentía orgullosa de él… Y ahora decían que era un error fatal, que nadie lo necesitaba, ni nosotros ni el pueblo afgano. Antes odiaba a los que habían asesinado a Sasha. Ahora odio al Estado que lo envió allí. No mencione su nombre… Él ahora solo nos pertenece a nosotros. No lo compartiré con nadie. Ni siquiera compartiré su memoria…»

Después de unos años ella me volvió a llamar.

«Quiero continuar mi historia. Le faltaba el final. En aquel momento yo aún no la había acabado... No estaba preparada... Pero... Claro, no soy joven... Aun así, hace medio año adoptamos a un niño de un orfanato. Se llama Sasha... Se parece mucho a nuestro Sasha cuando era pequeño. Confunde ciertas letras. Y le cuestan la "r" y la "s". Hemos recuperado a nuestro hijo... ¿Me comprende? He jurado y le he hecho jurar a mi marido que nunca se hará militar profesional...

»¡Nunca!»

Madre

«Yo disparaba... Disparaba como los demás... No sé cómo está montado todo esto, cómo está montado este mundo... Yo disparaba...

»Nuestra unidad tenía el cuartel en Kabul... [*De repente rompe a reír*] ¡Teníamos nuestra propia sala de lectura! Era un enorme cagadero, ¡agárrese!, un foso de veinte metros por cinco y seis de profundidad, con un entarimado encima donde había cuarenta tronos, separados por mamparas de madera, y en las paredes, colgando de un clavo, las entrañables ediciones del *Pravda*, el *Komsomólskaia Pravda*, el *Izvestia*. Te bajas el pantalón, enciendes un pitillo, te sientas... y a leer. Encuentras las noticias sobre Afgán... Las tropas gubernamentales afganas han entrado en tal pueblo... Han tomado tal otro... De nosotros ni una palabra, joder... Y eso que el día anterior nuestros chavales, cuarenta hombres, habían acabado convertidos en carne picada. Con uno de ellos yo me había sentado ahí mismo, en el cagadero, dos días antes. Habíamos estado leyendo los mismos periódicos. Nos habíamos reído como locos. ¡¡¡Pues jódete!!! ¡Es para coger la pipa y volarte la tapa de los sesos! Una depresión de caballo. Y a tu alrededor todo es una patraña... Estás harto del cuartel... La manduca da ganas de potar, la única alegría es ir al combate. Salir de misión. Te matarán o no, eso da lo mismo. Las misiones de combate nos chiflaban no por la Patria... el deber... ¡paparruchas! Era porque nos faltaban sensaciones. Pasábamos meses enteros detrás de una alambrada. Nos pasamos cuatro meses seguidos comiendo papilla de alforfón: para el desayuno, el almuerzo y la cena, alforfón por un tubo. En cambio en las misiones nos daban rancho seco, hasta carne en lata, a veces tabletas de chocolate. Después del combate cacheas a los *dushmán* muertos y alguna que otra cosa seguro que sale: una lata de confitura, unas conservas o unos cigarrillos con filtro. ¡Madre mía! ¡Era Marlboro! Y nosotros lo que teníamos para fumar eran unos sin filtro de la marca Ojótnichii... Los conoce, ¿verdad? En la cajetilla sale un patán que camina por un pantano, los llamábamos "La muerte en el pantano". También teníamos cigarrillos Pamir, esos eran "La muerte en las montañas". En Afgán probé por primera vez el centollo, la carne enlatada americana... Me fumé un puro caro... De paso se podía entrar en un *ducán* y soplar alguna cosa, no es que fuéramos unos saqueadores sin piedad, pero el ser humano por naturaleza siempre busca una buena manduca y una cama blanda. A nosotros nos habían apartado de nuestras madres, nos habían dicho que adelante, chavales, el deber es sagrado, habéis cumplido los dieciocho y es vuestra obligación. ¡¡¡Pues jódete!!!

»Primero nos llevaron a Taskent... Se presentó el responsable político, un barrigón... Nos dijo que los que quisieran ir a Afgán, que escribiesen una solicitud. Y los chicos venga a escribir: "Ruego que me manden...", yo no lo pedí, pero al día siguiente a todos nos entregaron nuestra ración, el sueldo del reenganche, nos subieron a los vehículos y nos transportaron al centro de traslado. Por la noche se nos acercaron los "viejos" y nos dijeron: "A ver, tíos, dadnos todo el dinero soviético que tengáis, allí donde os mandan, la moneda es el afgani". ¿Qué coño? Nos trataban como a un rebaño... Unos estaban contentos, lo habían pedido ellos mismos. Otros no querían, estaban histéricos, lloraban, hasta había los que se emborrachaban con colonia. Joder... La desolación se apoderó de mí, todo me daba lo mismo. "Maldita sea —pensé—, ¿cómo es posible que no nos hayan hecho ningún entrenamiento especial? ¡Joder! Y nos llevan a una guerra de verdad." Ni siquiera nos han enseñado a disparar. ¿Cuántas veces he disparado en los entrenamientos preparativos? Habré hecho como tres tiros individuales y seis ráfagas... ¡Agárrese! Las primeras impresiones de Kabul... La arena, la boca llena de la arena... El día de la llegada a la garita los "viejos" me zurraron... Empezó así: "¡Eh, tú!

¡Ven aquí ahora mismo! ¿Ya has acabado de fregar los platos? ¡Eh, venga! ¡Para ya! ¿Tu apellido?". Nada de puñetazos en la cara para que los oficiales no se diesen cuenta, me dieron en el pecho, justo donde los botones, eran como unas setas pequeñas, se abollaban contra en la piel. Cuando me ponían en mi puesto estaba feliz: durante dos horas nadie me tocaba, ni los "viejos", ni los licenciados. Cuatro días antes de que llegáramos nosotros, un "joven"* se acercó a la tienda de campaña de los "viejos" y lanzó una granada adentro: ¡bum!, siete "viejos", como si nunca hubieran existido. Luego se metió una pipa a la boca y se voló los sesos. A todos los contabilizaron como pérdidas en combate. La mamaíta-guerra sabe llevar sus cuentas... ¡Joder! Después de cenar, los "viejos" te llamaban: "A ver, Moscú... —yo soy de las afueras de Moscú—, tráenos patata. Tienes cuarenta minutos, la cuenta atrás empieza ya. ¡Venga, corriendo!", y una patada en el culo. Tú preguntas: "¿De dónde saco la patata?". Y responden: "¿Quieres seguir con vida o no?". La patata debe ir acompañada de cebolla, pimienta negra y aceite vegetal, se llamaba "la paisana". Y no puede faltarle una hoja de laurel. Tardé veinte minutos, pero después igualmente me cascaron bien... ¡Agárrese! Pues encontré la dichosa patata en la tienda de los pilotos de helicópteros, allí unos "jóvenes" pelaban patatas para los oficiales, simplemente se la pedí: "Tíos, dejadme un poco, si no soy cadáver". Me dejaron medio cubo. "Para el aceite —me aconsejaron—, vete a ver a nuestro cocinero. Es uzbeco. Cuéntale el rollo de la amistad entre los pueblos, le encanta." El uzbeco me pasó el aceite y ya puestos añadió la cebolla. Lo freí todo en una hoguera en el barranco, y luego corrí como el demonio para no llegar con la sartén fría... Ahora cuando leo sobre la fraternidad "afgana" me meo de risa. Algún día harán una peli sobre esa fraternidad y todos se lo tragarán. Yo iré a verla solo por ver otra vez los paisajes afganos. Levantas la cabeza y ¡montañas! Montañas de color violeta. ¡El cielo! Pero tú estás como encerrado en una cárcel. Si no te matan los *dushmán*, lo harán tus compa-

* En la jerga de los excombatientes, un «joven» es aquel soldado del servicio activo que lleva en el ejército menos de de seis meses.

triotas. Un día, ya en la Unión Soviética, le conté todo esto a un preso, no se podía creer que los de tu propio bando hicieran esas putadas a los suyos: "¡¡¡Será posible!!!". El tipo había pasado diez años en la trena. Y había visto de todo... Joder... ¡Como para no perder la chaveta! Como para no convertirte en una mierda. Unos bebían, otros fumaban... porros... Bebían aguardiente casero... Destilábamos aguardiente de cualquier cosa que conseguíamos: pasas secas, azúcar, morera, levadura, pan. Cuando faltaban cigarrillos, en vez de tabaco usábamos té, nos liábamos los pitillos con papel de periódico, ¡bah, el sabor era una mierda! Pero sacaba humo. Y hachís, cómo no... El hachís se hace con el polen del cannabis... Uno lo prueba y se pone a reír, anda y se ríe él solito, a otro le puede dar por meterse debajo de la mesa y no salir en toda la noche. Sin eso... sin las drogas y el aguardiente se nos iría la olla... Te ponen en tu puesto y te entregan dos cargadores. Si hay lío, los sesenta cartuchos te sirven para medio minuto de combate. Los francotiradores de los *dushmán* estaban tan bien entrenados que acertaban disparando a un cigarro humeando o al destello de una cerilla.

»Sí, ya lo he pillado... Hablar del hombre, no de la guerra. De ese hombre del que nuestros libros escriben poco. Le tienen miedo. Lo esconden. Del hombre biológico. Sin la idea... Las palabras "heroísmo" y "espiritualidad" me producen náuseas. Me ponen del revés. [*Se calla*]

»Bien... Continuemos... A mí me hicieron sufrir más los nuestros. Los *dushmán* te convierten en un hombre y los de tu cuartel te convertían en una mierda. En el ejército comprendí que cualquier persona es vulnerable, a cualquiera se le puede hundir, todo depende de los recursos y el tiempo que tengas. Me llama un "viejo", ya ha cumplido más de seis meses de servicio, está tumbado en su catre sin quitarse la botas, me dice: "Lámeme las botas, lámelas con la lengua hasta que brillen. Tienes cinco minutos". Yo no me muevo... Él: "Traed al Pelirrojo". El Pelirrojo ese es un compañero, vinimos juntos, somos amigos. Dos capullos empiezan a moler a golpes al Pelirrojo, yo veo claro que acabarán rompiéndole las vértebras. Él me mira... Así que empiezo a lamerle las botas al "viejo" para que el otro siga vivo y no acabe mutilado. Antes del ejército yo no sabía que se podía asestar un golpe en los riñones tan fuerte que te quedas sin aliento. Solamente cuando estás solo, cuando no tienes a nadie a quien cubrir... eres inquebrantable.

»Tenía un amigo... Oso. Ese era su mote. Era un hombrón de casi dos metros de altura. Volvió de Afgán y un año más tarde se ahorcó. No sé... Nunca intimó con nadie, nadie sabe por qué se ahorcó: si por la guerra o por haber comprobado lo repugnante que es el hombre. En la guerra no se hacía preguntas, pero por lo visto después empezó a reflexionar. Se le cruzaron los cables... Otro amigo mío se dio a la bebida... Ese me escribía, recibí dos cartas suyas... Decía algo como: allí, hermano, aquello era vida de verdad, y aquí es pura mierda, allí luchábamos y sobrevivíamos, aquí nunca estás seguro de qué coño pasa. Una vez le llamé, estaba pedo... Y la segunda vez lo mismo... [*Enciende un cigarrillo*] Recuerdo cuando Oso y yo llegamos a Moscú, a la estación Kazanski. Nos pasamos cuatro días en el tren camino de Taskent, bebíamos noches y días. Nos olvidamos de enviar los telegramas para que viniesen a recibirnos. Bajamos al andén a las cinco de la madrugada... ¡Nos quedamos ciegos con tantos colores! Cada uno iba vestido a su manera, de rojo, de amarillo, de azul, las tías eran jóvenes, guapas. Joder... Era un mundo absolutamente distinto. ¡Flipamos! Volví el 8 de noviembre... Y un mes después ya estaba en la universidad, me readmitieron en segundo curso. Tuve suerte... Me llené la cabeza a tope... No tenía tiempo para hurgar en mi alma, tenía que estudiar desde cero para los exámenes. En dos años se me había olvidado completamente todo, solo recordaba el "Curso del joven combatiente": pelar patatas y correr dieciocho kilómetros. Las piernas me quedaban hechas polvo. Pero él... Oso volvió y no tenía nada. Ni profesión, ni empleo. A tu alrededor todos son unos pancistas: lo principal es que la mortadela se venda a dos rublos y veinte kópeks el kilo y que el vodka cueste tres con sesenta y dos. A todos se la suda el hecho de que vuelvan al país unos chicos que, o bien tienen los sesos en los calcañares, o bien allí donde están las piernas les quedan unos muñones de diez o veinte centímetros, que a sus veinte años tienen que saltar sobre el culo. Ya me vale con tal de que no le toque a mi hijo. Así es nuestro sistema: te joden tanto en el ejército como en la vida civil. El sistema te atrapa, y en cuanto el engranaje te ha hincado un diente, acabaras descuartizado por muy bueno que seas, por muy bonitos que sean los sueños que tengas en el alma. [*Se calla*] Me faltan las palabras correctas... Son pocas... Quiero que mi idea quede clara: lo importante es evitar el sistema. Pero ¿cómo lo esquivas? Hay que servir a la Patria, el carnet del Komsomol en tu bolsillo es sagrado. La ordenanza dice: "El soldado está obligado a sobrellevar con firmeza y valentía todas las dificultades del servicio militar". ¡Con firmeza y valentía! ¡Agárrese! [*Se calla. Alarga la mano hacia la mesa buscando otro cigarrillo, pero el paquete está vacío*] ¡Joder! Con un paquete ya no tengo para todo el día...

»Hay que partir de un hecho: somos animales y nuestra naturaleza bestial solo la cubre una finísima capa de cultura, de melindrerías. ¡Oh, Rilke! ¡Oh, Pushkin! La bestia sale a la superficie en un instante... En menos de un abrir y cerrar de ojos... Solo hace falta que temas por ti mismo, por tu vida. O que te hagas con el poder. Con un poder pequeño basta. ¡Enano! La jerarquía en el ejército es: antes del juramento eres un "espíritu"; después del juramento, un "pardillo"; después de medio año, un "cucharón"; hasta cumplir los dieciocho meses, un "viejo"; a partir de dos años, "licenciado". Al principio eres un espíritu inmaterial y tu vida es un orinal lleno a rebosar...

»Pero yo disparaba... Disparaba igual que los demás. Lo quieras o no, eso es lo único que importa... Pero no me apetece nada pensar en ello. No sé pensar en ello.

»Teníamos heroína ahí mismo... De noche los chavalines bajaban de las montañas y la tiraban por todas partes. Después se esfumaban como si la tierra se los tragara. Nosotros solo fumábamos hierba, pero unos pocos se metían heroína, allí es pura: la pruebas un par de veces y estás acabado. Te enganchas. Yo me mantuve a raya. Y el segundo requisito de supervivencia: ¡no pensar en nada! Comes, duermes, sales en misión. Ves algo y enseguida lo olvidas, lo metes en el sótano. Más de una vez vi... Vi las pupilas de un hombre hacerse tan grandes como el ojo, la vida lo abandona... las pupilas crecen y crecen... se oscurecen... Lo vi y al instante lo olvidé. Ahora, con usted, me he acordado...

»¡Yo disparaba! Claro que disparaba. Ponía a uno en la mira y... apretaba el gatillo... Ahora espero que no haya matado a muchos, me gusta pensar así porque ellos... Ellos... defendían su patria. A uno... recuerdo bien a uno... Disparé y él cayó. Levantó los brazos y cayó... Lo recuerdo... Me cagaba encima solo de pensar en entrar en combate cuerpo a cuerpo, me habían explicado cómo es atravesar a un hombre con el metal y mirarle a los ojos... Joder... Oso se me abrió, estaba como una cuba, fue en aquel viaje de cuatro días de Taskent a Moscú, me dijo: "No te imaginas los ronquidos que hacen cuando la sangre les brota por la garganta. A matar se tiene que aprender...". A un hombre que nunca ha matado a nadie, que no ha ido nunca de caza, hay que enseñarle cómo matar a otro hombre. Oso contaba... Había un *dushmán* en el suelo, muy herido, está herido en la barriga, pero aún está vivo, el comandante coge la daga y va y se la da a él, a Oso: "Cógela y remátalo, tienes que mirarle a los ojos". ¿Sabe por qué hay que hacerlo así? Para que después, cuando tengas que salvar a tus compañeros, mates sin pensar. La primera vez hay que pasar por ello... y superarlo. Oso... Él cogió la daga, la puso primero sobre la garganta... después la llevo al pecho de aquel pobre herido... pero no podía degollar a un hombre... ¿y cómo es posible así de repente atravesarle el pecho a un ser vivo?... donde le late el corazón... El *dushmán* seguía la daga con la mirada... Durante mucho rato Oso no pudo hacerlo... Tardó mucho en matarlo. Cuando se emborrachaba, lloraba... Se había reservado un sitio en el infierno...

»Cuando acabé el servicio militar me fui a estudiar a la universidad. Vivía en la residencia, allí siempre están de juerga, beben, gritan. Tocan la guitarra. Si llamaban a la puerta, yo me levantaba de un salto como un chalado y me escondía. En posición de defensa. Con las tormentas, cuando había truenos o la lluvia golpeaba la repisa de la ventana, el corazón se me aceleraba. Me bebía una botella y me calmaba, pero después con una botella ya no tenía bastante. Me fallaba el hígado. Acabé hospitalizado, allí me dijeron: "Chaval, si quieres llegar por lo menos a los cuarenta, tienes que dejar de beber".

Pensé: "Joder, todavía no he estado con una mujer, con tantas chicas monas como hay y yo casi la palmo". Así es como dejé la bebida. Me eché una novia...

»El amor... Es algo sobrenatural... No le puedo decir si yo amo. Estoy casado, tengo una niña pequeña, pero no sé si esto es amor o es algo más, sin embargo, por ellas mataría a brazo partido, enterraría en cemento a quien les hiciera daño. ¡Daría mi vida por ellas! Pero ¿qué es el amor? La gente dice que ama según lo que se imaginan que es el amor, pero amar es un trabajo tremendo, sangriento, diario. ¿Si he amado? Le digo sinceramente: no lo sé. He experimentado ciertos sentimientos, se me ha elevado el ánimo, he hecho cierto trabajo puramente espiritual, en absoluto relacionado con esta vida de mierda, pero ¿eso es amor? A saber. En la guerra nos instruían: "Hay que amar la Patria". Y la Patria nos recibió con los brazos bien abiertos y los puños bien cerrados para dejarnos fuera de combate una y otra vez. Mejor pregúnteme si he sido feliz. Le contestaré que sí, que lo era cuando caminaba por mi calle hacia mi casa al volver de Afgán... Era noviembre... Era el mes de noviembre y el olor a mi tierra me entraba por la nariz, me succionaba el cráneo y me retumbaba en los talones, el olor a esta tierra que llevaba dos años sin ver, se me hacía un nudo en la garganta y los ojos se me llenaban de lágrimas, no podía ni caminar. Después de vivir eso puedo decirle: sí, en esta vida he vivido la felicidad. Pero ¿he amado? ¿Qué es amar cuando ya has visto la muerte? La muerte siempre es fea... ¿Qué es el amor? Estuve en el parto, cuando mi mujer dio a luz. En esos momentos es importante tener a una persona cercana al lado, y que no te suelte la mano. Después de haber visto aquello... obligaría a cada capullo del sexo masculino que estuviese clavado allí, al lado de su mujer en el momento del parto, cuando ella está con las piernas abiertas, toda cubierta de sangre, de excrementos. ¡Mirad, hijos de puta, cómo llega un niño a este mundo! Y vosotros matáis como si nada... Matar es fácil. Es sencillo. Yo creía que me desmayaría. La gente vuelve de la guerra, pero se desmayan en una sala de partos. La mujer no es una puerta por la que uno pueda entrar y salir. Hay dos mundos que han cambiado drásticamente mi vida: la guerra y la mujer. Me obligaron a pensar para qué yo, un repugnante trozo de carne, vine a esta tierra.

»El hombre no cambia en la guerra, el hombre cambia después de la guerra. Se transforma cuando mira lo que hay aquí con los mismos ojos con que miraba lo que había allí. Los primeros meses la visión es doble: estás a la vez allí y aquí. Es como si tuvieras mono. Ha pasado el tiempo y ya estoy listo para pensar en lo que viví allí... Los vigilantes de los bancos, los guardaespaldas de los empresarios ricos, los asesinos a sueldo, todos ellos son chicos de los nuestros. Los he visto, hemos hablado y lo he entendido: ellos no querían volver de la guerra. Volver aquí. Allí se sentían mejor. De allí... después de aquella vida... guardas unas sensaciones indescriptibles... Ante todo está el desdén hacia la muerte, algo superior a la muerte... Los *dushmán* no temían la muerte, por ejemplo. Sabían que al día siguiente los iban a ejecutar y se reían como si nada, charlaban entre ellos. Hasta parecían contentos. Contentos y tranquilos. La muerte es un gran tránsito, debes esperarla como a una novia. Eso es lo que dice su Corán...

»Mejor le cuento un chiste... Que si no solo le estoy metiendo miedo a la pobre escritora... [*Se ríe*] Dicen que... un tío la palma y aterriza en el infierno, mira a su alrededor: unas ollas enormes donde hierven a la gente, unas mesas sobre las que la descuartizan y tal... Él va caminando. A pocos pasos ve otra mesa, unos tipos están sentados, toman una cerveza, juegan a naipes, a dominó. Se les acerca:

»—¿Esto qué es, cerveza?

»—Cerveza.

»—¿Puedo? —Le da un trago. Sí, es cerveza. Y está fría—. ¿Y esto son pitillos?

»—Sí, cigarrillos. ¿Quieres fumar?

»Se enciende uno.

»—A ver, esto de aquí, ¿es el infierno o no es el infierno?

»—Claro que lo es. Relájate, hombre —se ríen—. Allí es donde hierven y descuartizan, es el infierno de los que se lo imaginan así.

»"Conforme a vuestra fe os sea hecho."* Conforme a vuestra fe... Y a las oraciones interiores... Si esperas la muerte como a una novia, vendrá a ti hecha una novia.

»Una vez tuve que buscar a un compañero entre los muertos... A los soldados en la morgue que admitían los cadáveres los llamábamos desvalijadores... Revolvían los bolsillos, se lo sacaban todo. Les llegaba un chaval con un boquete en el pecho o con todas las tripas fuera, y ellos venga a rebuscar en sus bolsillos. Se hacían con cualquier cosa que les caía en las manos: un encendedor, un bolígrafo bonito, unas tijeras de manicura... Después, en la Unión Soviética se lo regalarían a su novia. ¡Agárrese!

»He visto tantos *kishlak* destruidos... Pero no he visto ni una guardería, ni una sola de las escuelas que se suponía que construimos, ni un árbol plantado, nada de lo que escribían nuestros periódicos. [*Se calla*]

»Pasas días esperando una carta... Recibes una de tu chica, las flores le llegan hasta la cintura, ¡joder, haberme enviado una con bañador! ¡En biquini! O al menos una de cuerpo entero, para poder mirarle las piernas... Por debajo de una falda corta... Y esos polichupones, esos responsables políticos nuestros, venga a contarnos cuentos sobre la Patria, sobre nuestro deber de soldado, en los discursos políticos... Entre nosotros, cuando era de noche, el tema estrella siempre eran las mujeres... Cómo eran nuestras chicas y qué cosa habíamos probado cada uno... ¡Lo que oye! Todos con las manos puestas en el mismo sitio... ¡Agárrese!... Y entre los afganos... la sodomía era algo normal. Entras en un *ducán*, te llaman: "Camarada, ven... Ven aquí... Te follaré por detrás y tú a cambio coge cualquier cosa. Coge un pañuelo para tu madre...". Las películas... llegaban muy pocas. Lo único que nos traían regularmente y en cantidad era el diario *Frúnsenets*. Lo llevábamos directamente a la sala de lectura... Bueno, a aquel lugar... A veces conseguíamos sintonizar un programa musical, escuchábamos a Ludmila Zíkina** cantando su

* Cita del Nuevo Testamento, Mateo 9:29.

** Ludmila Zíkina (1929-2009), célebre cantante soviética.

popularísima canción sobre el río Volga y todos llorábamos. Todos a una.

»Ya de vuelta en casa, yo era incapaz de construir una frase normal, a cada palabra, ¡joder! Cada dos por tres escupía tacos... Mi madre al principio no paraba de preguntarme: "¿Hijito, cómo es que no cuentas nada?". Me venía algo a la memoria... Pero ella al instante me interrumpía: "Los vecinos han conseguido colocar a su hijo para que haga un servicio militar sustitutorio en un hospital. Yo me moriría de vergüenza si mi hijo tuviera que limpiarles los orinales a unas viejas. ¿Te parece trabajo para un hombre?". "¿Sabes, madre? —le contesté—. Cuando tenga hijos haré todo lo posible para que no hagan el servicio militar en nuestro ejército." Mis padres me miraron como si estuviera pirado y ya no volvieron a entablar conmigo ninguna charla sobre la guerra, y menos aún delante de conocidos. Al poco tiempo me largué de casa... Me fui a estudiar... Tenía una novia, la conocí antes de empezar la mili. En la guerra pensaba: "El día que vuelva me la llevo a la cama...". Que me la follaría el primer día. Pero cuando le puse la mano en el hombro de repente ella me la apartó: "Tienes las manos manchadas de sangre". Joder, me quitó la libido de golpe, estuve tres años sin atreverme a acercarme a una mujer. ¡Hostia! Si nos educaban diciendo: debes defender tu Patria, debes defender a tu chica... Tú eres el hombre... A mí me gustaba la mitología escandinava, me encantaba leer libros de vikingos. Ellos consideraban una deshonra que un hombre muriera en la cama. Los hombres morían luchando. A los niños, desde que tenían cinco años, los acostumbraban a las armas. A la muerte. La guerra no es momento de hacerte preguntas: ¿quién eres, un hombre o una criatura temblorosa? El soldado sirve para matar, tú eres un instrumento para asesinar. Tu finalidad es la misma que la de un proyectil o una metralleta. Ahora sí que estoy filosofando... Quiero entenderme a mí mismo...

»Una vez asistí a un encuentro en el club "afgano"... Jamás he vuelto. Con una vez tuve bastante... Era un encuentro con norteamericanos, con los excombatientes de la guerra de Vietnam. Estábamos en una cafetería, en cada mesa había un americano y tres rusos.

Al americano que se sentó con nosotros, uno de nuestros chavales le escupió: "Me cabrean los americanos porque una mina americana me hizo volar por los aires. Me arrancó una pierna". El otro le contestó: "A mí en Saigón me hirió un proyectil soviético". ¿Qué le parece? ¡Agárrese! Después brindamos y nos abrazamos en plan hermanos de armas. Y empezamos... Borrachera al estilo ruso: una copa por la hermandad, otra para seguir el buen camino... En aquel encuentro comprendí una cosa muy sencilla: un soldado siempre es un soldado, siempre es la misma carne de cañón. Con una única diferencia: el desayuno americano incluía dos variedades de helado, y nosotros para el desayuno, la comida y la cena siempre nos zampábamos el mismo alforfón. No veíamos la fruta ni de lejos, soñábamos con pepinos y con pescado fresco. Nos comíamos las cebollas a mordiscos, como si fueran una manzana. Yo volví del ejército sin dientes. Era diciembre, la temperatura era de treinta bajo cero. El chico aquel era de California... Le acompañamos al hotel... Iba con un plumón, unos guantes, caminaba por Moscú bien abrigado, nos cruzamos con un típico Iván ruso: la zamarra desabrochada, la camiseta enseñando el ombligo, ni gorro, ni manoplas. "¡Saludos, camaradas!" "¡Hola!" "¿Ese quién es?" "Un americano." "¡Anda, un americano! Le estrechó la mano, le dio una palmaditas en el hombro... Y se fue. Subimos a la habitación de nuestro amigo americano, él no abría la boca. "¡Jefe! ¿Qué pasa?", le preguntamos. "Yo llevo un plumón, unos guantes, y él va desnudo. Pero tiene las manos calientes. ¡Con este país no se puede hacer una guerra!" Le contesté: "Claro que no. ¡Os cubriríamos de cadáveres!". ¡Agárrese! Nos bebemos cualquier cosa que arda, nos follamos cualquier cosa que se mueva, y si no se mueve, ya haremos que se mueva y nos la follaremos igualmente.

»Hacía mucho tiempo que no hablaba de Afgán... Esas conversaciones no me interesan... Si me hubiesen dado a elegir... En la guerra conocerás esto y vivirás aquello, pero tienes otra posibilidad: seguir siendo un niño y no pasar por esa experiencia. ¿Qué eliges? Igualmente habría decidido volver a vivirlo y convertirme en lo que soy ahora. Vivirlo y experimentarlo de nuevo. Gracias a Afgán he encontrado amigos... Conocí a mi mujer, tengo una maravillosa hija pequeña. Allí supe qué mierda llevo dentro y a qué profundidad se esconde. Regresé y leí la Biblia con un lápiz en la mano. Y la releo una y otra vez. Gálich* lo dice muy bien en su canción: desconfía de aquel que te diga "yo sé cómo". Porque yo no sé cómo. Sigo buscando. Sueño con las montañas de color violeta. Y las columnas de arena punzante...

»Yo nací aquí... La patria, igual que a la mujer amada, uno no la elige, es algo que se te concede. Si naces en un país, arréglatelas para morir en él. La puedes diñar o puedes perder la vida, pero siempre tienes que procurar morir con dignidad. Quiero vivir en este país, es pobre, es desgraciado, pero aquí vive ese zurdo capaz de herrar a una pulga,** y en las tabernas siempre te encuentras a esos tipos con sus cañas tertuliando sobre los problemas universales. Este país nos dejó tiradísimos... Pero yo lo adoro...

»He visto... Ahora sé que los niños nacen puros. Son ángeles.»

Soldado, fusilero

«Un fogonazo... Un chorro de luz... Y ya está...

»A continuación, la noche... La oscuridad absoluta... Abrí un ojo y examiné la pared: ¿dónde estoy? En el hospital... Luego me examiné a mí mismo. ¿Los brazos? Sí, los tengo. Más abajo... Me busqué con las manos... ¡¡¡Mis piernas!!! ¿Dónde están mis piernas?»

[*Se gira de espaldas y durante un largo rato se niega a hablar*]

»Olvidé todo lo que había vivido antes. Sufrí una gravísima lesión interna... Me olvidé de toda mi vida... Abrí el pasaporte y leí mi apellido. ¿Dónde había nacido? En la ciudad de Vorónezh. Treinta años... Casado... Dos hijos... dos niños...

»No recordaba ni un solo rostro...

* Aleksandr Ginzburg, de nombre artístico Aleksandr Gálich (1918-1977), fue un guionista, dramaturgo, poeta y cantautor soviético.

** Referencia al *Relato sobre el zurdo bizco de Tula y la pulga de acero*, una novela de Nikolái Leskov, escritor ruso del siglo XIX. El protagonista de la novela es un humilde artesano ruso que logra herrar a una pulga mecánica fabricada por los ingleses, demostrando con ello la habilidad y la destreza de los rusos.

[*De nuevo se queda callado. Observa el techo*]

»La primera en venir fue mi madre... Me dijo: "Soy tu madre". Yo la contemplaba... No lograba recordarla, pero a la vez esa mujer no era una extraña. Estaba seguro: no es una extraña para mí... Me explicó cosas de mi infancia... de los años de colegio... Pequeños detalles: que en octavo tenía un abrigo bueno y me lo rasgué trepando por una valla. Las notas que sacaba... Notables y hasta excelentes, pero en actitud tenía una nota penosa, era un gamberro. Que lo que más me gustaba era el puré de garbanzos... La escuchaba y me parecía como si me estuviera viendo a mí mismo desde fuera...

»Un día en el comedor me llamó la auxiliar de turno:

»—Siéntate en la silla. Te llevaré. Ha venido tu mujer.

»Junto a la puerta de la habitación había una mujer muy guapa... La miré: vale, puede seguir allí, pero ¿dónde está mi mujer? Ella era mi mujer... Su rostro me era familiar, pero no la reconocía...

»Me habló de nuestro amor... De cómo nos habíamos conocido... De cómo la besé por primera vez... Había traído las fotos de nuestra boda. De cómo nacieron nuestros hijos. Dos niños... La escuchaba y no me acordaba de nada, sino que lo memorizaba... De tanto esfuerzo... me daban unas jaquecas enormes... Y el anillo... ¿Dónde está la alianza? Me acordé de la alianza... Me miré la mano izquierda: no tenía dedos...

»Me acordé de mis niños cuando vi sus fotos. Después los que vinieron a verme eran diferentes. Eran míos y no eran míos a la vez. El rubio se había vuelto moreno, el pequeño se había hecho grande. Me miré al espejo: ¡se parecían a mí!

»Los médicos dicen que la memoria me irá volviendo... En ese caso tendré dos vidas: la que me han contado y la que viví de verdad. Venga a verme entonces, le contaré lo de la guerra...»

Capitán, piloto de helicóptero

«El fuego se desplazaba... Estuve mucho rato vagando por la cuesta de la montaña...

»Por la noche, por el camino encontramos un rebaño de ovejas.

¡¡¡Hurra!!! Un regalo de Alá. ¡*Alá akbar*! Estábamos hambrientos y cansados después de dos días de marcha, el rancho seco se nos había acabado. Solo nos quedaban galletas. Y de repente, un rebaño entero. Sin los dueños. No nos hacía falta ni comprarlas ni trocarlas por té o por jabón (una oveja valía un kilo de té o diez pastillas de jabón), no hacía falta ni saquear. Primero atrapamos a un carnero muy grande y lo atamos al árbol, así nos asegurábamos de que las ovejas no se escapasen. Ya lo habíamos aprendido. Lo habíamos memorizado... Bajo el bombardeo las ovejas se separan, pero cuando se ha acabado se juntan de nuevo. Corren con su líder. Después... Después elegimos la oveja más gorda... La separamos del resto...

»He observado muchas veces lo sumiso que es este animal cuando le llega el momento de aceptar la muerte. Cuando sacrifican a un cerdo, a un ternero... Es diferente... Ellos no quieren morir. Intentan escaparse, chillan. Pero una oveja nunca sale corriendo, no grita, no le da un ataque de histeria, sino que camina silenciosa. Con los ojos abiertos. Sigue al hombre que lleva un cuchillo en la mano.

»No parecía un asesinato, más bien recordaba a un ritual. Un sacrificio ritual.»

Soldado, tropas de reconocimiento

Día dos

«Otro muere con el alma amargada...»*

Me volvió a llamar. Por suerte yo estaba en casa...

—*No tenía intención de llamarte... Pero hoy he subido al autobús y he oído a dos mujeres comentando: «Ni héroes, ni nada. Allí ellos mataban a los niños, a las mujeres... ¿Te parece que eso es estar bien de la cabeza? Aun así, los invitan a las escuelas, a dar charlas ante nuestros hijos. Y encima les conceden privilegios». He bajado corriendo en la primera parada que he podido... Éramos soldados y cumplíamos órdenes. ¡Incumplir una orden en la guerra significa el fusilamiento! ¡Irás al tribunal militar! Claro que los generales no disparan nunca a las mujeres y los niños, pero son ellos los que dan las órdenes. ¡Y nos culpan a nosotros! ¡Los soldados son los culpables! Ahora nos machacan: cumplir una orden criminal es cometer el crimen. ¡Pues resulta que yo creía en los que daban las órdenes! ¡Confiaba en ellos! Desde que tengo memoria siempre me han enseñado a creer. ¡Solo a creer! Nadie me ha dicho nunca: reflexiona si debes creer o no, si debes disparar o no. Me inculcaban: ¡no dudes, ten fe! Así éramos cuando nos marchamos de aquí, pero no cuando regresamos.*

—*Podemos quedar... Hablar de ello...*

—*Yo solo puedo hablar con los que son como yo. Con los que han pasado por aquello... ¿Lo comprendes? Sí, yo mataba, estoy cubierto de sangre... Pero es que allí estaba él, estaba tirado en el suelo... Era mi amigo, era mi hermano. Por un lado la cabeza, por otro los brazos... La piel... Solicité inmediatamente salir otra vez en misión... Avisté su funeral desde un* kishlak. *Había mucha gente. Llevaban el cuerpo envuelto en una cosa blanca... Los vi a través de los prismáticos... Y ordené: «¡Fuego!».*

* Cita de la Biblia, Libro de Job, 21:25.

—Me pregunto cómo puedes vivir con esto. Cuánto miedo llevas dentro.

—Sí, yo mataba... Pero lo hacía porque quería vivir... Quería regresar a casa. En cambio, ahora envidio a los muertos. Los muertos no sienten dolor...

La conversación se cortó de nuevo...

La autora

«Como en un sueño... Como si lo hubiera visto... no sé.. en una película... Tengo la sensación de que yo no he matado nunca a nadie...

»Fue mi elección. Yo lo solicité... Pregúnteme: ¿lo hizo para defender una idea o para entender quién era? Lo segundo, claro está. Me apetecía probarme, saber dónde estaban mis límites. Mi "yo" es grande. Por entonces estaba estudiando en la universidad, allí uno no puede comprobar lo que vale, no puede conocerse a sí mismo. Quería ser un héroe, buscaba la ocasión para serlo. Me fui a mitad de segundo curso. Dicen... he oído... que era una guerra de muchachos... Luchaban los chicos, los que ayer no eran más que unos escolares. Pero una guerra siempre es así. En la Gran Guerra Patria fue lo mismo. Para nosotros era como un juego. Tu amor propio es muy importante, tu orgullo. Soy capaz o no lo soy. Ese ha sido capaz. ¿Y yo? Eso era lo que nos preocupaba, no la política. Ya cuando era niño me encantaba prepararme para pasar por pruebas. Jack London es mi escritor favorito. Un hombre de verdad debe ser fuerte. En la guerra uno se hace fuerte. Mi novia me intentaba disuadir: "¿Te imaginas a Bunin o a Mandelshtam diciendo algo similar?". Ninguno de mis amigos me comprendió. Algunos se han casado, otros se aficionaron a la filosofía oriental, también los hay que practican yoga... Solo yo elegí la guerra.

»En lo alto estaban las cimas descoloridas bajo el sol... Abajo había una niña pastando cabras, una mujer tendía la colada... Parecía nuestro Cáucaso... Incluso me sentí desilusionado... Pero por la noche: un disparo a nuestra hoguera, levantamos la tetera y ahí debajo había una bala. ¡Era la guerra! Durante las misiones lo peor era la sed, atroz, humillante. La boca se te secaba, no lograbas acumular saliva suficiente para tragarla. Tenías la sensación de que la boca se te había llenado de arena. Lamíamos el rocío, lamíamos nuestro propio sudor... Tengo que vivir. ¡Quiero vivir! Una vez atrapé una tortuga. Le atravesé la garganta con una piedra afilada. Me bebí la sangre de la tortuga. Los demás no fueron capaces. Nadie lo fue. Ellos se bebían su propia orina...

»Comprendí que era capaz de matar. Tenía un arma en las manos... En el primer combate vi como muchos entraban en estado de shock. Se desmayaban. Los había que incluso vomitaban al recordar cómo habían matado. Después del combate podías ver una oreja colgando de un árbol... un ojo humano escurriéndose por un rostro... ¡Yo lo aguantaba! Entre nosotros había un cazador, se jactaba de que antes de la guerra había matado liebres, había tumbado jabalíes. Pues ese siempre vomitaba. Una cosa es matar un animal, y otra muy diferente es matar a un hombre. En un combate te vuelves insensible. La mente fría. El cálculo. Mi metralleta es mi vida. La metralleta se adhiere a tu cuerpo. Como un brazo más...

»Era una guerra de guerrillas, los grandes combates eran escasos. Siempre era un cara a cara, o tú o él. Te vuelves perspicaz como un lince. Disparas una ráfaga: tu adversario se agacha. Esperas. ¿Quién será el siguiente? Todavía no has oído el disparo, pero ya sientes la bala pasando a tu lado. Te arrastras por entre las rocas... te escondes... Le persigues como si fueras un cazador. Tu cuerpo es un resorte tenso. No respiras. Aguardas el momento... En un cara a cara, yo podía llegar a matar con un golpe de la culata. Ya has matado, estalla una aguda sensación: esta vez he salido con vida. ¡Sigo vivo! No hay placer en asesinar a un hombre. Matas para que no te maten a ti. La guerra no es solo la muerte, hay algo más. La guerra tiene su propio olor. Su propio sonido.

»Los muertos son todos distintos... No hay dos iguales. Bañados en agua... el contacto con el agua transforma el rostro muerto, surge como una especie de sonrisa. Después de la lluvia los cuerpos yacen purificados. Sin agua, en los cuerpos semienterrados en el polvo la muerte se muestra más explícita. Un cuerpo sin vida luciendo el uniforme nuevo, en el lugar de la cabeza hay una enorme hoja seca de color rojo... Murió aplastado como una lagartija... ¡Pero yo estoy vivo! Otro muerto está sentado apoyado contra la pared... de su casa. A su alrededor hay esparcidas un montón de nueces cascadas. Está sentado... Con los ojos abiertos... No había nadie para cerrarle los ojos... Tras la muerte, durante unos diez o quince minutos se les puede cerrar los ojos. Después ya no. Los ojos ya no se cierran... ¡Pero yo estoy vivo! Y otro muerto, su cuerpo está inclinado... con la bragueta abierta... aún... Caen las últimas gotas... Esos muertos se habían quedado tal como estaban en aquel momento, como si continuaran con lo que hacían... Todavía en este mundo y a la vez ya en el otro... ¡Pero yo estoy vivo! Cada vez tenía que tocarme para comprobarlo. Los pájaros no temen a la muerte. Siguen tranquilamente posados, observan. Ni los niños. Ellos también siguen sentados, miran, curiosean. Igual que los pájaros. He visto como un águila contemplaba un combate... Parecía una esfinge pequeña... En el comedor comiendo sopa, de repente miraba por el rabillo del ojo al vecino y me lo imaginaba muerto. Durante un tiempo me resultaba imposible mirar fotografías de mi familia. Volvía de la misión y me era insoportable ver a las mujeres, a los niños. Desviaba la mirada. Luego se me pasó. Por la mañana, durante la preparación física, corría, levantaba pesos. Me preocupaba mi forma física, pensaba en el aspecto que tendría al volver. No dormía lo suficiente, eso sí. Me molestaban los piojos, sobre todo en invierno. Esparcían insecticida directamente sobre los colchones.

»El miedo a la muerte lo conocí ya en casa. Regresé y nació mi hijo. Mi gran temor: si yo moría, mi hijo crecería sin mí. Me acuerdo bien de mis siete balas... Todas ellas habrían podido, como decíamos allí, "enviarme con la gente de arriba"... Sin embargo, acabaron pasando de largo... A veces hasta siento que me fui sin acabar la partida. Dejé mi guerra a medias.

»No llevo la culpa a cuestas, las pesadillas no me asustan. Yo siempre elegía un duelo honesto: o él o yo. Una vez vi como golpeaban a un prisionero... entre dos, y además él estaba atado... tirado en el suelo como un trapo... Pues los eché, detuve la tunda. Yo detestaba a la gente así. Empuñaban la metralleta y disparaban contra un águila... A uno de esos le partí la cara... ¿Qué culpa tiene un pájaro?

»Los parientes nos hacían preguntas:

»—¿Cómo fue en Afganistán?

»—Lo siento, pero ya se lo explicaré algún día.

»Me gradué en la universidad, ahora soy ingeniero. Solo quiero ser un simple ingeniero y no un veterano de la guerra afgana. No me gusta recordar. Aunque no sé lo que pasará con todos nosotros, con la generación que ha sobrevivido. Hemos sobrevivido a una guerra que nadie necesitaba. ¡Nadie! Na-Na... ¡Nadie! Por fin lo he desembuchado... Es como cuando vas en tren... Se juntan unos extraños, hablan un rato y después bajan en estaciones diferentes. Me tiemblan las manos... Por alguna razón estoy nervioso. Yo creía que había salido del juego sin dificultad. Cuando escriba, no mencione mi nombre, por favor...

»No tengo miedo de nada, pero detesto seguir metido en esta historia...»

Comandante de la sección de infantería

«Mi boda estaba programada para diciembre... Un mes antes... en noviembre... me marché a Afganistán. Se lo confesé a mi novio, él se rió: "¿Te vas a defender las fronteras sureñas de nuestra Patria?". Cuando entendió que no bromeaba me dijo: "¿Acaso aquí no tienes con quién acostarte?".

»De camino pensaba: "No llegué a tiempo para la construcción del ferrocarril Baikal-Amur, ni para las campañas de las tierras vírgenes, pero, qué suerte, ¡me ha tocado Afgán!". Creía en las canciones que traían los chicos, me pasaba los días escuchando:

Por tierras afganas
en los últimos años
ha perdido no pocos
la patria Rusia...

»Yo era la típica niña moscovita amante de los libros. Pensaba que la vida de verdad estaba en algún lugar muy lejano. Donde todos los hombres son fuertes y todas las mujeres son bellas. Donde abundan las aventuras. Ansiaba escaparme de lo cotidiano...

»El viaje a Kabul duró tres días, estuve tres noches sin dormir. En la frontera pensaron: esa va drogada. Recuerdo cómo lloraba, tratando de convencerlos:

»—De verdad que no soy una drogadicta. Solo tengo sueño.

»Arrastraba una maleta pesada (las mermeladas de mamá, las galletas), pero ningún hombre me echó una mano. Pero no eran hombres, eran oficiales, jóvenes, apuestos, fuertes. Los chicos siempre me habían ido detrás, me adoraban. De verdad que mi sorpresa era del todo sincera:

»—¿Es que nadie va a ayudarme?

»¡Cómo me miraron!...

»Las tres noches siguientes las pasé en el centro de traslado. El primer día se me acercó un alférez:

»—Ven a verme por la noche si quieres quedarte en Kabul...

»Era un tipo rollizo, bien cebado. Le llamaban Balón...

»Me admitieron en la unidad militar, de mecanógrafa. Trabajábamos con máquinas de escribir antiguas. En unas pocas semanas tenía los dedos destrozados. Escribía a máquina con los dedos vendados: las uñas se me levantaban, los dedos me sangraban.

»Un par de semanas más tarde, una noche, un soldado golpeó mi puerta:

»—El comandante te llama.

»—No pienso ir.

»—No seas remilgada. ¿O es que no sabías adónde venías?

»Por la mañana el comandante me amenazó con enviarme a Kandahar. Y otras cosas por el estilo...

Dime, ¿qué es Kandahar?
El lugar donde seguro te van a matar...

»Durante aquellos días temía que acabaría atropellada por un coche... O que me dispararían una bala por la espalda... Que me pegarían una paliza...

»En la residencia tenía dos chicas vecinas de cuarto: una se encargaba de la electricidad, de mote le pusieron la Bombilla, otra se encargaba de la depuración química de agua, era la Lejía. Para cualquier cosa las dos tenían siempre la misma explicación:

»—Así es la vida...

»Justo entonces el diario *Pravda* publicó un reportaje titulado «Nuestras señoras de Afganistán». Desde la Unión Soviética, las chicas nos escribían diciendo que les había encantado, algunas incluso fueron a la oficina de reclutamiento para solicitar que las enviaran a Afganistán. Lo leían en las escuelas. Pero nosotras no podíamos pasar tranquilas por delante de los soldados, esos se reían a carcajadas: "¿O sea que, cubatas, ahora resulta que sois unas heroínas? ¡Solo cumplís con vuestro deber internacional en las camas!". ¿Que qué es eso de "cubatas"? Pues las "cubas" (una especie de casas prefabricadas) es donde viven los altos rangos, no inferiores al de mayor. Las mujeres con las que ellos... bueno, las llaman "cubatas". Los muchachos que hacen aquí la mili lo tienen claro: "Si alguna vez me entero de que mi novia ha estado en Afgán, para mí dejará de existir...". Hemos superado las mismas enfermedades, todas las chicas hemos sufrido hepatitis, malaria... Nos bombardean exactamente igual... Pero el día que nos crucemos en la Unión Soviética, nunca podré intentar besar a ese muchacho. Para ellos todas nosotras o bien somos unas fulanas, o bien estamos chifladas. No acostarse con la mujer equivale a no mancharse... "¿Con quién duermo? Duermo con mi arma..." Con esos ánimos intenta tú poner una sonrisa...

»Mi madre, muy orgullosa, les dice a sus amistades: "Mi hija está en Afganistán". ¡Pobre mamá, qué ingenua! Quisiera escribirle: "¡Mamá, mejor cállate, si no a saber qué cosas tendrás que oír!". Probablemente, una vez en casa, con todo digerido, me tranquilizaré, me aplacaré. Pero ahora mismo por dentro lo tengo todo roto, destrozado. ¿Qué es lo que he aprendido aquí? ¿Acaso aquí es posible aprender algo de bondad o de misericordia? ¿De alegría?

»Los *bacha* persiguen los vehículos:

»—*Kanum*, muéstrame...

»Algunas veces ofrecen dinero. Es decir, hay chicas que lo cogen.

»Durante un tiempo me obsesionaba la idea de que no viviría para volver a casa. Ahora eso lo tengo superado. Hay dos sueños que se me repiten a menudo...

»El primero:

»Entramos en un lujoso *ducán*... Las paredes están todas cubiertas de alfombras, se ven joyas por todas partes. Yo soy la mercancía, nuestros chicos me venden. Les traen un saco lleno de dinero... Ellos cuentan los afganis... Mientras tanto, dos *dushmán* van devanando mi cabello en sus manos... Suena el despertador... Asustada, grito y me despierto. Nunca he llegado a contemplar todos los horrores.

»El segundo:

»Volamos de Taskent a Kabul en un avión militar Il-62. Justo cuando se ven las montañas, la luz se apaga. Comenzamos a caer en un abismo, una capa de la pesada tierra afgana nos cae encima. Voy cavando como un topo, pero no consigo salir a la luz. Me estoy ahogando. Y sigo cavando, sigo cavando...

»Si no paro, mi relato sería interminable. Aquí suceden cosas a diario que te hacen estremecer, que te revuelven el alma. Ayer un chico al que conozco recibió una carta de la Unión Soviética, de su novia: "No quiero continuar con la relación, tienes las manos manchadas de sangre...". Vino corriendo a mí: yo soy capaz de comprenderle.

»Todos pensamos en nuestras casas, pero rara vez hablamos de ello. Por superstición. Ansiamos volver. ¿Adónde volveremos? Sobre esto tampoco hablamos. Nos limitamos a contar chistes:

»—Niños, contad a la clase qué trabajos tienen vuestros papás.

»Todos a una levantan las manos:

»—Mi papá es médico.

»—Mi papá es fontanero.

»—Mi papá trabaja en el circo.

»Un pequeño se queda callado.

»—Y tú, ¿no sabes lo que hace tu papá?

»—Antes era piloto de avión, ahora hace de fascista en Afganistán.

»Antes, cuando vivía en casa, me encantaban las novelas bélicas, aquí en cambio no me separo de Dumas. En la guerra no apetece hablar de la guerra. Ni leer sobre la guerra. Las chicas han ido a ver a los muertos en combate... Me dijeron: "Están todos tumbados sin ropa, solo llevan los calcetines...". Yo no iré... No me gusta salir a la ciudad, ni ir de compras a los *ducán*..." En las calles hay muchos hombres cojos, con una sola pierna... y los niños llevan muletas fabricadas en casa... No soy capaz de acostumbrarme... Mi sueño era ser periodista, ahora ya no sé, ahora me es difícil creer en algo. Amar algo.

»Cuando regrese, jamás volveré a viajar al sur. Estoy harta de ver montañas. Cuando veo montañas enseguida pienso en que nos van a bombardear. Una de las veces que nos bombardearon, una de las chicas se puso de rodillas, lloraba, rezaba... se santiguaba... Me gustaría saber qué era lo que le pedía al cielo. Aquí todos somos un tanto reservados, nadie es completamente sincero. Cada uno ha vivido su propio desengaño...

»Y yo, yo no paro de llorar. Lloro por aquella niña moscovita...»

Empleada

«¿Qué comprendí allí? Que el bien nunca gana. Que el mal en el mundo no disminuye. Que el hombre es espantoso. Y la naturaleza es bella... Y la arena. Allí tienes todo el rato la boca llena de arena. No se puede hablar...

»Peinamos un *kishlak*... Yo iba con otro compañero. Él abrió la puerta de una casa de una patada: le acribillaron a balazos, a quemarropa. Nueve balas... El odio te saca de quicio... Pasamos por las armas a todos, hasta a las mascotas, aunque, en realidad, da más miedo disparar a los animales. Dan pena. Yo no dejé que dispararan a los asnos... ¿Acaso son culpables? De sus cuellos colgaban los amuletos, igual que los que llevaban los niños... Con sus nombres... Cuando le prendimos fuego a un campo de trigo me sentí mal porque soy de pueblo. Cuando estás allí, a la memoria solo te vienen buenos recuerdos de tu vida anterior, casi siempre recuerdos de infancia. Como cuando me tumbaba en la hierba, entre margaritas y campanillas... Como cuando tostábamos en la hoguera las espigas de trigo y nos las comíamos...

»Allí nos rodeaba una vida que no entendíamos. Una vida distinta. Por eso matar era más fácil que... [*Se calla*] Más fácil que si hubiéramos estado en un lugar conocido. En un lugar que se pareciera al nuestro... En cuanto a mis sentimientos... Si soy sincero... sentía repugnancia y orgullo: ¡yo he matado! Hacía tanto calor que el metal reventaba en los tejados de los *ducán*. Un campo se encendía al instante, estallaba en llamas. Olía a pan... El fuego esparcía el olor a trigo quemado, ese olor de la infancia, a pan recién horneado...

»Allí la noche no llega, se te echa encima. Hace un momento es de día y de pronto ya se ha hecho de noche. Los amaneceres son bonitos... Hasta hace nada eras un muchacho, y ya estás hecho un hombre. Eso lo hace la guerra. Allí llueve, ves la lluvia, pero no llega a tocar el suelo. Ves por satélite los programas de la Unión Soviética, recuerdas que existe otra vida, pero ya no penetra en tu alma... Todo esto se puede contar... Se puede publicar... No obstante, hay algo que me ofende... No soy capaz de transmitir lo esencial...

»¿Qué significa vivir con la guerra, recordarla? Significa que nunca estás solo. Siempre hay dos: tú y ella, la guerra... No teníamos mucha elección: olvidar y cerrar la boca o volvernos locos y gritar. Lo segundo... nadie lo necesita... No solo los que gobiernan, sino tampoco la gente cercana. Nuestros familiares. Pero usted ha venido... ¿Para qué ha venido? Aquello no es de humanos... [*Nervioso, enciende un cigarrillo*]

»A veces tengo ganas de escribir sobre todo lo que vi... Todo... Yo soy filólogo. En el hospital... hay un hombre sin brazos, en su cama está sentado otro hombre, sin piernas, que le escribe una carta a su madre. Una pequeña niña afgana... la pequeña ha aceptado un bombón que le ha ofrecido un soldado soviético. Por la mañana a la niña le han cortado ambas manos... Lo suyo sería escribirlo todo tal como fue, nada de reflexiones. Llovía... Y solo decir esto: llovía...

Nada de reflexiones sobre si el hecho de que lloviese era bueno o malo. La lluvia... Cualquier agua allí es más que simple agua. La que llevas en la petaca está casi caliente. Tiene un sabor amargo. No hay donde esconderse del sol...

»¿De qué más escribiría?

»De la sangre... Vi la sangre por primera vez y sentí frío, mucho frío. Tirité de frío. Frío en mitad de un calor por encima de cuarenta grados... En ese horno...

»Trajeron a dos prisioneros... Había que matar a uno porque en el helicóptero no teníamos sitio para dos y a uno lo necesitábamos con vida para interrogarle. Yo fui incapaz de tomar la decisión: ¿cuál debía morir?

»En el hospital... Los vivos y los muertos se turnaban... Ya no los distinguía, una vez estuve hablando durante media hora con un muerto...

»¡Basta! [*Da un sonoro puñetazo encima de la mesa. Luego se calma*]

»Pensaba... Soñaba con la primera noche que dormiría en casa. Después de todo... regresábamos con la esperanza de que en casa nos recibirían con los brazos abiertos. Y de repente descubrimos que a nadie le interesaba lo que habíamos vivido. En la calle me encontré con unos amigos: "¿Acabas de llegar? Pues qué bien". Acudí a la reunión de mi promoción en la escuela. Los maestros tampoco preguntaban nada. Mi conversación con la directora fue la siguiente:

»Yo:

»—Hay que honrar la memoria de aquellos que cayeron cumpliendo su deber internacional.

»Ella:

»—Eran unos estudiantes penosos, unos gamberros. ¿Cómo vamos a colgar una placa conmemorativa en su honor?

»Dicen: "A ver, ¿qué gran heroicidad habéis realizado? Si habéis perdido la guerra... ¿Y quién la necesitaba, esa guerra, Brézhnev y sus generales? Los fanáticos de la revolución mundial...".

»Es decir, mis amigos perdieron la vida en vano... Y yo podría haber muerto en vano... Sin embargo, mi madre me vio por la ventana y corrió por toda la calle gritando de alegría. "No —me digo a mí mismo—, por mucho que el mundo esté del revés, esto no cambiará: los que descansan bajo tierra son unos héroes. ¡Héroes!"

»En la universidad un viejo profesor me intentaba convencer:

»—Sois víctimas de un error político... Os hicieron cómplices de un crimen...

»—Yo entonces acababa de cumplir los dieciocho. ¿Y usted, qué edad tenía? Cuando a nosotros nos reventaba la piel de calor, ¡ustedes guardaban silencio! Cuando nos traían en los "tulipanes negros", ¡ustedes guardaban silencio! Escuchaban las salvas que estallaban en los cementerios y las fanfarrias... Cuando nosotros matábamos allí, ¡ustedes guardaban silencio! Y ahora de repente se les han abierto las bocas: unas víctimas inútiles... un error...

»Me niego a ser la víctima de un error político. ¡Lucharé contra eso! Por mucho que el mundo esté del revés, esto no cambiará: los que descansan bajo tierra son unos héroes. ¡Héroes! Un día yo mismo lo escribiré... [*Repite después de sentarse un rato y calmarse*] El hombre es espantoso... pero la naturaleza es bella...

»Es extraño que la belleza se haya guardado un lugar en mi memoria. La muerte y la belleza.»

Soldado, granadero

«Yo tuve suerte...

»Regresé a casa con los dos brazos, las dos piernas, los dos ojos, sin quemaduras, y en mi sano juicio. Allí ya entendimos que aquella guerra no era la misma a la que habíamos ido. Decidimos: vamos a combatir, a sobrevivir y, una vez en casa, ya pondremos las cosas en su sitio...

»Nosotros fuimos el primer reemplazo de las tropas que intervinieron en Afganistán. No obedecíamos a una idea, obedecíamos a una orden. Las órdenes no se discuten, si empiezan las disputas entonces ya no es un ejército. Consulte a los clásicos del marxismo-leninismo: "El soldado debe ser como un cartucho: siempre listo para el disparo". Yo lo tenía bien aprendido. A la guerra se va a matar. Mi profesión era matar. Para ello me instruyeron. ¿Un temor personal? A otro lo pueden matar; a mí, no. A ese le han matado; a mí, no. La mente no contempla la mera posibilidad de dejar de existir. Y yo no era ningún mocoso cuando fui allí, ya había cumplido los treinta.

»En Afgán comprendí lo que es la vida. Aquellos años para mí fueron los mejores, se lo digo. Aquí nuestra vida es gris, insignificante: trabajo, casa; casa, trabajo. Allí experimentamos de todo, probamos de todo. Vivimos la verdadera amistad entre hombres. Contemplamos cosas realmente exóticas: las bocanadas de neblina matinal en los estrechos desfiladeros, igual que cortinas de humo; los camiones afganos, con sus altísimos laterales, decorados y llenos de colores; los autobuses rojos en los que viaja la gente entremezclada con ovejas y vacas; los taxis amarillos... Algunos paisajes allí parecen lunares, de ciencia ficción, algo espacial. No hay más que montañas eternas, tienes la sensación de que en esas tierras no hay seres humanos, allí solo viven las rocas. Y esas rocas te disparan. Percibes la hostilidad de la naturaleza, incluso para ella eres un extraño. Estábamos suspendidos entre la vida y la muerte, y en nuestras manos estaba la vida y la muerte de otros. ¿Acaso existe un sentimiento más poderoso? En ningún otro lugar nos correremos juergas como las de allí. En ningún otro lugar las mujeres nos querrán tanto como nos quisieron allí. La proximidad de la muerte lo agudizaba todo, todos los días desfilábamos delante de sus narices. Vivimos muchas aventuras, yo sé cómo huele el peligro, qué se siente al ver tu propia nuca a través del tercer ojo... Se te abre el ojo del espíritu... Allí pasé por todo y salí bien parado. Viví una vida de hombres. Siento nostalgia... Es el síndrome "afgano"...

»Nadie se paraba a pensar si la causa era justa o no. Cumplíamos lo que nos ordenaban. La educación, la costumbre. Ahora por supuesto todo está reconsiderado, evaluado por el tiempo, por la memoria, por la información y por toda la verdad que ha ido saliendo a la luz. Pero ¡han pasado casi diez años! Entonces lo único que teníamos era una imagen del enemigo que habíamos aprendido de los libros, de la escuela, de las películas sobre los *basmachí*.* De pequeño había visto la película *El sol blanco del desierto* por lo menos unas cinco veces. ¡Y aquí lo tenía delante, a ese mismo enemigo! No nos hemos quedado sin nuestro trozo del pastel... Nosotros... todos... poseíamos la experiencia espiritual de la guerra o de la revolución, no nos habían enseñado otros modelos.

»Nosotros reemplazamos a los primeros. Empezamos a clavar alegremente los postes para los futuros cuarteles, comedores, clubes de soldados. Nos entregaron unas pistolas TT-44, las de la época de la Segunda Guerra Mundial, entonces las llevaban los responsables políticos. Solo servían para pegarte un tiro o para vender en un *ducán*. Parecíamos guerrilleros, nos vestíamos con cualquier cosa, básicamente con chándal y bambas. Yo tenía el aspecto del buen soldado Svejk. El termómetro marcaba más de cincuenta grados, pero los altos mandos exigían el uniforme completo con la corbata... Tal como marca la ordenanza desde Kamchatka hasta Kabul...

»En el depósito de cadáveres: sacos enteros llenos de carne humana... ¡Nos quedamos a cuadros! Seis meses después de llegar... estábamos viendo una peli... y las trazadoras ahí, volando hacia la pantalla... Continuamos viendo la peli. Otra vez jugábamos a voleibol cuando empezó un bombardeo... Miramos a ver hacia dónde volaban los proyectiles y continuamos con el partido. Nos traían películas sobre la guerra, sobre Lenin o sobre infidelidades de mujeres... Él se va y ella se marcha con otro... Todos deseábamos comedias... pero jamás nos pasaron una comedia... ¡Qué ganas teníamos de coger la metralleta y descargarla contra la pantalla! La pantalla eran tres o cuatro sábanas cosidas entre sí y colgadas al aire libre. Los espectadores nos sentábamos directamente sobre la arena. Una vez a la semana era día de "baños y vasos". Allí una botella de vodka costaba treinta vales. ¡A precio de oro! Nos lo traíamos de casa... Según la normati-

* El término «basmachí» (bandoleros) proviene de la llamada Revuelta de los Basmachí, la sublevación ocurrida en la zona del Turquestán contra el control del Imperio ruso y más tarde contra la Rusia Soviética. Los mismos sublevados se autodenominaban muyahidines.

va de aduanas, una persona puede transportar hasta dos botellas de vodka, cuatro de vino y cerveza ilimitada. Vaciábamos las botellas de cerveza y las llenábamos de vodka. Por fuera una etiqueta que pone "Agua mineral", adentro: cuarenta grados. Un tarro de cristal envasado al vacío, etiquetas escritas a mano, la letra es familiar, es la de la parienta, según dice la etiqueta, es confitura de arándanos o de fresas; abres el tarro: cuarenta grados. Teníamos un perro que se llamaba Vermut. El ojo rojo no se pone amarillo.* Nos bebíamos la "esgrima", que es el alcohol que se usa en los aviones, y también el anticongelante, que es el líquido que se usa para refrigerar los motores. Yo avisaba a los soldados:

»—Podéis beber de todo, excepto el anticongelante.

»Solo llevaban dos días allí cuando llamaron al médico:

»—¿Qué?

»—Los recién llegados se han envenenado con anticongelante...

»Fumé drogas... El efecto era variado... En ocasiones me quedaba acojonado, comiéndome el coco, parecía que todas las balas iban a por mí. Si fumaba antes de dormir... tenía alucinaciones... Me pasaba toda la noche viendo a mi familia, abrazaba a mi mujer... Algunos tenían alucinaciones a todo color. Era como ver una película... Al principio nos vendían la droga en los *ducán*, después nos la pasaban gratis:

»—¡Fuma, ruso! Toma, fuma... —Los *bacha* corrían y nos metían la droga debajo de las narices.

»No me vendría mal echarme unas risas... [*Sonríe, aunque en sus ojos se lee la tristeza*] Los recuerdos no todos son terribles, también recuerdo cosas graciosas. Uno de mis chistes favoritos:

»—Camarada teniente coronel, ¿dónde cavamos?

»—Desde aquí hasta la hora de comer.

»Ganas de morir teníamos pocas o ninguna... La muerte es incomprensible y nada atractiva... Los pensamientos son muy perros... ¿Por qué me matriculé en una academia militar en vez de ir a una

* Hace referencia a un dicho común entre los militares soviéticos: «El borracho no enferma de hepatitis».

escuela técnica? Cada día nos despedíamos de nuestros compañeros... A uno el tacón se le enganchó con el tirante de una mina, oyó el chasquido de un detonador y, como era habitual en esos casos, en vez de tirarse, de echarse al suelo, se giró sorprendido hacia el ruido y encajó decenas de metrallas... Estalló un tanque: el fondo se abrió como si fuera una lata, las ruedas, la oruga, arrancadas de cuajo. El conductor trató de salir por la escotilla, fuera aparecieron sus brazos, pero nada, no pudo, ardió junto con la máquina. En el cuartel nadie quería dormir en la cama de un muerto. Cuando llegaba uno nuevo... los llamábamos los "sustitutos":

»—Por ahora dormirás aquí... en esta cama... De todos modos no le conocías...

»A los que tenían hijos, los recordábamos más a menudo. Los niños crecerían huérfanos. Huérfanos de padre. ¿Y los que no dejaban descendencia? Bueno, las chicas encontrarían a otro novio, las madres educarían a otros hijos. Todo volvería a repetirse una y otra vez.

»Por estar en la guerra nos pagaban sorprendentemente poco: tan solo un sueldo doble, uno de los cuales se convertía en doscientos setenta vales, porque del importe total se descontaban las cuotas, las suscripciones de prensa, los impuestos y tal. Y eso que a un simple obrero asalariado en Salang le pagaban mil quinientos vales al mes. Compárelo con el sueldo de un oficial del ejército. Los consejeros militares cobraban cinco o diez veces más. Esa desigualdad quedaba patente en la aduana... Cuando se veía la mercancía que transportaba cada uno de vuelta a casa... Este iba solo con un magnetófono y un par de tejanos, el otro con un equipo de vídeo y con cinco o siete maletas largas como un colchón. A esas maletas las llamábamos "el sueño del invasor", un hombre solo apenas podía arrastrarlas. Las ruedas petaban. Se quedaban planas.

»En Taskent:

»—¿Vienes de Afgán? ¿Quieres una chica? Es dulce como un melocotón, querido... —pregonaban desde un burdel clandestino.

»—No, preciosa, gracias. Quiero irme a casa. Con mi mujer. Busco un billete.

»—A cambio de un billete me tendrás que dar un *bakshish.** ¿Tienes gafas italianas?

»—Tengo.

»El viaje a Sverdlovsk me costó cien rublos y despedirme de unas gafas italianas, un pañuelo japonés de lúrex y un estuche de maquillaje francés. En la cola me explicaron:

»—¡Espabila! Si metes cuarenta vales entre las hojas del pasaporte, al día siguiente estás en tu casa.

»Tomé nota:

»—Señorita, un billete para Sverdlovsk.

»—Están agotados. Póngase las gafas y lea el panel informativo.

»Metí los cuarenta vales en el pasaporte...

»—Señorita, necesito viajar a Sverdlovsk...

»—Enseguida se lo miro. Qué suerte ha tenido, resulta que alguien acaba de devolver su billete.

»Llegar a casa de permiso es como dejarse caer en un mundo completamente distinto, el mundo de la familia. Los primeros días no oyes nada, solo ves. Tocas. Cómo le puedo explicar lo que se siente al acariciar con la mano la cabeza de tu hijo... El olor a café y a tortitas por la mañana. Tu mujer te llama para desayunar...

»Y un mes después toca volver a marcharse. ¿Adónde, para qué? A saber. No te lo planteas, simplemente te prohíbes pensar en ello. Lo único que sabes es que te vas porque debes hacerlo. Es tu trabajo. Por la noche sientes que en tus dientes cruje la arena afgana, fina como los polvos o la harina. Hace un instante estabas tumbado sobre el polvo rojo... sobre la arcilla seca... A tu lado rugían los blindados... Te despiertas bruscamente, saltas de la cama: no, aún estás en casa... Mañana es cuando te toca marcharte... Mi padre me pidió que sacrificara al cochinillo... Antes lo hacía él y yo nunca me acercaba, me tapaba los oídos para no tener que oír esos chillidos. Me escapaba de la casa.

»Mi padre:

* En la jerga de los excombatientes, significa «regalo», «soborno». Proviene del persa *bakshish.*

»—Venga, ayúdame. —Y me pasó el cuchillo.

»Le respondí:

»—Apártate, yo lo haré... Hay que atravesar el corazón, justo por aquí. —Y clavé el cuchillo.

»Tu salvación era responsabilidad tuya. ¡Solo tuya!

»Recuerdo...

»Hay unos soldados que están sentados. Más abajo pasa un anciano con su asno. Los soldados cogen el lanzagranadas: ¡un disparo! Ya no hay anciano, ni asno.

»—¿Tíos, os habéis vuelto locos? Un viejo y un asno... ¿Qué os han hecho?

»—Ayer también pasó un viejo con su asno. Detrás iba un soldado de los nuestros. El anciano y el asno pasaron y después el soldado cayó muerto...

»—Tal vez eran otro viejo y otro asno...

»Nunca debes derramar la primera sangre. Acabarás disparando todo el rato al viejo de ayer y al asno de ayer.

»La guerra acabó. Salimos con vida, volvimos a casa. Ahora estamos poniendo las cosas en su sitio...»

Capitán, artillero

«Antes nunca había rezado, ahora rezo... Voy a la iglesia...

»Me sentaba al lado del ataúd y preguntaba: "¿Quién está ahí? ¿Eres tú, hijo?". Y volvía a repetir: "¿Quién está ahí dentro? Respóndeme, hijo. Tú creciste tan grande y este ataúd es tan pequeño...".

»Pasó un tiempo. Quise averiguar cómo había muerto mi hijo. Fui a la oficina de reclutamiento:

»—Cuéntenme cómo murió mi hijo. ¿Dónde? No me creo que lo hayan matado. Tengo la impresión de haber enterrado una caja metálica, pero mi hijo aún sigue vivo en alguna parte.

»El jefe de la comisaría militar se cabreó y hasta me levantó la voz:

»—Eso es información confidencial. ¡Cómo se le ocurre ir por ahí diciéndole a todo el mundo que su hijo ha caído en combate! ¡Según las órdenes, eso es confidencial!

»... Sufrí mucho cuando di a luz. Por fin me dijeron: "¡Es un niño!". Y los dolores cesaron, no había sufrido en vano. Desde el primer momento temí por él, no tenía a nadie más. Vivíamos los dos en una barraca. Vivíamos así: en la habitación estaba mi cama, el cochecito y dos sillas. Yo trabajaba en los ferrocarriles como guardagujas, cobraba sesenta rublos al mes. Me dieron el alta en el hospital y enseguida me tocó trabajar en el turno de noche. Iba a trabajar con el cochecito del bebé. Llevaba conmigo un infiernillo, le daba de comer, él se dormía y yo recibía y despedía los trenes. Cuando creció un poco empecé a dejarlo en casa solo. Lo ataba de la piernecita a la cama y me iba. Creció bueno.

»Se matriculó en la escuela técnica de construcción de Petrozavodsk. Fui a visitarlo a la residencia, abrió la puerta, me dio un beso y se marchó corriendo del cuarto. Casi me enfadé. Pero él, sonriente, volvió al poco rato a la habitación:

»—Ahora vendrán las chicas.

»—¿Qué chicas?

»Se había ido a fardar ante las chicas de que su mamá había venido a visitarlo. Quería que conocieran a su madre.

»¿Quién me hacía regalos a mí? Nadie. Una vez mi hijo vino para la fiesta del Ocho de Marzo. Fui a recibirlo a la estación:

»—Venga, hijo, déjame que te ayude.

»—El bolso pesa mucho, mamá. Coge mi tubo portaplanos. Pero llévalo con cuidado, dentro están todos los proyectos.

»Hice como me dijo; él iba controlando que lo llevara bien. ¿De qué proyectos hablaba? Al llegar a casa se quitó el abrigo y yo fui corriendo a la cocina a comprobar el pastel que había dejado en el horno. Levanté la cabeza: estaba de pie delante de mí con tres tulipanes preciosos. ¿Dónde los habrá encontrado aquí en el norte? ¿En Carelia? Los había envuelto en un trapito y los había guardado en el tubo para que no se congelasen. Nadie nunca me había regalado flores.

»En verano se apuntó a la brigada estudiantil de construcción. Regresó justo para mi cumpleaños:

»—Mamá, perdona que no te felicite, pero te traigo...

»Y me enseñó el aviso de giro postal. Leí:

»—Doce rublos con cincuenta kópeks.

»—Mamá, has olvidado cómo se leen las cifras grandes. Son mil doscientos cincuenta rublos...

»—Jamás en la vida he tenido en mis manos un importe tan descabellado y no sé ni cómo se escribe.

»¡Estaba tan contento!...

»—A partir de ahora tú descansarás y yo trabajaré. Ganaré mucho dinero. ¿Recuerdas que cuando era pequeño te prometí que cuando fuera grande sería yo quien te llevaría en brazos?

»Cierto, lo había dicho. Y creció grande, medía un metro noventa y seis. Me levantaba y me llevaba como si fuera una niña. A lo mejor nos queríamos tanto porque no teníamos a nadie más. No me imagino cómo hubiera sido confiárselo a una mujer. No habría sobrevivido a eso.

»Recibimos la citación de llamada a filas. Él deseaba que le admitiesen en las fuerzas de desembarco aéreo:

»—Mamá, están reclutando a las tropas aerotransportadas. Pero me han dicho que no, que yo con esta fuerza que tengo les rompería todas las cuerdas. Qué pena, las boinas de los paracaidistas son tan bonitas...

»Finalmente le tocó la división de tropas aerotransportadas de Vítebsk. Fui para asistir al juramento. No lo reconocí: dejó de encorvar la espalda, ya no se avergonzaba de su altura.

»—Mamá, ¿cómo es que eres tan pequeña?

»—Te echo de menos, por eso ya no crezco. —Yo aún trataba de bromear.

»—Mamá, nos destinan a Afganistán, pero a mí otra vez no me aceptan. Es porque soy tu único hijo. ¡Qué lástima que no hayas tenido también una niña!

»Al juramento asistieron muchos padres. Oí:

»—¿Está aquí la madre de Zhuravliov? Madre, acérquese a felicitar a su hijo.

»Fui hacia él y quise darle un beso, pero medía un metro noventa y seis, no conseguía llegar a su mejilla.

»El comandante ordenó:

»—Soldado Zhuravliov, inclínese para que su madre le bese.

»Él se inclinó y me besó. En ese momento, alguien nos fotografió. Es la única foto de soldado que tengo.

»Después del juramento le concedieron unas horas libres, fuimos al parque. Nos sentamos en la hierba. Él se quitó las botas: las rozaduras de los pies le sangraban. Habían hecho un ejercicio de marcha de cincuenta kilómetros, no había botas de la talla 46 y le dieron una 44. No se quejaba, todo lo contrario:

»—Corrimos con los macutos llenos de arena. Adivina en qué puesto quedé al llegar a meta.

»—Llegaste el último, supongo, por culpa de estas botas...

»—No, mamá, fui el primero. Me quité las botas y corrí, y eso que no vaciaba el macuto como los demás.

»Me apetecía hacer algo especial para él:

»—¿Qué tal si vamos a comer a un restaurante, hijo? Nunca hemos ido.

»—Mamá, mejor cómprame un kilo de caramelos. ¡Ese sí que será un gran regalo!

»Nos despedimos antes del toque de queda. Me saludó con su paquete de caramelos.

»A nosotros, los padres, nos alojaron en el pabellón deportivo situado dentro del complejo militar. Nos fuimos a dormir ya de madrugada, pasamos gran parte de la noche en la calle, mirando el cuartel donde dormían nuestros hijos. Sonó la trompeta, me levanté de prisa: era la hora del ejercicio físico, ojalá pudiera volver a verle una vez más, aunque fuese de lejos. Corrían, todos iguales con sus camisetas de rayas, no lo vi, no fui capaz de distinguirlo. Iban en formación al lavabo, a hacer los ejercicios, al comedor. Tenían prohibido ir de uno en uno, porque cuando los chicos se enteraron de que los enviaban a Afganistán, uno se ahorcó en el lavabo, otros dos se abrieron las venas. Los vigilaban.

»Subimos al autobús, de todos los padres yo era la única que lloraba. Como si algo me dijera que le había visto por última vez. Al poco tiempo me escribió: "Mamá, vi vuestro autobús, corrí detrás para verte una vez más". Mientras paseábamos por el parque, en la radio sonaba: "Mi madre me despidió". Si oigo ahora esta canción... [*Apenas retiene las lágrimas*]

»La segunda carta empezaba: "Te saludo desde Kabul...". Lo leí y grité tanto que los vecinos vinieron corriendo. "¿Dónde está la ley? ¿Dónde puedo buscar amparo?" Me golpeaba la cabeza contra la mesa. "Solo le tengo a él, hasta en los tiempos del zar libraban del servicio militar al hijo único... Pero a él le han enviado a la guerra." Por primera vez desde que nació Sasha lamenté no haberme casado, no tener a nadie que me protegiera. Sasha solía achucharme en broma:

»—¿Cómo es que no te casas, mamá?

»—Porque eres muy celoso.

»Él se reía. Pensábamos vivir juntos mucho, mucho tiempo.

»Llegaron algunas cartas más y luego vino el silencio, un silencio tan largo que al final tuve que escribir al comandante de la unidad militar. Enseguida me escribió Sasha: "Mamá, no escribas más al comandante, ¿sabes qué bronca me ha pegado? No podía escribirte porque me había picado una avispa y no quería pedirle a nadie que te escribiera para que no te asustaras al ver una letra desconocida...". Él me protegía, se inventaba historias, como si yo no viera cada día la tele y no fuera capaz de adivinar que le habían herido. A partir de ese momento, cada día en que no recibía carta suya me fallaban las piernas. Él se disculpaba: "Pero ¿cómo te van a llegar cartas a diario si incluso el agua se nos suministra cada diez días?". Una carta suya muy alegre: "¡Hurra! Hoy hemos escoltado un convoy que iba a la Unión Soviética. Hemos ido hasta la frontera, no nos han permitido continuar, pero al menos hemos podido admirar nuestra Patria de lejos. No hay una tierra mejor". En su última carta decía: "Si sobrevivo al verano, regresaré".

»El 29 de agosto decidí que el verano se había acabado, le compré un traje y unos zapatos. Están guardados en el armario...

»El 30 de agosto... Antes de ir al trabajo, me quité el anillo y los pendientes. Por alguna razón me resultaba imposible llevarlos encima.

»Murió justo ese día, el 30 de agosto.

»Si sobreviví a la muerte de mi hijo fue gracias a mi hermano. Se pasó una semana entera durmiendo en el suelo al lado de mi sofá, igual que un perro. Estaba de guardia. Lo único que me pasaba por la mente era llegar hasta el balcón y saltar desde el séptimo piso... Recuerdo cuando trajeron el ataúd a la habitación, me tumbé encima y lo medía, lo medía... Un metro, dos metros... Mi hijo era de casi dos metros... Yo medía con los brazos para ver si el ataúd era de su talla... Y hablaba, hablaba como una loca con el ataúd: "¿Quién está ahí dentro? ¿Estás ahí, hijito?". Lo trajeron en un ataúd sellado: "Aquí tiene a su hijo, madre... Se lo entregamos...". Pero no pude darle el último beso. Acariciarlo. Ni siquiera vi cómo iba vestido...

»Dije que yo misma elegiría un sitio para él en el cementerio. Me pincharon dos veces y fuimos, mi hermano y yo. En el paseo principal ya había algunas tumbas "afganas".

»—Entierren a mi hijito aquí. Estará más contento al lado de sus amigos.

»Un hombre que nos acompañaba, no recuerdo quién era, un jefe, meneó la cabeza:

»—No está permitido enterrarlos juntos. Los tenemos que ir distribuyendo por todo el cementerio.

»¡Me volví rencorosa! Malvada, aviesa... "No te enojes, Sonia. Por encima de todo, Sonia, no te enojes", me suplicaba mi hermano. Después de aquello, ¿cómo iba a ser buena? Por la tele enseñaban el Kabul ese... Si hubiera podido, habría cogido una ametralladora y los habría matado a todos. Me sentaba delante del televisor y les "disparaba"... Ellos mataron a mi Sasha. Un día vi por la tele a una mujer vieja, a una madre afgana, supongo. Me miraba directamente a los ojos... Pensé: "Su hijo está allí, tal vez a él también le hayan matado". Después de ver a esa mujer dejé de "disparar".

»No me he vuelto loca, pero le sigo esperando... La gente cuenta: a una madre le trajeron un ataúd y ella lo enterró. Un año después regresó su hijo... Yo le sigo esperando. No estoy loca.»

Madre

«Desde el principio... Empezaré por el momento en el que todo mi mundo se desplomó. Se hizo añicos.

»Íbamos a Jalalabad... Al borde de la carretera había una niña, de unos siete años... Su brazo destrozado colgaba igual que el de un muñeco de trapo, pendía de un hilo. Sus ojos (dos aceitunas negras) no se apartaban de mí... Estaba en estado de shock por el dolor... Salté del vehículo para cogerla en brazos y llevarla con nuestras enfermeras... Ella, aterrorizada, se apartó de mí como un animalito, dio un brinco, gritó, corría todo lo que podía y gritaba. El bracito colgando, se le desprendería de un momento a otro... Corrí tras ella llamándola... La alcancé, la estreché contra mí, la acaricié. Ella se defendía, me mordía, me arañaba, se sacudía. Como si la hubiera atrapado una bestia salvaje. Me quedé fulminado: ella no aceptaba que yo la quisiera salvar, daba por supuesto que la iba a matar... Los rusos no hacen otra cosa que matar...

»Delante de mí pasó una camilla con una anciana afgana sonriendo.

»Alguien preguntó:

»—¿Dónde la han herido?

»—En el corazón —respondió la enfermera.

»Cuando me marché a Afgán, me fui igual que todos: con la mirada ardiente, había gente que necesitaba de mi ayuda. ¡Estaba dispuesto a entregar mi vida por ello! Pero cómo se escapaba de mí aquella niña... ¡Cómo se revolvía! Jamás lo olvidaré...

»Allí nunca soñé con la guerra. Aquí cada noche entro en combate. Corro detrás de esa niña pequeña... Los ojos, dos aceitunas negras...

»—¿Creéis que debo ir a ver a un psiquiatra? —les pregunté a mis amigos.

»—¿Cómo?

»—Todas las noches sueño que estoy en la guerra.

»—Eso nos pasa a todos.

»No crea que éramos unos superhéroes... De esos que se sientan encima de los cadáveres con un cigarrillo entre los dientes y se abren una lata de carne... O comen sandías... ¡Chorradas! Éramos unos chicos corrientes. En nuestro lugar hubiera podido estar cualquiera, incluido aquel que hoy sentencia: "Allí asesinabais...". ¡Me dan ganas de partirle la cara! No has estado allí... ¡No nos juzgues! Vosotros nunca podréis poneros en nuestro lugar. Nadie tiene derecho a juzgarnos. Por lo menos, comprendednos... Haced el intento... Nos han dejado cara a cara con esa guerra. Venga, apañaos vosotros solitos. Y nosotros arrastramos la culpa, tenemos que justificarnos... O guardar silencio... Pero ¿justificarnos delante de quién? Nos enviaron, nosotros los creíamos a pie juntillas. Y por eso moríamos. No se puede meter en el mismo saco a los que nos enviaban allí y a los que luchábamos allí. Mi amigo perdió la vida... El mayor Sasha Kravets... Venga, decidle a su madre que él tiene la culpa... a su mujer... a sus hijos... "Usted está dentro de la norma", me dijo el médico. ¿Dentro de qué norma estoy? Volvimos con una carga tan grande...

»Allí la Patria se percibía de un modo muy diferente. La llamábamos la Unión. Despedíamos a los licenciados diciendo:

»—Saluden a la Unión por nosotros.

»Parecía que a nuestras espaldas había algo grande y fuerte que siempre nos protegería. Pero también recuerdo que volvimos de un combate, había habido pérdidas, muertos, heridos graves... Por la noche enchufamos la tele, para distraernos: a ver qué pasa en la Unión. En Siberia se ha inaugurado una planta industrial gigantesca. La reina de Inglaterra ofrece un banquete en honor de un distinguido invitado. En Vorónezh unos adolescentes han violado a dos niñas en edad escolar por pura diversión. En África han matado a un príncipe... Sentíamos que no le importábamos a nadie, el país seguía viviendo su vida...

»El primero en reventar fue Sasha Kuchinski:

»—¡Apágalo! ¡Apágalo o dispararé al televisor!

»Una vez acabado el combate, informas por la radio:

»—Apunten: seis de los trescientos, cuatro de los cero veintiuno.

»Los "trescientos" son los heridos, los "cero veintiuno" son los muertos. Observas un cadáver y piensas en su madre: yo ya sé que él ha perdido la vida, pero ella todavía no. ¿Lo habrá intuido?... O peor: uno se cae a un río o desde un precipicio, y el cuerpo no aparece.

Informan a la madre: ha desaparecido sin dejar rastro. ¿Qué clase de guerra era aquella? La guerra de las madres, ellas también combatieron. Y continuarán combatiendo hasta que mueran. Estarán cuidándonos, rezando por nosotros. Por nuestras almas. En cambio, el resto del pueblo no sufría. El pueblo no sabía nada. Les decían que luchábamos contra "bandidos". ¿En serio se creían que cien mil tropas regulares tardan nueve años en vencer a unos cuantos grupos aislados de "bandidos"? Un ejército equipado con las técnicas más modernas... Dios los guarde de experimentar el bombardeo de nuestra artillería cuando un sistema múltiple de lanzamiento de cohetes, un Grad o un Uragán, se concentra sobre un objetivo... Los postes telegráficos vuelan. Es como para meterse debajo de la tierra como una lombriz... Y los "bandidos" no tienen nada más que las ametralladoras Maxim, que nosotros solo hemos visto en el cine. Los Stinger, los cañones sin retroceso japoneses, les llegaron después... Traían a los prisioneros: unos hombres flacos, agotados, con manos de campesinos... ¿Y esos eran los bandidos? ¡Esos hombres eran el pueblo!

»Lo comprendimos entonces: los de este país no necesitan una guerra... Pero, si ellos no la necesitan, ¿para qué la queríamos nosotros? Pasábamos por delante de los *kishlak* abandonados... Una chimenea aún humeando, huele a comida. Un camello camina arrastrando sus tripas como si se le hubieran desenrollado las jorobas. Lo mejor sería rematar al animal... Pero la conciencia está programada para una vida pacífica: no eres capaz de rematar a un ser vivo. Cuesta levantar la mano. Y entonces otro coge el arma y le pega un disparo al camello. ¡Así de fácil! De puro aburrimiento. En la Unión Soviética por algo así hubiera acabado entre rejas, pero aquí es un héroe. ¡Que está vengándose de los bandidos, venga ya! ¿Por qué los chicos de dieciocho o diecinueve años matan con más facilidad que los que han cumplido, por ejemplo, treinta? No sienten compasión. Después de la guerra caí en la cuenta de lo terribles que son las fábulas infantiles. Siempre se matan unos a otros, la bruja cocina al horno a los humanos... Sin embargo, los niños no se espantan. Pocas veces lloran.

»Queríamos seguir siendo normales. Una vez vino una cantante. Era una mujer muy guapa, sus canciones te llegaban al alma. Allí echas mucho de menos la presencia de las mujeres, la estuvimos esperando como se espera a un ser querido. Por fin salió al escenario:

»—Cuando venía de camino me han dejado disparar una ametralladora. ¡Qué alegría! ¡Me ha encantado disparar!

»Y comenzó a cantar. Para el estribillo nos pidió:

»—¡Venga, chicos, todos juntos! ¡A batir palmas!

»Nadie respondió. Todos nos quedamos callados. Y ella se fue, el concierto fue un fracaso. La superchica había venido a ver a los superchicos. Pero resulta que esos superchicos pasaban un mes tras otro durmiendo junto a ocho o diez camas vacías... Los que habían dormido en esas camas ya estaban en el frigorífico... en la morgue... En el cuartel, de ellos ya solo quedaban sus cartas, colocadas en diagonal encima de sus camas... Las cartas de sus madres, de sus novias: "Sal volando con el saludo, regresa volando con la respuesta...".

»En esa guerra lo principal era sobrevivir. Que una mina no te haga volar, que no acabes ardiendo dentro de un vehículo blindado, que evites convertirte en el blanco de un francotirador. Para algunos, lo principal era sobrevivir, pero además llevarse algo para casa: un televisor, un abrigo de piel... un magnetófono de marca... Los chicos bromeaban con que en la Unión Soviética se sabía de la guerra por las tiendas de segunda mano. Por la mercancía que iba entrando. Vas paseando en invierno por la ciudad de Smolensk y todas las chicas exhiben abrigos de piel afganos. ¡Están de moda!

»Todos los soldados llevaban un amuleto en el cuello.

»—¿Tú qué llevas?

»—Un papelito con una oración, me la escribió mi madre.

»Cuando volví, mamá me confesó:

»—Tolia, tú no sabías nada, pero hice un conjuro. Es por eso por lo que estás sano y salvo.

»Al salir de misión, dejabas una nota en la parte superior del uniforme y otra en la parte de abajo. Si te estallaba una mina, al menos una de las dos partes se conservaría: la superior o la inferior. Algunos llevaban pulseras grabadas con el apellido, el grupo sanguíneo, su factor de Rh y el número personal del oficial. Nunca decíamos:

"Voy", siempre: "Me envían". No pronunciábamos jamás la palabra "último".

»—Va, entremos por última vez...

»—¿Estás loco? Esa palabra no existe... Una vez más... Por cuarta o quinta vez... Esa palabra aquí no se usa.

»Las leyes de una guerra son infames: te has hecho una foto antes de salir en misión de combate: perderás la vida; te has afeitado: perderás la vida. Los primeros en morir eran los que habían venido para ser grandes héroes, los de mirada centelleante. Conocí a uno recién llegado: "¡Voy a hacer grandes cosas!". Muerto en un abrir y cerrar de ojos. En una operación: aquí nos tumbamos y, aquí mismo, con perdón, meamos. Un dicho de los soldados: más vale pisar tu propia mierda que una mina te deje hecho mierda. En Afgán surgió nuestra propia jerga. "Bordo": un avión, "blindado": chaleco antibalas, "verdor": arbustos y malezas de junco, "moscardón": helicóptero, "viaje": colocón de drogas, "saltar sobre una mina": morir por una explosión, "sustituto": el que acaba de llegar. Con todos nuestros inventos se podría hacer un diccionario. Se morían más en los primeros y en los últimos meses. En los primeros por exceso de curiosidad, en los últimos por una especie de desconexión del centro de vigilancia interno. Cuando te falta poco para volver estás como sumido en el estupor, por las noches no logras entenderlo: ¿dónde estoy, por qué? ¿Me está pasando a mí? Te pasas un mes y medio o dos sin poder dormir. Tienes tu propio método de cálculo: me voy el 43 de marzo... el 56 de febrero... así podías pensar que regresabas a finales de ese mismo mes, y no tenías que pasar al siguiente... Esperas la vuelta desesperadamente. El menú del comedor (pescado rojo: morralla en salsa de tomate; pescado blanco: morralla en aceite vegetal) te saca de quicio, el macizo de flores en el centro de la zona de acuartelamiento te saca de quicio, los chistes de los que hace nada te reías a carcajadas te enervan. Es extraño: ayer o anteayer lo encontrabas gracioso. Pero ¿qué tiene de gracioso?

»Hay uno que dice... Un oficial se encuentra en la Unión Soviética en un viaje de trabajo. Entra en la peluquería. La chica le sienta en el sillón:

»—¿Qué tal la situación en Afganistán?

»—Se está normalizando...

»Pasados unos minutos:

»—¿Qué tal la situación en Afganistán?

»—Se está normalizando...

»Al poco rato:

»—¿Qué tal la situación en Afganistán?

»—Se está normalizando...

»Acaba el corte de pelo y el oficial se va. Y la gente en la peluquería pregunta asombrada:

»—¿Por qué has torturado así al pobre hombre?

»—Cada vez que le preguntaba sobre Afganistán el pelo se le ponía de punta: así es más fácil de cortar.

»Me gustan los chistes. Son pequeñas tonterías. Porque una reflexión seria me asusta.

»Hay otro que dice... Derriban a un piloto soviético en el cielo de Vietnam (se puede cambiar por Afganistán)... Los de los servicios secretos americanos le capturan y le enseñan los fragmentos del avión abatido: "¿Explica, ¿qué elemento es este? Y este... Y este otro...". Él no dice nada. Le muelen a puñetazos, pero él como si nada, no suelta prenda. Pasado un tiempo intercambian a los prisioneros y el piloto regresa a su unidad militar. Le preguntan: "¿Qué tal el cautiverio? ¿Ha sido duro?". Dice: "No, no tanto, pero debería estudiarme un poco mejor la parte técnica. ¡Te pegan de lo lindo por no sabértela!".

»No tienes ganas de seguir en la guerra, pero tienes ganas de quedarte con toda esa gente. Te mueres por irte, pero el último día te da pena marcharte, les pedirías las direcciones a todos. ¡A todos!

»El Florecita... Ese era el mote de Valerka Shirókov. Era de constitución frágil, delicada. De vez en cuando, uno de nosotros entonaba: "Los brazos como una florecita...". Pero de carácter era firme, no gastaba palabras en vano. Entre nosotros había un tipo muy roñoso, ahorraba, vendía, hacia trueques. Valerka se puso delante de él, se sacó del billetero doscientos vales, se los enseñó, y allí mismo, delante de ese mamón, delante de sus morros... los rompió en trocitos. Y se fue sin decir nada.

»Sasha Rúdik... Con él, estando los dos en misión, recibimos una vez el año nuevo. El árbol: con las ametralladoras montamos una pirámide y colgamos los adornos, unas granadas. Sobre el vehículo que transportaba el lanzacohetes Grad escribimos con pasta de dientes: "¡¡¡Feliz año nuevo!!!". No sé por qué pusimos tres signos de exclamación. Sasha dibujaba muy bien. Me traje a casa una sábana con un paisaje pintado por él: un perro, una niña y unos arces. Él no pintaba montañas, allí las montañas dejaron de gustarnos. Le preguntabas a cualquiera: "¿Qué es lo que más echas de menos?". "Ir al bosque..." "Darme un buen chapuzón en el río..." "Tomarme una taza grande de leche..." En Taskent, en un restaurante, se nos acercó la camarera:

»—¿Qué, chicos, tomaréis leche?

»—Tráiganos dos vasos de agua. La leche, la tomaremos mañana. Acabamos de llegar...

»Cada uno se traía de casa una maleta llena de tarros de mermelada y unas ramitas de abedul para masajearse en los baños. Por mucho que allí se pudieran comprar ramilletes de eucalipto... ¡ni punto de comparación! Cada uno se traía el suyo, un ramillete de abedul...

»Sáshik Laschuk... Un alma pura. Escribía a casa muy a menudo. "Mis padres son muy mayores. Ellos no saben que estoy aquí. Me invento historias y les cuento que estoy sirviendo en Mongolia." Vino con su guitarra y con ella se fue a casa.

»Allí había gente de toda condición y pelaje. No piense que éramos todos iguales. Resulta que primero de nosotros no se decía nada, luego a todos nos pintaron de héroes, y ahora nos dejan por los suelos para acabar olvidándonos para siempre. Pero la realidad es que allí los había que eran capaces de cubrir con su cuerpo una mina para salvar a chavales que ni siquiera conocía, y también los había que se te acercaban pidiendo: "Haré lo que quiera, le lavaré la ropa, pero por favor no me mande a misiones de combate".

»Los camiones grandes, los Kamaz, llevaban escrito en letra bien grande: Kostromá, Dubna, Leningrado, Náberezhnie Chelni... o "¡Quiero volver a Almaty!". Uno de Leningrado encontraba a su paisano, uno de Kostromá también... Y nos abrazábamos como hermanos. En la Unión Soviética somos como hermanos. ¿Qué otro joven de hoy en día puede caminar con una muleta y con una orden nuevecita? Solo los nuestros. Nuestros hermanos... Mis hermanos... Nos damos un abrazo, a veces simplemente nos sentamos a fumar un cigarrillo, pero tenemos la misma sensación que si hubiéramos estado hablando un día entero. Todos padecemos una especie de atrofia... Allí era la descompensación entre el peso y la altura... Aquí es la disonancia entre los sentimientos y la posibilidad de expresarnos, de desahogarnos con palabras o con actos. Aquí padecemos atrofia social.

»Ya íbamos del aeropuerto al albergue. Las primeras horas en casa. Todos guardábamos silencio, estábamos muy quietos. De pronto a todos nosotros nos fallaron los nervios y le gritamos a coro al conductor:

»—¡El carril! ¡El carril! ¡Manténgase en el carril!

»Acto seguido estallamos en carcajadas. Luego, la felicidad: ¡estábamos en la Unión Soviética! Aquí no hay peligro, se puede circular hasta por el borde de la carretera... O por el centro... Por todas partes... Esa sensación te emborracha...

»Pasados unos días descubrimos:

»—¡Chicos, estamos encorvados!

»No sabíamos caminar rectos, se nos había olvidado. Me pasé medio año atándome a la cama durante la noche para enderezarme la espalda.

»Un encuentro en el club de los oficiales. Me preguntan: "Háblenos de lo romántico que fue hacer el servicio militar en Afganistán" y "¿Usted ha matado?". Sobre todo a las chicas les encantan las preguntas sanguinarias. Sienten como un cosquilleo. Preguntan: "¿Usted pudo haberse negado a servir en Afganistán?". ¿Yo? Yo... De todos nosotros, solamente uno, el comandante de batería, el mayor Bondarenko, se negó a ir:

»—Defenderé la Patria. Pero no pienso ir a Afganistán.

»Enseguida se reunió el tribunal de honor, ¡culpable de cobardía! ¿Cómo le sienta esto al amor propio de un hombre? La única solución es una soga en el cuello o una bala a la sien... Al instante le rebajaron un rango, nosotros lo llamábamos "derrochar una estrella": de mayor bajó a capitán. Y lo enviaron a las tropas de construcción. ¿Qué tal sienta eso? Lo expulsaron del partido. ¿Y eso, qué le parece? Lo echaron del ejército. ¿Necesita más? ¡Es peor que ir a la guerra! Tenia cuarenta y cinco años... de los cuales llevaba treinta y cinco en el mundo militar: la escuela militar Suvórov, la academia militar... ¿Cómo encaja ahora en la vida civil? ¡Tiene que empezar de cero! Es como en el chiste aquel:

»—¿Tu qué sabes hacer? —le preguntan a un oficial.

»—Sé dirigir una compañía militar. Sé dirigir una sección y una batería.

»—¿Qué más sabes hacer?

»—Sé cavar.

»—¿Qué más?

»—Sé no cavar...

»... En la aduana se me estropearon las cintas con los conciertos de Rosenbaum.

»—¡Chicos, sus canciones son una pasada!

»—Ya, pero nosotros tenemos una lista con canciones prohibidas y canciones permitidas.

»Cuando llegué a mi ciudad, a Smolensk: desde las ventanas de la residencia de estudiantes se oía a Rosenbaum cantando sus canciones...

»Ahora sí que tengo que ahuyentar a los mafiosos chantajistas... Los policías vienen a buscarte para pedirte ayuda:

»—Venga, chicos, tenemos que asustar a unos tipos, echadnos una mano.

»Necesitan desarticular a una tribu urbana:

»—¡Pues invitemos a los "afganos"!

»Es decir, un "afgano" está acostumbrado a todo, le da lo mismo: tiene los puños fuertes y la cabeza tonta. Todos nos tienen miedo. Todos nos desprecian.

»Si a usted le duele una mano me imagino que no se la cortará. En vez de eso, la cuida para que se le cure. Intenta curarla.

»¿Por qué nos seguimos reuniendo? Nos salvamos juntos... Pero cada uno vuelve solo a su casa...»

Mayor, responsable de propaganda de un regimiento de artillería

«Cada noche tengo el mismo sueño, todo regresa de nuevo. Todos disparan y yo disparo. Todos corren y yo corro. Caigo al suelo y me despierto.

»Estoy en una cama de hospital... Me despierto... Quiero bajar de la cama para salir a fumarme un cigarrillo. Y entonces lo recuerdo: no tengo piernas... Entonces regreso a la realidad...

»¡No quiero ni oír eso del error político! ¡No quiero saber nada! Si es un error, entonces que me devuelvan mis piernas... [*Desesperado, tira las muletas al suelo*]

»Discúlpeme... Lo siento... [*Guarda silencio un rato hasta calmarse*]

»¿Usted...? ¿Usted sabe lo que es sacar del bolsillo de un hombre caído en combate sus cartas sin enviar? "Querida...", "Queridos...", "Amor mío...". ¿Usted sabe lo que es ver a un soldado después de que le disparen al mismo tiempo con un antiguo cañón de mano y una metralleta china?

»Nos enviaron allí, cumplimos las órdenes. Cuando estás en el ejército primero tienes que cumplir la orden y después si quieres puedes elevar un recurso. Te mandan: ¡adelante! Y eso significa que te muevas adelante. Si no, entrega el carnet del partido. Despídete de tu rango. ¿Verdad que has prestado juramento? Sí, lo has prestado. Cuando te diagnostican cáncer de pulmón ya es tarde para dejar de fumar. "Nosotros no os enviamos allí" "¿Ah, no? ¿Y quién envió, entonces?"

»Allí tenía un gran amigo. Cuando yo iba al combate, se despedía de mí. Yo volvía y él me abrazaba: ¡estás vivo! Aquí jamás tendré un amigo como él...

»Casi nunca salgo de casa. Aún me siento inseguro...

»¿Alguna vez ha tenido que colocar o al menos ha visto de cerca nuestras prótesis? Caminas con ellas y te da la impresión de que acabarás rompiéndote el cuello. Dicen que en otros países los que llevan prótesis pueden practicar esquí de montaña, que juegan al tenis, que bailan. Que nos traigan esas prótesis en vez de tanta cosmética francesa... En vez del azúcar cubano... De las naranjas marroquís y los muebles italianos...

»Tengo veintidós años, toda la vida por delante. He de buscarme una esposa. Tenía una novia, pero le dije: "Te odio". Lo hice para que se fuera. Se compadecía de mí. Y yo quiero alguien que me ame.

Por la noche sueño con mi casa natal,
un claro sosegado en el bosque.
Treinta, noventa, cien...
Qué generoso eres, cuco,
*contando los años que me quedan...**

»De todas las canciones rusas... esta es mi favorita... Aunque a veces detesto vivir un solo día más...

»Incluso ahora sueño con volver a ver, aunque sea un solo instante, aquel trozo de tierra... El desierto bíblico... A todos nosotros nos atrae irremediablemente... Es la misma sensación que se tiene cuando estás al borde de un abismo, o cuando estás en un lugar muy alto y debajo hay agua. Te atrae tanto que da vértigo...

»La guerra se ha acabado... Intentarán olvidarse de nosotros, escondernos en un rincón remoto. Deshacerse de nosotros. Ya ocurrió en la guerra de Finlandia... ¡Cuántos libros se han escrito sobre la Gran Guerra Patria! Pero nada sobre la finlandesa... A nadie le gusta acordarse de una guerra perdida. Dentro de diez años yo ya me habré acostumbrado, ya no me importará nada.

»¿Si he matado allí? ¡Claro que he matado! ¿O acaso espera que nos hayamos portado como unos ángeles? Todo el mundo esperaba que a casa regresaran unos ángeles...»

Teniente, comandante de la sección de granaderos

* Según la creencia popular, cuando escuchas a este pájaro debes contar el número de veces que dice «cucú» y así sabrás cuántos años te quedan de vida.

«Yo servía en el Extremo Oriente...

»El comandante de la unidad militar me mandó llamar. El telegrafista de guardia había traído un telegrama: "El teniente Ivanov debe dirigirse al Estado Mayor para valorar la posibilidad de su traslado al distrito militar de Turquestán, para la prestación ulterior del servicio militar". La fecha y la hora. Yo creía que me iban a enviar a Cuba: cuando me hicieron la revisión médica hablaban de un país de clima tórrido.

»Me preguntaron:

»—¿Tiene algún inconveniente en que le enviemos al extranjero?

»—No, ningún inconveniente.

»—Irá a Afganistán.

»—A sus órdenes.

»—Ya lo sabe: allí disparan, matan...

»—A sus órdenes.

»¿Sabe cómo es la vida de los zapadores en la Unión Soviética? Cavar, zapar. A mí me apetecía poner en práctica todo lo que había aprendido en la academia. En la guerra los zapadores son siempre necesarios. Yo iba a aprender a luchar.

»De todos a los que llamaron, solo uno lo rechazó. Era la tercera vez que le llamaban:

»—¿Tiene algún inconveniente en que le enviemos al extranjero?

»—Sí, lo tengo.

»Le tocó una suerte poco envidiable. Enseguida anotaron una amonestación en su expediente, su nombre quedaba manchado y su carrera arruinada. Se había negado por motivos de salud, tenía gastritis o úlcera. Pero eso no importaba: clima tórrido o no, si te lo ofrecen, debes aceptar. Ya se estaban imprimiendo las listas.

»Hice un viaje de seis días en tren desde Jabárovsk hasta Moscú. Atravesé toda Rusia, crucé los ríos siberianos, pasé por la orilla del lago Baikal. El primer día, a la encargada del vagón se le había acabado el té, el segundo día se le estropeó el hervidor. Mi familia vino a buscarme a la estación. Lloraron. Pero el deber es el deber.

»... Cuando se abrió la escotilla del avión... Un cielo increíblemente azul, en nuestro país solo se puede ver un cielo así de azul cuando estás junto a un río. Cuánto alboroto, cuántos gritos... todos eran de los nuestros. Uno había venido a buscar a un sustituto, otro esperaba a los amigos, otro venía a recoger un paquete que su familia le enviaba desde la Unión Soviética. Todos estaban bronceados, alegres. Me costaba creer que en algún lugar del mundo se pudiera estar a treinta bajo cero, que la coraza de un vehículo se pudiera congelar. El primer afgano que vi fue en el centro de traslado, a través de una alambrada de púas. No experimenté ningún sentimiento más allá de la mera curiosidad. Era un hombre como cualquier otro.

»Me entregaron los papeles: comandante de la sección de ingenieros de caminos del batallón de zapadores en Bagram...

»Nos levantábamos temprano y salíamos como si fuéramos a un trabajo normal: un tanque buscaminas, un grupo de francotiradores, un perro detector de explosivos y dos vehículos blindados de protección. Los primeros kilómetros viajábamos sentados encima de la coraza. Desde arriba se ven bien las huellas: la carretera es toda de polvo, el polvo es fino como la nieve. Pasa un pájaro y queda una huella. Si el día anterior había pasado un tanque teníamos que ir con los pies de plomo: solían ocultar las minas en el rastro que dejaban las orugas. Después con los dedos volvían a reproducir las marcas del tanque y borraban las suyas propias con una tela o con el turbante. La carretera serpenteaba entre los *kishlak* abandonados, allí no quedaba gente, solo arcilla calcificada. ¡Era un escondite perfecto! Teníamos que estar siempre alerta. Pasados los *kishlak*, bajábamos de la coraza. A continuación la cosa era así: un perro iba corriendo delante de nosotros, yendo y viniendo, y los zapadores lo seguían con sus sondas. Caminaban pisando la tierra. Ahí tienes que contar con Dios, con tu intuición, con tu experiencia, tu olfato. Tienes que estar atento a todo: una rama del árbol rota, una pieza metálica en el suelo que ayer no estaba, una piedra. Los del otro bando también dejaban señales para no volar con su propia mina.

»Un pequeño trozo de hierro, otro... un tornillo... Tirados como si nada encima del polvo... Y debajo de la tierra se escondían las pilas... Un cable hacia una bomba o hacia un cajón lleno de trilita... Una mina antitanque no se activa con un ser humano... Como mínimo hace falta una carga de entre doscientos cincuenta y trescientos kilos. En la primera explosión... Me quedé solo sentado encima del tanque, mi sitio preferido era al lado del cañón. La torreta me protegió, la ola expansiva se llevó a los demás. Lo primero que hice fue tocarme, comprobar: ¿La cabeza está en su sitio? ¿Los brazos, las piernas? Todo bien, hay que continuar.

»Otro día, delante de mí hubo otra explosión... Un remolcador ligero blindado topó con una potente granada explosiva... El remolcador se partió en dos, la explosión dejó un embudo de tres metros de diámetro y una profundidad equivalente a la altura de un hombre. El remolcador transportaba las granadas, unas doscientas granadas para el lanzagranadas... Las granadas quedaron desparramadas por entre los arbustos al borde de la carretera... En el vehículo viajaban cinco soldados y un teniente, muchas veces por la noche nos habíamos sentado a hablar, a fumarnos un cigarrillo. Nadie sobrevivió.

»Los perros eran de mucha ayuda. Son como los humanos, los hay hábiles y no hábiles, con intuición y sin ella. Pero un guardia podía quedarse dormido y un perro jamás. Yo quería a Ars. Era cariñoso con nuestros soldados, pero ladraba sin parar a los soldados afganos. El uniforme afgano era ligeramente más verdoso que el nuestro, de un tono más amarillento. Pero ¿cómo lograba el perro diferenciarlos? Detectaba minas a varios pasos de distancia... Se quedaba clavado y con la cola alzada: ¡no te acerques! Había muchos tipos diferentes de minas-trampa... Las más peligrosas eran las minas artesanales, nunca eran iguales unas a otras, no había manera de encontrar un patrón. ¡La ley técnica! Veías una tetera oxidada, dentro había material explosivo... Un magnetófono, un reloj... Una lata de conservas... A los que iban sin zapadores los llamaban los “condenados”. Había minas por todas partes: en las carreteras, en los senderos de montaña, dentro de las viviendas... Los zapadores iban por delante, igual que los de reconocimiento...

»Estábamos todos amontonados en una trinchera... Ya habíamos hecho explosionar un artefacto al pasar las rastras para limpiarla de minas. Llevábamos dos días apiñados todos ahí... Pero yo salí un momento y cuando volví a saltar adentro... ¡bam, una explosión! No perdí el conocimiento... Miré al cielo... Un cielo espléndido... Tras una explosión la primera reacción de un zapador es mirar al cielo. ¿Tengo los ojos bien? Yo solía llevar un torniquete enrollado en la culata de mi metralleta, me lo pusieron. Yo ya lo sabía... por encima de las rodillas es... Donde ponen el torniquete es por donde después cortan, unos tres o cinco centímetros por encima de la herida.

»—¿Por dónde estás haciendo el torniquete? —le grité al soldado.

»—¡Por debajo de la rodilla, camarada teniente!

»Me llevaron al batallón sanitario, estaba a quince kilómetros. Tardamos una hora y media. Allí me limpiaron la herida, me practicaron el bloqueo anestésico. Me cortaron la pierna nada más llegar, la sierra chilló igual que una sierra de disco, me desmayé. Al segundo día me operaron los ojos. El fuego de la explosión me había dado en la cara. Casi se puede decir que me hicieron un remiendo en los ojos: me pusieron veintidós puntos. Después me los tenían que quitar de dos en dos, dos cada día, para que el glóbulo ocular no se me rompiera en pedazos. El personal médico venía a revisarme con una linterna, me iluminaban por la derecha, por la izquierda... Quería comprobar si conservaba la capacidad de percibir la luz, si la retina estaba en su sitio.

»La luz de la linterna era roja... Es preciso usar el color más fuerte...

»Podría escribir un relato sobre cómo un oficial militar se transforma en un manitas por encargo. Monto boquillas de lámparas, enchufes... Cien piezas cada día. Remacho cordones... ¿De qué color son? Rojos, negros, blancos... No lo sé... Como no veo... Estoy casi ciego. No es una ceguera total, pero adivino más que veo. También tejo bolsas de malla. Ensamblo cajas. Antes creía que los que hacían estas cosas tenían que volverse locos... Hago treinta bolsas al día. Hasta cumplo con la norma de producción...

»Los zapadores teníamos pocas posibilidades de regresar enteros, o simplemente de regresar. Sobre todo en el caso de las compañías de levantamiento de minas, de desminado especial. Herido o muerto, no había otra. Cuando salíamos en misión nunca nos despedíamos de los demás con un apretón de manos. El día de aquella explosión, el nuevo comandante de la compañía me estrechó la mano. Lo hizo de todo corazón, nadie le había avisado. Y ese día yo volé por los aires... Puedes creerlo o no, pero es así. Entre nosotros circulaba una creencia: si vienes a Afganistán por petición propia (tú te lo has buscado), no acabarás bien; pero si te envían (gajes del oficio), a lo mejor saldrás de esta. Volverás.

»¿Ahora sabe con qué sueño? Sueño con que ponemos un inmenso campo de minas... Relleno el formulario: anoto la cantidad de minas que hemos puesto, hago un esbozo de la colocación de las minas y señalo los puntos de referencia. Luego ese formulario se me pierde, eso nos pasaba a menudo... O bien tenías el formulario, pero habías señalado un árbol como un punto de referencia y de pronto ese árbol ya no existía, se había quemado... O unas piedras amontonadas que se había llevado una explosión... Nadie lo volvía a comprobar. Teníamos miedo. Podíamos volar en pedazos con nuestras propias minas. En mi sueño veo que junto al campo minado hay unos niños jugando... No saben que las minas están ahí... Tengo que avisarlos, grito: "¡Está minado! ¡No os acerquéis!...". Tengo que llegar antes que ellos. Corro. Vuelvo a tener las dos piernas... Y otra vez puedo ver...

»Pero eso solo es por la noche, solo en sueños...»

Teniente, zapador

«No me sale vivir como todo el mundo... No se me da bien...

»A lo mejor, eso fue un disparate... Lo de la guerra... Pero soy una romántica, creo que realmente todavía no he vivido y tampoco vivo ahora, tan solo sueño con la vida. Me la imagino, me la invento. En mi primer día allí me llamó el jefe del hospital: "¿Qué le ha hecho venir aquí?". Él no lo entendía... Es un hombre...

»Le tuve que contar toda mi vida. A un desconocido, a un hombre... a un militar... Es como desnudar el alma... Eso fue lo más penoso, lo más ultrajante de mi estancia allí. No tenía nada mío, nada privado, te lo quitaban todo. ¿Ha visto usted la película *Más allá de los límites*? Va sobre la vida de los presos en una colonia penitenciaria. Pues nosotros vivíamos según las mismas reglas. La misma alambrada de púas, el mismo palmo de terreno.

»Mi entorno eran las muchachas-camareras, las cocineras. Las conversaciones siempre iban de lo mismo: los rublos, los vales, la carne, si tenía huesos o no, los embutidos, las galletas de importación. Pero si yo había elegido estar allí era por una razón muy distinta: la abnegación, el deber femenino de proteger a nuestros muchachos, ¡de salvarlos! Me lo había imaginado como algo sublime. La gente desangrándose y yo dándoles mi sangre. Ya en el punto de traslado de Taskent lo tuve claro: me dirigía al lugar equivocado. Al subir al avión lloré, no conseguía parar. Allí me esperaba lo mismo que aquí, lo mismo de lo que me estaba escapando, lo que pretendía dejar atrás. En el centro de traslado corrían ríos de vodka. "Soñamos con la hierba en el cosmódromo... La verde, verde hierba..."* Aquello era como estar en el espacio... Aquí, en la Unión Soviética, cada uno tiene su propia casa, su fortaleza. Pero allí... Vivíamos cuatro en la misma habitación. La chica que trabajaba de cocinera en el comedor cogía carne y la escondía debajo de su cama...

»—Friega el suelo —me dijo.

»—Yo lo fregué ayer, hoy te toca a ti.

»—Friégalo, te pagaré cien rublos...

»Yo no respondí.

»—Te daré carne.

»Seguí sin responder. Ella agarró el cubo y tiró toda el agua encima de mi cama.

»—Ja, ja, ja...

»Todo el mundo se rió.

»Y la otra chica. Era camarera. Insultaba como un carretero y amaba la poesía de Tsvietáieva. Cuando acababa su turno de trabajo, se sentaba y hacía un solitario:

* Cita de una canción popular de los años ochenta que narra la nostalgia de los astronautas por la Tierra.

»—Me quiere, no me quiere... me quiere, no me quiere...

»—¿Quién?

»—El amor, está claro.

»También había bodas... ¡Bodas en toda regla! Y amor. Aunque tampoco muy a menudo. El amor duraba hasta Taskent: una vez allí, él iba a la izquierda y ella, a la derecha. Como en la vieja canción: "A ella le toca otra dirección".

»A Tania la Blindada (era una chica alta, corpulenta) le encantaba charlar hasta muy tarde. Bebía solo alcohol puro.

»—¿Cómo puedes con esto?

»—El vodka es demasiado flojo, no me hace nada.

»Al regresar a casa, se llevó unas quinientas o seiscientas postales con fotografías de actores de cine. En los *duçán* se vendían caras, y ella presumía: "Yo, por el arte, no reparo en gastos".

»A Vera Jarkova la recuerdo sentada frente al espejo con la lengua fuera. Tenía miedo de enfermar de fiebre tifoidea. Alguien le había dicho que debía mirarse al espejo cada mañana: "Si tienes tifus, los dientes incisivos dejan marcas en la lengua".

»Ellas no me aceptaban. En mí solo veían a una boba que se pasaba la vida trajinando con probetas llenas de microbios. Yo trabajaba de médica microbióloga en el hospital de enfermedades infecciosas. De mí siempre oían las mismas palabras: la fiebre tifoidea, la hepatitis, el paratifus. Los heridos llegaban al hospital demasiado tarde. Se quedaban entre cinco y diez horas, y hasta un día entero, en las montañas, tirados en la arena. Los microbios invadían las heridas, lo que se llama una infección de herida. Mientras los heridos estaban en cuidados intensivos, yo los diagnosticaba, por ejemplo, de fiebre tifoidea.

»Morían en silencio. Tan solo una vez vi llorar a un oficial. Era moldavo. Se le acercó el cirujano, también moldavo, y le preguntó en moldavo:

»—¿Qué le duele, amigo mío?

»Entonces rompió a llorar:

»—Sálveme, doctor. Tengo que vivir. Amo a mi mujer y a mi hija. Debo volver...

»Habría muerto sin decir nada, pero lloró al oír su lengua natal.

»Me era imposible entrar en la morgue... Allí traían la carne humana mezclada con tierra. Y debajo de las camas las chicas se guardaban la carne... Echaban las sartenes en la mesa: "¡*Ruba*! ¡*Ruba*!", en afgano significa "adelante". Hacía mucho calor... Las gotas de sudor caían en las sartenes... Yo veía solo a los heridos y trataba solo con los microbios... No tenía nada que vender, los microbios no sirven como mercancía... En la tienda podías comprar caramelos con los vales. ¡Mi gran sueño! "¡Afganistán, qué maravilla!", era una canción que todos cantaban. A decir verdad, cualquier cosa me asustaba... No soy para nada valiente... Cuando llegué ni siquiera sabía distinguir los rangos de cada uno. Los trataba a todos de usted. Ya no me acuerdo de quién fue, pero alguien en la cocina del hospital me regaló dos huevos crudos. Porque los médicos siempre íbamos medio hambrientos. Nuestra "dieta" se basaba en engrudo de almidón y carne congelada, que estaba guardada en los almacenes militares desde tiempos remotos. De las antiguas provisiones de los tiempos de la guerra... Parecía madera... No tenía olor ni color... Cogí aquellos huevos y los envolví en una servilleta: me los comería en casa, con cebolla. Me pasé todo el día imaginándome la cena. Vi a un chico encima de una camilla, le evacuaban a Taskent. No se veía lo que había debajo de la sábana, tan solo una cabeza bonita que se movía sobre la almohada. Me miró.

»—Tengo hambre.

»Eso fue antes de la hora de comer, aún no habían traído las ollas. Y a ese se lo llevaban ya mismo. A saber cuánto tardarían en aterrizar en Taskent, cuánto tardarían en darle de comer.

»—Toma.

»Y le dejé los dos huevos. Me di la vuelta y me fui, ni siquiera le pregunté si tenía manos o piernas. Se los puse sobre la almohada. No se los rompí, no le ayudé a comérselos. ¿Y si no tenía manos?

»Una vez hice un viaje de dos horas en un coche junto a unos cadáveres... Cuatro cuerpos... Yacían allí, vestidos en chándal...

»Regresé a casa... Era incapaz de escuchar música, de abrir la boca en la calle, en un trolebús. Si hubiera podido, habría cerrado la puerta de mi habitación para quedarme a solas, el televisor y yo. Un día antes de mi regreso a la Unión Soviética, el jefe del servicio médico de nuestro hospital, Yuri Efímovich Zhibkov, se pegó un tiro... ¿Por qué? ¿Qué ocurriría dentro de su alma? Hay gente que no lo entiende... Pero yo... Lo comprendo, incluso lo sé. Mientras estás allí, es algo que siempre está cerca... Esa oscuridad... En Afganistán copié una frase que tenía apuntada uno de los oficiales: "Un extranjero que se aventura en Afganistán puede considerarse un hombre especialmente protegido por los cielos si sale de ese país sano, salvo y con la cabeza sobre los hombros...". Lo escribió un francés, Ferrier. No solo se trataba de salir indemne físicamente... El hombre es un ser con un relleno intrincado... Un pastelito de hojaldre, como decían mis chicas. El final de la guerra se acercaba, poco a poco comenzaban a filosofar. Preparándose para la vuelta a casa...

»En la calle me cruzo con un joven... Me suena: "¿Será un 'afgano'?". Pero no le digo nada para no quedar en ridículo. No soy una persona atrevida... Soy más bien de carácter blando... Me aterrorizaba pensar que de repente pudiera ser capaz de convertirme en un ser agresivo, duro. Al fin y al cabo, el ser humano es muy dependiente... El hombre ni siquiera sabe hasta qué punto depende de sus actos, de aquello que le ha tocado vivir. El miedo vive con él... Preparábamos a los chicos para el alta... Se escondían en los desvanes, en los sótanos del hospital, no querían volver a sus unidades. Los atrapábamos, los obligábamos a salir... En el centro de traslado, las chicas jóvenes me enseñaban a quién tenía que regalarle una botella de vodka para que me destinaran a un buen lugar... Ellas me enseñaban... Tenían dieciocho o veinte años, mientras que yo había cumplido los cuarenta y cinco.

»Durante la vuelta, en la aduana me obligaron a quitarme toda la ropa excepto el sostén.

»—¿Usted a qué se dedica?

»—Soy médica microbióloga.

»—Enséñeme sus papeles. —Cogieron mis documentos—. Abra la maleta. La revisaremos.

»Yo llevaba mi abrigo viejo, una manta, un cubrecama, unas

horquillas, unos tenedores... Todo lo que me había traído de casa. Lo pusieron encima de la mesa.

»—¿Está usted loca? Seguro que compone versos.

»Estar aquí es superior a mis fuerzas. Esta vida asusta más que aquella. Allí veníamos de la Unión Soviética, poníamos en la mesa lo que traíamos, nos sentábamos. La tercera copa. En silencio. En memoria de los que habían caído. Compartíamos mesa, por debajo pasaban los ratoncitos, se metían en los zapatos. A las cuatro estallaba el aullido... La primera vez que lo oí, me levanté de un salto: "Chicas, son lobos". Ellas se rieron: "Es el mulá". Ya en casa, durante mucho, mucho tiempo, seguía despertándome a las cuatro de la madrugada.

»Necesitaba una continuación... Solicité un puesto en Nicaragua... En cualquier lugar donde hubiera una guerra. Aquí... Ya no sé vivir aquí...

Médica microbióloga

«Yo lo elegí...

»Vi a ese muchacho alto, apuesto. "Chicas —les dije—, este es para mí." Me acerqué y le invité al vals de damas, que es cuando las muchachas eligen pareja para el baile. Así que yo misma elegí mi destino...

»Me moría por tener un bebé. Entre nosotros llegamos a un pacto: si nacía niña, yo escogería el nombre. Sería Olguita. Si nacía niño, él lo escogería. Sería Artiom o Denis. Nació Olguita.

»—Pero habrá un niño, ¿verdad?

»—Claro que sí. Solo deja que Olguita crezca un poco.

»Le habría dado un hijo.

»—Liuba, no te asustes. No quiero que se te retire la leche... —Yo todavía le daba el pecho a la pequeña—. Me envían a Afganistán...

»—¿Por qué tú? Acabas de ser padre.

»—Si no fuera a mí, le tocaría a otro. El partido manda, el Komsomol obedece.

»Era un hombre fiel al ejército. "Las órdenes —repetía— no se discuten". Su madre tiene un carácter muy fuerte, él se había acostumbrado a cumplir, a obedecer. Se sentía cómodo en el ejército.

»¿Que cómo fue la despedida? Los hombres fumaban. Su madre no decía nada. Yo lloraba: "¿Quién necesita esta guerra?". Nuestra hija dormía en su cuna.

»En la calle me crucé con una tarada, la loca, siempre estaba por nuestro cuartel, entraba en la tienda, en el mercado. La gente decía que la habían violado cuando era muy joven y que desde entonces ni siquiera reconocía a su madre. Se detuvo a mi lado.

»—Te devolverán a tu marido metido en un cajón. —Se rió y se marchó corriendo.

»Yo no sabía lo que iba a ocurrir, pero estaba convencida: algo malo seguro.

»Le esperaba igual que en el poema de Símonov:* "Espérame y volveré...". Fui capaz de escribirle tres o cuatro cartas al día. Me parecía que lo protegía cuando pensaba en él, cuando lo añoraba. Él me escribía para decirme que en la guerra cada uno hacía su trabajo. Cumplían órdenes. Y después el destino se encargaba de todo. Que mantuviese la calma y que le esperara.

»Cuando iba a ver a sus padres, nadie nunca mencionaba Afganistán. Ni una palabra. Ni su madre ni su padre. No era algo que hubiéramos acordado, simplemente a todos nos daba miedo esa palabra.

»... Vestí a la niña para llevarla a la guardería. Le di un beso. Abrí la puerta y al otro lado estaban los militares, uno sostenía la maleta de mi marido, era pequeña, de color marrón, la había hecho yo. Algo me pasó... Si dejo que entren, traerán el mal a esta casa... Si no, todo quedará en su sitio. Ellos empujaban la puerta, querían entrar, yo no la soltaba: no los dejaba pasar.

»—¿Está herido?

»Aún me quedaba la esperanza de que estuviera herido.

* Konstantín Símonov (1915-1979) fue un escritor y poeta soviético. Su poema más famoso se titula *Espérame*, un monólogo de un soldado que les pide a sus seres queridos que aguarden su regreso de la guerra.

»El comandante militar fue el primero en entrar.

»—Liudmila Iósifovna, con un profundo dolor tenemos que comunicarle que su marido...

»No hubo lágrimas. Grité. Vi a su amigo, me precipité hacia él.

»—Tólik, si tú me lo dices te creeré. ¿Por qué te quedas callado?

»Empujó hacia mí al cabo que acompañaba el ataúd.

»—Díselo tú...

»Ese otro temblaba, no me dijo nada.

»Unas mujeres me abrazaban, me daban besos.

»—Cálmate. Necesitan los teléfonos de todos los familiares.

»Me senté y les dicté de una tacada todas las direcciones y los teléfonos, decenas de direcciones y teléfonos que recordaba. Más tarde los comprobaron en la agenda: todos correctos.

»Nuestro apartamento era pequeño, de un dormitorio. Instalaron el ataúd en el club del cuartel. Yo me abrazaba al ataúd y gritaba:

»—¿Por qué? ¿Es que has hecho algo mal?

»Cuando recobraba el conocimiento, me quedaba mirando a ese cajón: "Te devolverán a tu marido en un cajón...". Y otra vez gritaba:

»—No me creo que mi marido esté aquí. Demostrádmelo. No hay ni una ventanita. ¿Qué me habéis traído? ¿A quién me habéis traído?

»Llamaron a su amigo.

»—Tólik —le pedí—, júrame que ahí dentro está mi marido.

»—Juro por mi hija que allí dentro está tu marido. La muerte fue rápida, no sufrió. No te diré nada más.

»Se habían cumplido sus palabras: "Si me toca morir, al menos que sea rápido, sin sufrir". Y nosotras nos quedamos aquí...

»Tengo un retrato suyo muy grande, está colgado en la pared.

»—Descuelga a papá —me pide la niña—. Voy a jugar un rato con papá.

»Rodea el retrato de juguetes, habla con él. Cuando por la noche la acuesto me pregunta:

»—¿Dónde le dispararon a papá? ¿Por qué eligieron a nuestro papá?

»La llevo a la guardería. Por la tarde voy a buscarla, llora desconsoladamente.

»—No me iré de la guardería hasta que papá venga a buscarme. ¿Dónde está mi papá?

»No sé qué responderle. ¿Cómo explicárselo? Yo solo tengo veintiún años... Este verano la llevaré con mi madre, al pueblo. Tal vez allí lo olvide... No tengo ya fuerzas para llorar cada día... Cada minuto. Veo a una familia caminando juntos, el marido, la mujer y su niño, y lloro. Mi alma grita, mi cuerpo grita. Antes en verano dormía desnuda, ahora ya no lo hago. Recuerdo sin parar... Recuerdo el amor... Perdone mi sinceridad... Esto solo se lo puedo confesar a usted, a una persona extraña. Cuesta decírselo a alguien cercano. "¿Por qué no vienes aunque sea solo por un solo minuto?... Solo para ver como ha crecido tu hija. Para ti esa guerra incomprensible se ha acabado." Todo esto se lo digo por la noche. "Pero para mí, no." ¿Y para nuestra hija? Nuestros hijos son los más desgraciados, ellos responderán por todo. "¿Me estás escuchando?..."

»¿A quién le grito? ¿Quién me oirá?»

Esposa

«Hubo un tiempo en que soñaba: tendré un hijo... Yo misma crearé un hombre para mí, y yo le amaré y él me amará a mí...

»Mi marido y yo nos habíamos divorciado. Me dejó por una mujer joven, ella le dio hijos nada más graduarse del colegio. Yo le amaba, tal vez por eso no hubo otro hombre. No lo buscaba.

»Crié a mi hijo junto con mi madre: dos mujeres y el niño. Me escondía para observarlo desde el portal: "¿Con quién va, cómo son sus amigos?".

»—Mamá —me decía él—, ya soy mayor, pero tú me sigues vigilando.

»Era pequeño como una niña. Rubio, delicado, nació prematuro, a los ocho meses, tuve que criarlo con biberón. Nuestra generación no tuvo niños sanos, crecimos durante la guerra: bombardeos, disparos, hambre... Miedo... Él jugaba con las niñas, las niñas le aceptaban, él no les pegaba. Le encantaban las gatitas, les ponía lazos.

»—Mami, cómprame un hámster, tienen una piel tan calentita...

»Le compramos un hámster. Y una pecera. Y pececitos. Cuando íbamos al mercado, me pedía: "Cómprame una gallinita viva...".

»Yo pienso: "¿Es posible que allí disparase?". Mi niño de su mami... No estaba hecho para la guerra. Le queríamos mucho, le mimábamos...

»Fui a visitarlo a Asjabad, que era donde estaba su compañía de instrucción:

»—Andréi, quiero hablar con el jefe. Eres mi único hijo... Y la frontera está tan cerca...

»—Ni se te ocurra, mamá. Se burlarán de mí, dirán que soy un niñito de mamá. Ya me llaman "fino, hueco, transparente".

»—¿Qué tal estás aquí?

»—El teniente es bueno, nos trata a todos por igual. En cambio el capitán es capaz de propinarte una buena bofetada.

»—¡¿Cómo?! Tu abuela y yo jamás te levantamos la mano, ni siquiera cuando eras pequeño.

»—Aquí se vive una vida de hombres, mamá. Es mejor que no te cuente nada...

»Solo fue mío mientras fue pequeño. De pasear, de correr por los charcos, acababa siempre sucio como un diablillo. Yo le bañaba, le envolvía en la toalla, le abrazaba. Creía que nadie jamás me lo quitaría. No se lo dejaría a nadie. Pero me lo quitaron...

»Al acabar octavo, yo misma le convencí para que fuera a la escuela técnica de construcción. Pensé que con esa profesión lo tendría más fácil a la hora de hacer la mili. Que después se matricularía en la universidad. Él quería ser guarda forestal. En el bosque se sentía bien. Identificaba a los pájaros por los sonidos, me enseñaba las flores. En eso se parecía a su padre. Él era de Siberia, amaba tanto la naturaleza que ni siquiera me permitía cortar la hierba en el patio. ¡Que todo crezca! A Andréi le gustaba el uniforme de los guardabosques, las viseras: "Mamá, parece un uniforme militar...".

»Yo pienso: "¿Es posible que allí disparase?".

»Desde Asjabad nos escribía a menudo. Me aprendí de memoria una de sus cartas, la leí miles de veces:

> ¡Queridas mamá y yaya!:
>
> Ya han pasado tres meses desde que estoy en el ejército. Mi servicio va bien. Hasta ahora voy cumpliendo todas las tareas que me encomiendan. Hace poco nuestra compañía estuvo en el centro de instrucción de campo, a ochenta kilómetros de Asjabad, en las montañas. Durante dos semanas, practicando preparación de montaña, tácticas de combate y tiro con armas de fuego. Otros tres compañeros y yo no fuimos, nos quedamos en las instalaciones principales. Nos dejaron aquí porque trabajamos desde hace tres semanas en una fábrica de muebles, estamos construyendo una planta nueva. A cambio, la fábrica producirá mesas para nuestra compañía. Levantamos las paredes de ladrillo y hacemos el estucado.
>
> Mamá, me preguntas sobre tu carta, la recibí. También recibí el paquete y los diez rublos que me enviasteis. Con ese dinero, junto con un amigo, hemos comido un par de veces en la cantina y nos hemos comprado unos bombones...

»Me consolaba con la esperanza: si levanta paredes y hace el estucado, significa que lo necesitan para construir. Que siga, que continúe construyendo sus dachas privadas, sus garajes, lo que sea con tal de que no le manden más lejos. Pasado un tiempo, escribió y dijo que estaba trabajando en una casa en las afueras, para un general...

»Era 1981... Ya corrían algunos rumores... Pero que en Afganistán había una matanza, una carnicería, lo sabía muy poca gente. Por la tele veíamos el hermanamiento entre los soldados soviéticos y los afganos, las flores sobre nuestros carros de combate, a los campesinos besando la tierra que les concedían... Solo una cosa me hizo sospechar... Cuando fui a verlo a Asjabad conocí a una mujer... Al llegar al hotel me dijeron:

»—No tenemos sitio...

»—Dormiré en el suelo. He venido desde muy lejos para ver a mi hijo, está haciendo el servicio militar. No me iré de aquí.

»—De acuerdo, le dejamos una cama en una habitación para cuatro. En la habitación hay otra madre, también viene a visitar a su hijo.

»Esta mujer fue de la que por primera vez escuché que se preparaba una nueva leva para el servicio en Afganistán. Ella traía mucho dinero para salvar a su hijo. Se marchó del hotel muy contenta, al despedirse me aconsejó: "No seas boba...". Cuando se lo conté a mi madre, ella lloró.

»—¿Por qué no te tiraste a sus pies? ¿Por qué no le rogaste? ¡Haberle dado tus pendientes!

»Mis humildes pendientes eran lo más valioso que teníamos en nuestra casa. Pero ¡si hasta tenían un minúsculo diamante! A mi madre, que había vivido siempre en unas condiciones muy pobres, esos pendientes le parecían todo un lujo. ¡Señor! Pero ¡cómo nos tratan! Si no hubiera sido él, habría sido otro. Que también es hijo de alguien...

»Para él fue toda una sorpresa que le admitieran en el batallón de desembarco aéreo y le destinaran a Afganistán. Estaba que explotaba de orgullo infantil. No lo ocultaba.

»Yo soy una mujer, una persona civil de los pies a la cabeza. Tal vez no entiendo nada. Pero que me expliquen por qué mi hijo levantaba paredes de ladrillo y hacía estucados mientras tendría que estar preparándose para el combate. Sabían adónde los enviaban. En los periódicos publicaban las fotografías de los muyahidines... Eran hombres de unos treinta o cuarenta años... En su tierra... Junto a sus familias, a sus hijos... Decidme: "¿Cómo es posible que una semana antes de su partida le incluyeran en el batallón de desembarco aéreo?". Hasta yo sé lo que son las tropas aerotransportadas, lo fuertes que tienen que ser los chicos allí. Hay que recibir una preparación especial. Después el comandante de la compañía de instrucción me dijo que mi hijo sacaba unas notas excelentes en preparación de combate y enseñanza política. ¿Cuándo? ¿Dónde? ¿Trabajando en la fábrica de muebles? ¿En la casa de las afueras del general? ¿A quién le entregué a mi hijo? ¿A quién se lo confié? Ellos ni siquiera se tomaron el trabajo de convertirlo en soldado...

»Desde Afganistán nos llegó una sola carta: "No os preocupéis, esto es muy bonito y tranquilo. Hay flores que no crecen en nuestra tierra, los árboles florecen, los pájaros cantan. Hay muchos peces". Todo un paraíso en vez de la guerra. Nos intentaba tranquilizar para que no nos diera por mover cielo y tierra para sacarle de esa. Una tropa de pipiolos. Casi unos niños. Los arrojaban al fuego y ellos lo consideraban un honor. Así los habíamos educado.

»Perdió la vida el primer mes... Mi niño... Sangre de mi sangre... ¿Cómo yació allí? Nunca lo sabré.

»Lo trajeron pasados diez días. A lo largo de esos diez días estuve soñando que perdía algo y no lograba encontrarlo. Todos esos días la tetera silbaba en la cocina. La ponía al fuego, el agua hervía y el silbato cantaba. Me gustan las macetas con flores, tengo muchas en casa, en la repisa de la ventana, encima del armario, en la estantería. Cada mañana al regarlas o una u otra se me caía al suelo. Se escurrían de las manos y se rompían. La casa olía a tierra húmeda...

»... Delante de nuestra casa se pararon unos vehículos: dos todoterrenos militares y una ambulancia. Enseguida lo comprendí: venía aquí, a mi casa. Todavía entera, les abrí la puerta.

»—¡No digan nada! ¡No me digan ni una palabra! ¡Los odio! Entréguenme el cuerpo de mi hijo... Le enterraré a mi manera. Yo sola. No quiero honores militares...

»¡Publíquelo! ¡Escriba la verdad! ¡Toda la verdad! Ya no tengo miedo de nada... Ya está bien, llevo toda mi vida viviendo con miedo...»

Madre

«¿La verdad? Hay que ser un temerario para contarle toda la verdad. Alguien que haya llegado al límite tal vez se lo contaría todo...

»Nadie más sabe la verdad. Excepto nosotros... La verdad es demasiado terrible, no habrá verdad. Nadie querrá ser el primero, nadie se arriesgará. ¿Quién contará cómo transportaban las drogas dentro de los ataúdes? Los abrigos de piel... En vez de los caídos en combate... ¿Quién le enseñará una ristra de orejas humanas desecadas colgando de un cordel? ¿Ya lo había oído o es la primera vez? Los trofeos de combate... los guardábamos en las cajitas de cerillas... Los enrollábamos como si fueran hojitas pequeñas... ¿Cree que no puede ser? ¿Le molesta escuchar estas cosas de los bravos chicos soviéticos? Pues resulta que son ciertas. ¡Es lo que hubo! Y eso también es una verdad que no se puede esquivar, que no se puede esconder bajo una capa de pintura plateada barata. ¿Acaso usted pensaba: "¡Levantaremos monumentos y ya está!"? "Repartiremos condecoraciones..."

»Yo no fui para matar, yo era una persona normal. Siempre nos inculcaron que los que hacen las guerras son unos bandidos; nosotros seríamos los héroes a los que todos estarían agradecidos. Recuerdo bien las pancartas: "Soldados, reforcemos las fronteras del sur de nuestra patria", "Mantengamos bien alto el honor de nuestra formación militar", "¡Que florezca la patria de Lenin!", "¡Gloria al Partido Comunista!". De allí regresé... Allí solo teníamos un espejo muy pequeño, aquí pude mirarme en uno grande. Me miré y no me reconocí. Otra persona me observaba desde el espejo... Con una mirada nueva, con un rostro nuevo. Incluso había cambiado de aspecto...

»Yo estaba sirviendo en Checoslovaquia. Corrió el rumor: me enviaban a Afganistán.

»—¿Por qué a mí?

»—Estás soltero.

»Me preparé como para un viaje de servicio cualquiera. ¿Qué debía meter en la maleta? Nadie lo sabía. Entre nosotros todavía no había "afganos". Alguien me recomendó que me llevara unas botas de agua. En dos años no me han sido útiles ni una sola vez. Las dejé en Kabul. Desde Taskent volamos sentados encima de los cajones de municiones. Aterrizamos en Shindand. El Sarandoy,* la policía afgana, iba equipada con nuestros fusiles de asalto de la época de la Gran

* El Sarandoy, también llamados «los defensores de la Revolución», era la fuerza policial de la República Democrática de Afganistán, respaldada por la Unión Soviética durante la guerra.

Guerra Patria. Nuestros soldados y los suyos estaban sucios, descoloridos, como recién sacados de las trincheras. Era un contraste brusco con lo que estaba acostumbrado a ver en Checoslovaquia. Embarcaban a los heridos, uno tenía un trozo de metralla clavado en la barriga. "La palmará por el camino", oí que comentaban los pilotos de helicóptero que los habían recogido. La tranquilidad con la que hablaban de la muerte me dejó pasmado.

»Probablemente, lo más inconcebible de allí es la percepción de la muerte. Y otra vez lo mismo: revelar toda la verdad... resulta imposible. Lo que aquí es impensable allí es cotidiano. Matar da miedo y es desagradable. Aunque pronto empiezas a verlo así: matar a quemarropa sí que da miedo y es desagradable, pero si formas parte de un conjunto, es frenético y, a veces, yo lo he visto, es hasta divertido. En tiempos de paz, las armas se guardan en el armario, los armarios están cerrados, la sala de armas está equipada con un sistema de alarma. En cambio, allí siempre llevas las armas encima, te acostumbras a tenerlas. Por la noche, desde la cama, disparábamos a la bombilla: nos daba pereza levantarnos a apagar la luz. Atontados por el calor, descargábamos las metralletas al aire con tal de hacer algo... Rodeábamos una caravana, la caravana ofrecía resistencia, disparábamos las ametralladoras. La orden: liquidar la caravana entera... Pasábamos a la liquidación... El aire se llenaba de los tremendos mugidos de los camellos heridos... ¿Por ese tipo de cosas nos entregaban las condecoraciones que nos concedía el agradecido pueblo afgano?

»La guerra es la guerra, hay que matar. ¿A que no nos entregaron las armas de combate para jugar a campamentos con nuestros hermanos afganos? ¿O es que habíamos venido a reparar tractores y sembraderas? Nos mataban y nosotros matábamos. Matábamos donde podíamos. Matábamos donde nos daba la gana. No era el tipo de guerra que conocíamos de los libros y de las películas: la línea del frente, la zona neutra, la línea de fuego... Era una guerra de *karez*... Los *karez* son los túneles que en su momento fueron construidos para irrigar los campos... De ellos surgen hombres, de día o de noche, como si fueran fantasmas... Con un fusil, con una piedra en mano. Es probable que hace poco estuvieras regateando con ese mismo fantasma en un *ducán*, pero ahora eso es agua pasada, ya se encuentra fuera del campo de tu compasión. Hace un segundo él ha matado a tu amigo... Y en el lugar de tu amigo... yace... algo que ha dejado de ser humano... Un medio cuerpo... Sus últimas palabras: "No le contéis nada de esto a mi madre, por favor, que ella no se entere...". Y tú eres un *shuravi*,* eres soviético, estás fuera del campo de su compasión, del campo de compasión de un *dushmán*. Tu artillería ha arrasado su *kishlak* y él no ha sido capaz de encontrar ya nada: ni restos de su madre ni de su mujer ni de sus hijos. Si caes en sus manos, acabarás hecho una hamburguesa. Carne picada. Las armas modernas aumentan nuestros crímenes. Con una daga habría podido matar a una persona, a dos... Con una bomba los contábamos a decenas...

»Pero soy un militar, mi profesión es matar. ¿Cómo decía aquel cuento? Soy esclavo de la lámpara de Aladino... Pues eso, yo soy esclavo del Ministerio de Defensa. Dispararé hacia donde me ordenen. Mi profesión es disparar.

»Aun así, yo no fui allí para matar, yo no lo buscaba. ¿Cómo habíamos llegado a esa situación? ¿Por qué el pueblo afgano nos tomó por lo que no éramos? Los *bacha* estaban allí, en pleno invierno, calzando unas cutrísimas botas de goma directamente sobre el pie desnudo, y nuestros chicos les daban sus raciones de rancho seco. Lo había visto con mis propios ojos. Un chaval harapiento se acercó a nuestro carro, no pedía como los demás, solo miraba. En mi bolsillo tenía veinte afganis, se los di. Se puso de rodillas en la arena y mientras nosotros nos subíamos al carro blindado, mientras arrancábamos, no se levantó. Al lado de eso se podían ver cosas muy distintas... Nuestras patrullas les quitaban el dinero a los chicos aguadores. ¿De cuánto dinero se trataba? Eran kópeks, una miseria. No, no pienso volver allí ni como turista. Nunca volveré. Ya se lo he dicho: "La verdad es demasiado terrible". No habrá verdad. Nadie la quiere. Ni vosotros, los que os habéis quedado aquí; ni nosotros, los que he-

* Término persa usado para referirse a «sóviet». Durante la guerra se aplicó a los soldados y consejeros militares soviéticos.

mos estado allí. A propósito, vosotros sois más que nosotros. Nuestros hijos crecerán y ocultarán que sus padres combatieron allí.

»Yo he visto a los impostores: van por ahí diciendo que han vuelto de Afgán, que han hecho esto y aquello...

»—¿Ah, sí? ¿Dónde serviste?

»—En Kabul...

»—¿En qué unidad?

»—Soy de operaciones especiales...

»En Kolimá, en las barracas donde encerraban a los dementes, estaban los que gritaban: "¡Soy Stalin! ¡Soy Stalin!". Y ahora los chicos normales de pronto dicen: "Soy de Afgán". Están locos... ¡Locos de atar!

»Cuando recuerdo, lo hago a solas... Me tomo unas copas. Me quedo un rato sentado. Me gusta escuchar las canciones "afganas". Pero a solas. Hubo... Esas páginas... Aunque estén manchadas, no las puedes deshacer... Los que ahora se juntan son jóvenes... Están furiosos y se sienten engañados. Les cuesta encontrar su sitio, hallar nuevamente valores éticos. Uno me confesó una vez: "Si estuviera seguro de que iba a salir indemne, podría matar. Así de fácil. Por nada. No tengo compasión". Afganistán ocurrió, pero ya se acabó. Uno no se va a pasar la vida rezando y arrepintiéndose... Quiero casarme... Quiero tener hijos... Cuanto antes nos callemos, mejor para todos. ¿Quién necesita esta verdad? ¡El ciudadano ejemplar, tal vez!... Para escupirnos al alma: "¡Qué canallas! ¿Ellos allí mataban, saqueaban y aquí les conceden privilegios?". Así que nos dejarán como los únicos culpables. Todo lo que vivimos nos lo tirarán por la borda. Yo quiero preservarlo, al menos para mí mismo.

»Pero ¿para qué fue todo eso? ¿Para qué?

»Una vez, en Moscú, en una estación de ferrocarriles, fui al lavabo. Era un lavabo de pago, un negocio particular. En la entrada había un tipo, cobraba por el uso del servicio. Por encima de su cabeza colgaba un cartel: "Para los niños menores de siete años, los mutilados y los excombatientes de la Gran Guerra Patria y los combatientes internacionalistas la entrada es libre".

»Me quedé pasmado.

»—¿Es idea tuya?

»Él, muy orgulloso:

»—Sí, es mía. Muéstreme la documentación y adelante.

»—Mi padre combatió en la guerra del principio al fin, yo me pasé dos años tragando arena ajena... ¿y todo eso solo para poder orinar gratis en tu lavabo?

»En Afgán jamás había sentido tanto odio como el que me provocó aquel tipo. Decidí pagarle...»

Teniente primero, jefe de escuadra

«Volví a la Unión Soviética de vacaciones... Fui a unos baños públicos... La gente gemía de placer y a mí me parecía que estaban gimiendo los heridos...

»En casa echaba de menos a los amigos de Afganistán. En Kabul, una semana después de llegar, soñaba con volver a casa. Soy de Simferópol. Me gradué en la Escuela Técnica de Música. Las mujeres felices no vienen aquí. Todas las mujeres que hay aquí son solteras, están menoscabadas. Intente vivir con ciento veinte rublos al mes, que es mi sueldo, si le gusta vestir bien y encima pasar bien las vacaciones. Dicen: "¿Habéis venido a buscar novio?". ¿Y qué? Es verdad... Sí que lo es. Tengo treinta y dos años y estoy soltera...

»Aquí aprendí que la mina más terrible es la "italiana". A las víctimas de esa explosión las tienen que recoger con un cubo. Se me acercó un chico y me contó, me contó... Creía que nunca pararía. Me asusté. Él lo notó: "Disculpe, ya me voy...". Era un chico desconocido. Vio a una mujer y quiso compartirlo. Frente a él, de todos sus amigos lo único que quedó... fue un trozo de bota... De toda una escuadra de ametralladoras... Eran sus amigos... Pensé que no pararía nunca. ¿A quién iría a contárselo después?

»Hay dos residencias femeninas: a una la llaman la Casa de Gata. Allí es donde se alojan las que están en Afganistán desde hace un par de años. La otra es la Margarita, en ella viven las nuevas, que son, digamos, puras: esas que juegan todavía con los pétalos al "Me ama, no me ama; me abrazará, al diablo enviará". Los sábados los baños son para los soldados, y los domingos para las mujeres. A las mujeres no nos dejan entrar en los baños de los oficiales: las mujeres son sucias... Y después los mismos oficiales nos vienen a buscar para... bueno... para aquello... Llaman a la puerta en plena noche con la botella de vino en la mano. En los billeteros llevan las fotos de sus mujeres, de sus hijos, nos las enseñan. Es normal...

»Comienza el bombardeo... El proyectil vuela, ese silbido... Se te hiela el corazón... Sientes dolor en tu interior... Han salido de misión dos soldados y un perro. El perro ha regresado, pero de ellos ni rastro... [*Se calla*] Comienza el bombardeo... Vamos corriendo a escondernos en las trincheras. Mientras, los niños afganos bailan de felicidad en los tejados. Transportan a un muerto de los nuestros... Los niños se ríen, baten palmas. Y nosotros les llevamos regalos a los *kishlak*: harina, colchones, juguetes de peluche... ositos, conejitos... Y ellos bailan... [*Hace una pausa*] Comienza el bombardeo... y ellos están felices...

»La primera pregunta que te hacen en la Unión Soviética: "¿Te has casado? ¿Qué privilegios te han concedido?". El único privilegio que teníamos nosotras, las empleadas, era que si te mataban, a tu familia le enviaban mil rublos. Traen la mercancía a la tienda del cuartel, los hombres son los primeros: "¿Vosotras quiénes sois? Nosotros tenemos que comprar regalos para nuestras esposas". Y de noche llaman a nuestras puertas... Es normal... Aquí es la norma... Cumplen con el "deber internacional" y se llenan los bolsillos. Hay una lista de precios: una lata de leche en polvo, cincuenta *afoshkas*; un gorro militar, cuatrocientos...; un retrovisor de coche, mil; una rueda de camión soviético, entre dieciocho y veinte mil; la pistola Makárov, treinta mil; un Kaláshnikov, cien mil; un cargamento de basura del camión de la instalación militar (en función de qué basura, y si contiene latas metálicas, cuántas), entre setecientos y dos mil... Es normal... De las mujeres, las que viven mejor son la que se acuestan con los cabos. ¿Quién está por encima de un cabo? Solo el cabo primero. Mientras que los chicos en los puestos de vigilancia sufren de escorbuto... Se alimentan de col podrida...

»Las enfermeras cuentan que en las salas de los que han perdido las piernas se habla de todo, menos del futuro. Aquí todos evitamos hablar del futuro. Y del amor. Morir siendo feliz debe de ser horrible. Aún más horrible. Siento lástima por mi madre.

»Una gata deambula entre los muertos... Busca comida, está asustada. Los chicos yacen... Como si estuviesen vivos... Probablemente, la gata no sabe si están vivos o muertos...

»Páreme usted... Puedo contar y contar. Yo no he matado nunca a nadie...»

Empleada

«A veces me paro a pensar... ¿Y si no hubiera ido a esa guerra?

»Habría sido feliz... No me habría decepcionado a mí mismo y no habría descubierto cosas de mí que era mejor no saber. Como decía Zaratustra, no solo tú miras al abismo, el abismo también te mira a ti...

»Estaba en segundo curso en la Universidad de Radiotecnia, pero lo que me atraía era la música, los libros de arte... Ese mundo lo sentía mucho más próximo. Empecé a dudar y justo entonces me llegó la citación de la oficina de reclutamiento. Avanzo a la deriva, intento no contradecir a mi destino. Si me entrometo, de todos modos perderé, y si no, pase lo que pase, al menos no será culpa mía. Por supuesto, no estaba preparado para servir en el ejército. Me pilló... me pilló de improviso...

»No nos lo decían abiertamente, pero estaba claro: nos llevaban a Afganistán. No me entrometía en mi destino... Nos hicieron formar en la plaza, leyeron una orden y nos anunciaron que éramos soldados internacionalistas... Todo se percibía con mucha calma, no estabas para decir: "¡Tengo miedo! ¡No quiero!". Nos marchábamos a cumplir con el deber internacional, estaba clarísimo. Sin embargo, al llegar al centro de traslado de Gardez las cosas empezaron a... Los veteranos nos quitaron cualquier cosa de valor que lleváramos: las botas, las camisetas, las boinas. Todo tenía su precio. Una boina, diez vales. Una colección de insignias (un paracaidista debía tener cinco: la de la guardia, la de los méritos en las fuerzas aerotransportadas; la del paracaidista; la insignia por el rango; y la que llamábamos "la insignia corredor", que era la del soldado deportista) valía veinticinco vales. Nos quitaban las camisas de gala, los afganos se las cambiaban por droga. Se te acercaban unos "viejos": "¿Dónde tienes guardado el macuto?". Lo revisaban, se quedaban con lo que les había gustado y adiós. En la unidad nos quitaron hasta los uniformes nuevos, y a cambio nos dejaron unos viejos. Llamaban al almacén: "¿Para qué quieren un uniforme nuevo? Los chicos se están preparando para volver a la Unión Soviética". Yo escribía a casa cosas como "Qué bonito es el cielo de Mongolia, qué buena es la comida y qué caliente es el sol". Pero estábamos en plena guerra...

»La primera salida a un *kishlak*... El comandante del batallón nos instruía sobre cómo tratar a los lugareños.

»—Los afganos, tengan la edad que tengan, son todos como *bacha*. ¿Entendido? Lo demás ya os lo iré enseñando.

»Por el camino nos cruzamos con un anciano. Nos mandaron:

»—Detengan el vehículo. ¡Revísenlo todo!

»El comandante caminó hacia el anciano, le quitó el turbante y le manoseó la barba.

»—Venga, vete, *bacha*.

»Fue desconcertante.

»Al llegar al *kishlak* lanzamos a los niños cebada deshidratada en paquetes. Ellos se escapaban, creían que les tirábamos minas.

»Mi primera salida de combate: acompañamos a un convoy... Yo estaba excitado, sentía curiosidad: ¡la guerra estaba ahí mismo! En las manos, en el cinturón, llevaba las armas, las granadas que antes solo había visto en las pancartas. Al acercarnos a la zona verde... Yo, como buen apuntador, observaba atentamente por la mirilla... Apareció un turbante...

»—Serioga —grité al que controlaba el cañón—, estoy viendo un turbante. ¿Qué hacemos?

»—Disparamos.

»—¿Así, por las buenas?

»—¿Tú qué crees? —Y dio un disparo.

»—Veo otro turbante... Es blanco... ¿Qué hacemos?

»—¡¡¡Disparamos!!!

»Gastamos la mitad de los pertrechos del vehículo. Disparamos el cañón, la ametralladora...

»—¿Dónde has visto el turbante blanco? Es una montañita de nieve.

»—Serioga, tu "montañita de nieve" está corriendo... Tu muñeco de nieve tiene una metralleta...

»Saltamos del carro, empezamos a disparar con las metralletas.

»La cuestión no era si matar o no matar a otro ser humano. Todo el tiempo teníamos ganas de comer y de dormir, todo el tiempo teníamos un único deseo: que se acabara de una vez aquello. Dejar de disparar, dejar de caminar... ¿Y los desplazamientos encima de la coraza candente? Y respirar la arena, seca y agria... Las balas nos pasaban silbando al lado de las cabezas mientras nosotros dormíamos... Matar o no matar son cuestiones de posguerra, la psicología de la guerra es más sencilla. Allí está prohibido ver a los enemigos como humanos. En caso contrario no seríamos capaces de matar. Teníamos cercado un *kishlak* de unos *dushmán*... Lo sitiábamos durante un día, dos... La sed y el cansancio te convertían en una fiera... Nos volvíamos más crueles que los "verdes"...* Quieras o no, ellos eran de allí, habían crecido en esos *kishlak*. Y nosotros no pensábamos. Se trataba de una vida ajena a nosotros... Nos era más fácil lanzar una granada...

»Una vez, en un trayecto de regreso a la base, íbamos con siete heridos, más otros dos con lesiones internas. Los *kishlak* que veíamos a lo largo de la carretera parecían desiertos: algunos se habían escapado a las montañas, otros se escondían detrás de los muros de arcilla de sus casas. De repente, en mitad de la carretera, saltó una anciana afgana, lloraba, gritaba, golpeaba con los puños la coraza de los vehículos. Habíamos matado a su hijo. Ella nos maldecía... Todos sentimos lo mismo: "¿Por qué nos grita esta mujer?, ¿por qué nos amenaza?, ¡fuera de nuestro camino!". No la matamos, pero hubiéramos podido haberla matado. La empujamos, cayó al suelo polvoriento, y re-

* En la jerga de los excombatientes, los «verdes» eran los soldados del ejército afgano.

tomamos la marcha. Transportábamos a siete de los nuestros que estaban heridos...

»Teníamos muy poca información... Nosotros éramos soldados, combatíamos... Nuestra vida estaba separada de la de los afganos, ellos tenían prohibido entrar en el territorio de la instalación militar. Solo sabíamos que nos mataban. Y todos deseábamos vivir. Yo admitía la posibilidad de acabar herido, incluso me gustaba la idea de recibir una herida leve, así podría descansar, dormir lo que quisiera... Pero nadie quería morir. Una vez, tres de nuestros soldados entraron en un *ducán*, aniquilaron a toda la familia del dueño y saquearon la tienda. Se abrió una investigación. Primero la unidad militar lo negó, dijeron que ni hablar, que no habían sido nuestros militares. Pero ellos nos enseñaron nuestras balas, que habían extraído de los cuerpos. Empezaron a buscar: "¿Quién lo había hecho?". Encontraron a tres: un oficial, un alférez y un soldado. Me acuerdo de cuando registraron las instalaciones de la compañía, buscando los objetos, el dinero... Nos sentimos humillados: "¿Será posible que nos registren por culpa de esos, por unos cuantos afganos asesinados?". Se celebró el juicio. Dos de ellos, el alférez y el soldado, fueron condenados a muerte. Sentíamos lástima por ellos. Perderían la vida por una tontería... Nos parecía una tontería y no un crimen. La familia asesinada del dueño... ¡como si no existiera! Todo estaba clarísimo: ellos, nosotros. Amigos, enemigos. Solo ahora, cuando el estereotipo ha desaparecido, he podido reflexionar sobre aquello... ¡Yo, que nunca puedo contener las lágrimas cuando leo *Mumú* de Turguénev!

»Algo le ocurre al hombre durante la guerra: es la misma persona y a la vez es otra distinta. ¿Acaso en el colegio nos enseñaron lo de "No matarás"? No. Invitaban a los excombatientes de la guerra al colegio, a la universidad, y ellos nos contaban cómo mataban. Todos lucían los gafetes de condecoración sobre sus trajes de gala. Ni una sola vez escuché que en la guerra no se pueda matar. Solo se juzga a los que matan en tiempos de paz, esos son asesinos, pero en la guerra a eso mismo lo llaman con otras palabras: "El deber filial ante la Patria", "La santa tarea masculina", "La defensa del pueblo". Nos explicaban que estábamos repitiendo el valiente acto de los soldados de la Gran Guerra Patria. ¿Cómo iba a dudar de todo aquello? Siempre nos repetían: "Somos los mejores". Si somos los mejores para qué voy a pensar yo otra cosa. Está clarísimo: lo nuestro es lo correcto. Más tarde reflexioné mucho... Buscaba a gente con quien hablar. Mis amigos me decían: "O te has vuelto loco, o estás a punto". Y yo... Mi madre era una persona fuerte, autoritaria... Ella me crió... Nunca he querido contradecir al destino...

»En el batallón de instrucción los exploradores del grupo de operaciones especiales contaban unas historias apasionantes. Crueles y bellas. Deseabas ser fuerte como ellos. No tener miedo. Debe de ser que tengo complejo de inferioridad: a mí me gustaban la música, los libros, pero también me hacía gracia la idea de irrumpir en un *kishlak*, degollarlos a todos y luego jactarme felizmente de ello. Sin embargo, recuerdo otras cosas... Sentir pánico... Íbamos en los carros de combate cuando empezó el bombardeo. Los carros se detuvieron. Voz de mando: "¡A la defensa!". Empezamos a saltar de los carros. Yo me puse de pie dispuesto a saltar... Un compañero avanzó hacia mí... La granada iba directa a él... Sentí como me caía... Iba acercándome al suelo lentamente, como en los dibujos animados. Los fragmentos del cuerpo de mi compañero caían más rápido que yo... Por alguna razón yo volaba despacio... Y la mente lo estaba registrando todo, eso es lo más extraño. A lo mejor, de la misma manera, uno puede acompañar a su propia muerte, retenerla en la memoria. Es curioso. Caí. Arrastrándome como un cangrejo, alcancé la acequia... Me tumbé y levanté la mano herida, más tarde supe que la herida era leve. Pero yo aguantaba la mano levantada y no me movía...

»Así que no, no fui un hombre fuerte... De esos que irrumpen en los *kishlak* degollando a diestro y siniestro... Un año más tarde acabé en el hospital. Por culpa de la atrofia. En nuestra sección yo era el único "joven": éramos diez "viejos" y yo. Dormía tres horas al día. Fregaba platos por todos, cortaba la leña, barría el patio. Traía el agua. El río estaba solo a veinte metros... Un día, por la mañana, mientras caminaba, pensaba: "¡No debo ir, me encontraré una mina!". Pero me daba miedo que volvieran a darme una paliza. Se despertarían y no habría agua, no podrían lavarse... Fui y la mina explotó. Gracias a Dios, era una mina de alarma. La bengala voló e iluminó el terreno... Me caí al suelo, esperé... Continué a rastras... Necesitaba por lo menos un cubo de agua. No nos quedaba agua ni para lavarnos los dientes... Los detalles no les interesarán, empezaron a pegarme y ya está... En un año, había pasado de ser un chico normal a convertirme en un enfermo de atrofia. No pude atravesar la habitación del hospital sin ayuda de la enfermera, iba completamente bañado en sudor. Regresé a la unidad, volvieron a pegarme. Me pegaban tanto que me provocaron una lesión en una pierna, tuvieron que operarme. En el hospital me vino a ver el comandante de batallón.

»—¿Quién ha sido?

»La paliza había sido de noche, pero yo sabía igualmente quiénes habían sido. Aun así, confesar era impensable, me convertiría en un chivato. Era una ley inviolable.

»—¿Por qué te callas? Dime quién ha sido y entregaré a ese cabrón a los tribunales.

»Guardé silencio. El poder exterior era impotente frente el poder interno de la vida de soldados, justamente esas leyes internas eran las que decidían mi destino. Los que intentaban oponerse a su destino siempre fracasaban. Lo había visto. Yo no contradecía a mi destino... Hacia el final de mi servicio intenté pegar a otros. No me salía nada bien... La tradición de acosar a los novatos no depende de una persona, la dicta el instinto gregario. Primero te pegan a ti, después tienes que pegar tú. Les ocultaba a los licenciados que no era capaz de pegar a los otros. Me habrían despreciado, tanto los que pegaban como sus víctimas. Volví a casa. Un día fui a la oficina de reclutamiento y justo vi como llegaba un ataúd de zinc... Era nuestro teniente... El parte de defunción decía: "Murió en acto de servicio cumpliendo con su deber internacional". En aquel momento recordé cuando se emborrachaba: recorría todo el pasillo rompiéndoles la cara a los cuarteleros. Practicaba esa diversión una vez a la semana... Si no te escondías a tiempo, acababas escupiendo los dientes... Solo hay un gramo de humano en el ser humano. Una gota. Es lo que comprendí en la guerra. Si le falta comida, se vuelve cruel; si se siente mal, se vuelve cruel. Entonces ¿cuánto de humano tenemos? Una sola vez fui al cementerio... En las lápidas está escrito: "Murió heroicamente", "Mostró valentía y audacia", "Cumplió con su deber de soldado". Por supuesto que había héroes si interpretamos la palabra "héroe" en su sentido más estricto. Por ejemplo, en un combate cubrió a su compañero o sacó al comandante herido del campo de batalla... Pero también sé que uno de los nuestros murió de sobredosis de droga, a otro lo mató la bala de un guardia que le disparó mientras intentaba entrar en el almacén de alimentos a robar comida... Todos robábamos en el almacén. Nuestro mayor sueño era la leche condensada con galletas. Pero esto usted no lo escribirá, ¿a que no? Nadie hablará de lo que está enterrado, de la verdad que está guardada bajo tierra. A los vivos les corresponden las condecoraciones, a los muertos les corresponden las leyendas, y todos contentos.

»La guerra es igual que la vida aquí... Tres cuartos de lo mismo, pero allí hay más muertes... Gracias a Dios, ahora ya tengo un mundo nuevo que tapa el anterior. Es el mundo de los libros, de la música, y me ha salvado. No fue allí, sino aquí, cuando empecé a ver las cosas claras: "¿Dónde he estado, qué he vivido y cómo me ha afectado?". Yo prefiero reflexionar a solas, no me gustar ir a los clubes "afganos". No me imagino a mí mismo hablando sobre la guerra ante los alumnos de una escuela, sobre cómo hicieron de mí, de una persona todavía en proceso de formación, un asesino. Me moldearon en un asesino... y en algo más que no tiene nombre y que solo deseaba comer y dormir. Odio a los "afganos". Sus clubes se parecen al ejército. Las mismas cabronadas que en el ejército. ¿Que no nos caen bien los fans del heavy metal? ¡Pues, venga, tíos, vamos a partirles las jetas! ¡Les daremos una buena zurra a las mariconas! Es precisamente el fragmento de mi vida del que me quiero separar, no unirme a él. Nuestra sociedad es cruel... Vive según unas leyes crueles... Antes yo no me daba cuenta de eso...

»Una vez en el hospital robamos unas pastillas, era un fármaco a base de benzodiazepina... Lo usan para tratar varios trastornos mentales... La dosis es de una o dos pastillas... Pues algunos se tomaron diez, otros hasta doce... A unos les dio por irse a la cocina a fregar platos a las tres de la madrugada. Y eso que los platos ya estaban limpios. Otros se sentaron, muy taciturnos, a jugar a cartas... Otro decidió satisfacer sus necesidades sobre su propia almohada... ¡Un absurdo total! La enfermera, muy asustada, se escapó. Llamó a los guardias.

»Esta imagen de la guerra se quedó grabada en mi memoria. Por un lado, el absurdo total... [*Se calla*] Por el otro, después de lo que allí hacíamos jamás entraremos en el paraíso...»

Soldado, apuntador

«Di a luz a gemelos, dos niños... Pero solo sobrevivió uno...

»Hasta los dieciocho, hasta que cumplió la mayoría de edad, hasta que recibió la llamada a las filas, los dos habíamos estado siempre registrados en la institución médica de protección a la maternidad. ¿Acaso le parece el perfil de soldado que necesitaban en Afganistán? Tenía razón mi vecina al reprocharme: "¡Haber buscado los dos mil rublos para el soborno!". Algunos lo hicieron y salvaron a sus hijos. Y al mío lo enviaron en su lugar. Yo no comprendía que tuviera que salvar a mi hijo con dinero, le salvaba con mi alma.

»Vine para su juramento. Lo vi al instante: no estaba preparado para la guerra, estaba perdido. Siempre fuimos sinceros entre nosotros.

»—No estás preparado, Kolia. Pediré que no te envíen.

»—Mamá, no hagas ninguna gestión, no te humilles. ¿Crees que a alguien le importará que no esté preparado? ¿Quién se fija en esas cosas?

»Aun así, logré que me recibiera el comandante del batallón. Le pedí:

»—Es mi único hijo... Si le pasa alguna cosa, no sobreviviré. Y él no está preparado. Lo veo: no está preparado.

»Se mostró comprensivo.

»—Diríjase a la oficina de reclutamiento que le corresponde. Si ellos me mandan un documento oficial, le designaré a un destino en la Unión Soviética.

»Volví con el primer vuelo nocturno y a las nueve de la mañana me presenté en la oficina de reclutamiento. El jefe era el camarada Grachiov. Estaba sentado, hablando por teléfono. Yo esperé de pie.

»—¿Qué quiere?

»Se lo expliqué. Sonó el teléfono. Él descolgó y me dijo:

»—No firmaré ningún papel.

»Supliqué, me puse de rodillas. Intenté besarle las manos.

»—Pero es mi único hijo...

»Ni siquiera se levantó de la mesa.

»Yo me retiraba y le seguía pidiendo:

»—Por favor, apunte mi apellido...

»Todavía guardaba un poco de esperanza; a lo mejor se lo pensaría, a lo mejor reestudiaría el expediente de mi hijo, a lo mejor su corazón no era de piedra...

»Pasaron cuatro meses. Les hicieron una preparación intensiva de tres meses, mi hijo ya me escribía desde Afganistán. Solo cuatro meses... Solo un verano...

»Un día, por la mañana, yo salía de casa para ir al trabajo... Bajaba las escaleras, ellos subían... Eran tres militares y una mujer. Los militares iban por delante, todos con la visera bajo el brazo izquierdo doblado. No sé de dónde lo había sacado, pero yo ya sabía que eso era señal de luto. La señal del duelo... Entonces corrí escaleras arriba en vez de bajar. Ellos se dieron cuenta de que era la madre. Se precipitaron hacia arriba... Me metí en el ascensor y fui abajo... ¡Tenía que salir a la calle, escapar! ¡Salvarme! No oír nada. ¡Nada! Mientras yo bajaba hasta el primero, el ascensor se paraba, entraba gente... Llegamos y aquellos cuatro ya me esperaban allí. Apreté el botón y me fui otra vez para arriba... A nuestro piso. Oí como ellos entraban... Me escondí en el dormitorio. Ellos me siguieron... Con esas viseras bajo los brazos doblados...

»Y uno de ellos era precisamente el camarada Grachiov... Mientras todavía me quedaron fuerzas, me abalancé sobre él hecha una fiera, gritándole:

»—¡Usted está cubierto de su sangre! ¡Usted está cubierto de su sangre!

»Él, la verdad sea dicha, no respondía, hasta le di una bofetada. No respondió. Y después ya no recuerdo nada...

»Un año después empecé a sentir ganas de estar con gente. Ese año lo pasé completamente sola, igual que un leproso. Yo no tenía razón; la gente no tenía la culpa. Pero en aquel entonces me parecía que todos eran culpables de la muerte de mi hijo: la dependienta de la panadería de siempre, el taxista desconocido, el camarada Grachiov; todos eran igual de culpables. No me atraía esa gente, me atraían las que eran como yo. Nos conocíamos del cementerio, junto a las tumbas. Por la tarde, después del trabajo, una madre bajaba deprisa del autobús, otra ya estaba sentada al lado de su lápida, llorando, una tercera pintaba la valla de alrededor de la tumba. Siempre hablábamos de lo mismo... De nuestros hijos... Hablamos de ellos como si estuvieran vivos. Todas esas conversaciones... las recuerdo de memoria...

»—Salí al balcón. Abajo vi a dos oficiales y a un médico. Entraron al portal. Pegué el ojo a la mirilla: "¿Adónde irán?". Se pararon en nuestra planta. Se dirigieron a la derecha... ¡¿Los vecinos?! Su hijo también está haciendo el servicio militar... Llamaron a mi puerta... Abrí: "¡¡¡Mi hijo!!! ¿Está muerto?". "Sea valiente, señora..."

»—Pues conmigo fueron al grano: "El ataúd está ahí fuera, señora. ¿Dónde se lo dejamos?". Mi marido y yo estábamos a punto de desayunar... La tortilla estaba en el fuego... La tetera hervía...

»—Le llamaron a filas y le cortaron el pelo. Cinco meses después me trajeron el ataúd.

»—Al mío también, al cabo de cinco meses...

»—Al mío, a los nueve...

»—Le pregunté al tipo que acompañaba el ataúd: "¿Hay algo dentro?". "Sí, yo mismo vi como lo metieron en el ataúd. Él está ahí dentro." Le miré durante un rato y él bajó la mirada: "Sí, hay algo dentro...".

»—¿Notasteis el olor? Nosotros sí lo sentimos...

»—Nosotros también. Y hasta se iban cayendo al suelo unos gusanitos blancos...

»—Pues el nuestro no olía a nada. Solo a madera recién cortada. Los tableros húmedos...

»—Si un helicóptero estalla, recogen los pedazos. Encuentran un brazo, una pierna... Los reconocen por los relojes... Por los calcetines...

»—Nuestro ataúd estuvo dos horas en el patio. Mi hijo medía dos metros. Trajeron el sarcófago: un ataúd de madera y por fuera otro, de zinc... Ponte tú a mover eso, con lo estrechas que son nuestras escaleras... Siete hombres apenas conseguían levantarlo...

»—Al mío tardaron dieciocho días en traerlo aquí... Primero reúnen a varios para llenar el avión... El "tulipán negro"... Lo transportaron hasta los Urales, de allí a Leningrado y por último a Minsk...

»—No me devolvieron ni una sola cosa suya. Cualquier cosa, algo para recordarle... Él fumaba, ojalá me hubieran traído su mechero.

»—Menos mal que los ataúdes están sellados... Así no hemos tenido que ver lo que les hicieron a nuestros hijos. Yo al mío lo recuerdo vivo. Entero.

»Y así, hablando, pasábamos el rato hasta la puesta de sol. En el cementerio nos sentíamos bien porque recordamos a nuestros hijos.

»¿Cuánto más viviremos? Con este dolor en el alma no se puede vivir una vida larga. Ni con estas ofensas.

»En el comité ejecutivo del distrito me prometieron:

»—Le facilitaremos una vivienda nueva. Podrá elegir el edificio que más le guste de nuestro distrito.

»Elegí un edificio de ladrillo, con una buena distribución y bien conectado para ir al cementerio. Sin hacer transbordos. Les comuniqué adónde quería ir.

»—¿Se ha vuelto usted loca? Ese es el edificio del comité central del partido, es solo para la élite del partido.

»—¿Quiere decir que la sangre de mi hijo no vale lo suficiente?

»El secretario del comité del partido de mi instituto científico es una buena persona, honesta. No sé cómo logró que le atendiesen en el comité central: fue a pedir por mí. Lo único que me dijo fue:

»—¡Si hubieras oído lo que me decían! "Vale —me decían—, ella está devorada por el dolor, pero ¿tú qué? ¿Tú por qué te has vuelto loco?" Por poco me echan del partido.

»Tendría que haber ido yo misma. A ver qué me habrían respondido.

»Hoy iré a ver a mi hijito... Veré a mis amigas. Los hombres combaten en la guerra, y las mujeres lo hacemos después... Nosotras combatimos después de la guerra...»

Madre

«Yo era un bobo... Acababa de cumplir dieciocho años... ¿Qué sabía yo de la vida? [*Canturrea*]

En Tambov y en Viena,
en Burdeos y en Kostromá,
las damas aman a los militares...

»Es una canción de húsares... Me gustaba cómo me quedaba el uniforme, me favorecía. Un hombre en uniforme militar tiene más éxito con las mujeres. Así fue hace cien años, hace doscientos. Y así es hoy en día.

»Cuando en la tele daban un documental sobre la guerra, yo me quedaba pegado a la pantalla. Me excitaban los disparos, me excitaba la muerte. Me excitaban, sí. Me excitaban y ya está. Llegué a la guerra y en los primeros meses deseaba con todas mis fuerzas ver a alguien perder la vida delante de mí, así podría contárselo por carta a un amigo. Era un bobo... Dieciocho años...

»El juramento militar dice: "... Siempre estaré preparado para cumplir la orden del gobierno soviético y salir en defensa de mi Patria, la Unión de las Repúblicas Socialistas Soviéticas. Como soldado de las Fuerzas Armadas de la Unión Soviética, juro defenderla con valentía, habilidad, decoro y honor, sin escatimar mi sangre ni la vida misma para lograr la victoria definitiva sobre los enemigos...".

»Afgán me pareció un lugar paradisíaco... Antes solo había visto algo parecido en el programa *El club de los viajes*... por la tele... Esas casas con paredes de arcilla, las aves exóticas. Las hileras infinitas de montañas. Nunca había visto unas montañas así. Y los camellos...

Vi como crecían las naranjas... Solían colgar las minas de los árboles como si fueran naranjas; después, una antena de comunicaciones se enganchaba con una rama y se producía la explosión, pero eso lo supe más tarde. Empezaba a soplar el viento, lo llamábamos el viento afgano, te dejaba ciego, teníamos que avanzar con el brazo extendido, no veíamos nada, la oscuridad era total. Traían la comida y la mitad de la marmita era arena... Al cabo de unas horas todo volvía a surgir: el sol brillaba, se veían los picos de las montañas. Una ráfaga de ametralladora o un disparo del lanzagranadas, o bien un chasquido del fusil de un francotirador. Dos han caído. Una parada, unos disparos. Continuamos moviéndonos. Y de nuevo lucía el sol, se veían las montañas. El destello de una serpiente desaparecida en la arena. Un destello como de pez... [*Se calla, pensativo*] Normalmente hablo mal. Farfullo... Ahora me estoy esforzando... En la escuela no fui un estudiante ejemplar, en la guerra no fui un héroe. Soy el típico chico de ciudad. Crecí en la calle, a mis padres no les sobraba tiempo para educarme. Crecíamos en la escuela y en la calle. No sé cómo responder a sus preguntas. No sé hacerlo... Soy un simple ciudadano de a pie, nunca he meditado sobre las grandes cuestiones. Aunque sí que recuerdo una cosa... No te imaginas lo que es la muerte ni siquiera cuando tienes las balas silbándote allí mismo, muy cerca de ti. Un hombre está tumbado en la arena, lo llamas... Todavía no has comprendido que la muerte es así... A mí me hirieron en la pierna, fue una herida leve... Pensé: "Creo que estoy herido". Lo pensé sorprendido. Como enajenado. La pierna me dolía, pero yo no me acababa de dar cuenta de que me había pasado a mí. Me acababa de estrenar y tenía ganas de disparar. Los chicos me quitaron la bota, la bala me había cortado una vena. Me pusieron un torniquete. Me dolía, pero yo lo disimulaba, no me respetaría a mí mismo si dejaba ver que me dolía, eso; no era digno de un hombre. Yo aguantaba. Corría entre los tanques, la distancia era de unos cien metros y yo era un blanco fácil. Estábamos bajo el fuego, las balas desmenuzaban las rocas, pero me era imposible decir que no me movería del sitio, me daba igual si era corriendo o arrastrándome. Habría perdido el respeto por mí mismo... Me santigüé y corrí... Cojeé... Había sangre en las botas, la había por todas partes. El combate duró otra hora más. Habíamos salido a las cuatro de madrugada, el combate terminó a las cuatro de la tarde, no habíamos comido nada en todo ese tiempo. Tenía las manos cubiertas de mi propia sangre, no me importaba; comí pan blanco con esas manos. Después me informaron de que mi amigo había fallecido en el hospital, la bala le había dado en la cabeza. Me imaginaba que, como él había muerto, unos días más tarde, cuando pasaran la lista de retreta, alguien respondería por él: "Dashkó Ígor perdió la vida al ejecutar su deber internacional". Él era un borrego, igual que yo, no era ningún héroe, no buscaba destacar; sin embargo, no tendrían que haberle olvidado tan pronto, haberlo borrado de las listas... Pero nadie se acordaba de él, solo yo... Decidí despedirme de él... Él estaba en el ataúd... Me quedé mucho rato mirando, escrutándolo todo para poder acordarme después...

»En Taskent... En la taquilla no quedaban billetes de tren. Por la noche llegamos a un acuerdo con los encargados del vagón: pagaríamos cincuenta rublos cada uno y nos dejarían viajar. En el vagón íbamos nosotros, cuatro personas, y los dos encargados. Cada uno de ellos recibió cien rublos. Hacían su negocio. ¡Nos importaba un bledo! Nos reíamos sin motivo, por dentro todo bullía: "¡Estamos vivos! ¡Vivos!".

»Al llegar a casa abrí la puerta... Cogí el cubo y fui a buscar agua atravesando el patio. ¡Mi patio, el de mi casa!

»La condecoración militar, la medalla, me la entregaron en la universidad. Más tarde en el periódico publicaron: "La medalla encontró al héroe". Era gracioso: como si me hubieran estado buscando los jóvenes rastreadores, amantes de la Historia, como si hubieran pasado cuarenta años desde la guerra. Yo nunca dije que fuimos a tierras afganas en aras de alumbrar la estrella de la Revolución de Abril. Pero así lo escribieron en el periódico...

»Antes de hacer el servicio militar me gustaba la caza. Mi sueño era acabar la mili e irme a Siberia, ser un cazador, un guardabosques. Era un bobo... tenía dieciocho años... ¿Y ahora? Un día me fui de caza con un amigo, él disparó a un ganso, luego encontramos al animal herido. Yo corría tras él... Mi amigo lo disparaba. Pero yo corría para atraparlo vivo. No quería matarlo...

»Era... un mocoso... ¿Qué sabía yo de la vida? Había leído muchos libros bélicos, todo lo cuentan muy bonito. Pero yo no tengo nada que contar...»

Yo ya estoy a punto de irme. Él de repente abre la nevera, saca una botella de vodka, llena el vaso por la mitad y se lo bebe de un trago.

«¡A la mierda esta vida! ¡Esa guerra! Mi mujer me dijo: "¡Eres un fascista!", y se marchó. Se llevó a nuestra hija. ¡Todo lo que le he contado no es nada! ¡Cuentos chinos! No soy un experto en mujeres ni entiendo cómo está montado este mundo... En la guerra pensaba: "Volveré y me casaré". Sí, volví y me casé. [*Llena otra vez el vaso*] El vodka... Los libros y el vodka... Ahí se esconde el secreto del alma rusa, ahí es donde debe usted buscar la base del patriotismo ruso. Nos creemos las palabras, esos garabatos sobre el papel... "¡Eres un fascista!", y se marchó. ¡Malditas sean las momias del Kremlin! Querían la revolución mundial... Pero yo tengo una vida... ¡Solo una! Recuerdo los ojos de un perro sentado junto al cuerpo de un soldado muerto... Mmm, mmm... ¡Malditas momias! Ayer tuve un sueño... La gente se movía a la misma velocidad que los proyectiles y actuaba igual que los proyectiles. Las bombas caían... No sé qué bombas eran aquellas; los hombres estaban muertos, pero el autobús y los demás objetos quedaban intactos... ¡Completamente intactos! Mmm, mmm... ¡La amo! La amo solo a ella... No he conocido a otras mujeres... ¡Me la suda la guerra! ¿Los héroes? Los héroes son iguales que el resto de gente: son mentirosos, avariciosos y borrachos. No se invente a los héroes. No se invente cosas... Mejor escriba sobre el amor... ¿A qué huele la guerra? Mmm, mmm... Huele a asesinato, no a muerte. La muerte huele diferente... [*Se echa más vodka*] A una dama no la puedo invitar a vodka, y no tengo vino, joder, no bebo vino. ¡Brindemos por el amor! Los afganos no temían a la muerte... Si la gente no teme la muerte, ¿qué sentido tiene matarlos? ¿Qué sentido? Los chicos de Riazán, de las lejanas aldeas siberianas... Nos creíamos que, porque en sus casas no había inodoros ni papel de váter (se limpiaban con piedras), eran inferiores. Y todo eso nos lo inventábamos para que nos fuera más fácil matarlos...

»A ella se lo contaba todo... ¿Tal vez no debería haberlo hecho? Claro que no... Tendría que haberme hecho el héroe... Pero yo le contaba que matar a una persona es igual de fácil que cazar a un pato. Apuntas y aprietas el gatillo. Al principio, disparaba con los ojos cerrados, después ya no, ya miraba. Estoy borracho... ya puedo... Mmm, mmm... Se lo diré... Todo el rato tenía ganas de una mujer... Es impredecible, joder... El hombre en la guerra siempre actúa de forma impredecible... Si yo hubiera regresado como un héroe, mi mujer no me habría abandonado. Perdimos la guerra. El país se deshizo en pedazos. ¿Qué les queda a las mujeres para respetar a los hombres? ¡Joder! Estoy borracho... *Excusez-moi*, madame escritora... ¿Quería la verdad? Pues aquí la tiene... Morir es fácil, vivir es lo difícil. Quiero decir... A ver... Yace un muerto, de su bolsillo ha caído un fajo de vales. Había estado ahorrando para vivir bien, para tener una buena vida. Yo era un bobo... un bobo... Y la guerra... Allí había muchas cosas bonitas... El fuego es bonito... Ardía un *kishlak*, se quemaba, y la gente al escaparse soltaba a todos los animales. Luego regresaban... Las viviendas habían desaparecido... Entre las ruinas de arcilla se veía a los animales correteando, la gente los abrazaba, lloraba, los llamaba por sus nombres: "¡Estás vivo! ¡Estás vivo!". [*Intenta dejar el vaso encima de la mesa, el vaso se cae*] ¡Qué no! ¡Quieto! ¡Joder, puta, quieto! *Excusez-moi,* madame... Yo me emborracho, usted lo ve: me emborracho. Continuaré bebiendo hasta olvidar... No olvidar la guerra... Hasta olvidar a mi mujer... No soy un bebedor... Pero bebo y quiero más... Por eso ella se marchó... Llevaba cinco años aguantando... Yo le traía flores, en cada bolsillo llevaba un ramito de campanillas de invierno. ¡Son las primeras que aparecen! Estoy borracho... Mmm, mmm... Los ataúdes tenían como unas rendijas, igual que las cajas de fruta... En el cuartel... En la pared estaba colgada la pancarta sobre la inquebrantable amistad ruso-afgana... ¡Eso es! ¿Cree usted que mi mujer puede cambiar de idea? Dejaré de beber... [*Coge la botella*] Los libros y el vodka... Dos misterios rusos... Me he convertido en un gran lector, leo mucho. Cuando vives sin amor tienes tiempo de sobra. Pero no veo la tele... ¡Mentiras! Escriba, madame... escriba... ¿Cómo es que las tías escriben sobre la guerra, si allí lo que hay son hombres? ¡Joder! Hay que conocer la guerra... Y no es algo que se sabe a través de los libros, ni de lo que vi allí, es algo que ya estaba en mí de antes. A saber de dónde venía...

»En cambio no entiendo nada sobre el amor, para mí la mujer es más incomprensible que la guerra. No hay nada más terrible que el amor...»

Soldado, tanquista

«¿Quién le ha dicho a usted que la gente detesta la guerra? ¿Quién se lo ha dicho?...

»No me fui solo a Afganistán... Fui con mi perra Chara... Yo le ordenaba: "¡Hazte la muerta!", y ella caía. "Cierra los ojos", y se tapaba los ojos con las patas. Si me pasaba algo, si estaba triste, ella se sentaba a mi lado y lloraba. Los primeros días yo estaba mudo de asombro por estar allí. Yo siempre he enfermado mucho, desde pequeño; no me admitían en el ejército. ¿Cómo era posible? ¿Un muchacho que no hace la mili? Es vergonzoso. Se reirían de mí. El servicio militar es la escuela de la vida, allí uno se hace hombre. Conseguí que me admitiesen. Empecé a redactar solicitudes para que me mandasen a Afganistán.

»—Allí la palmarás en dos días —me espantaban.

»—Tengo que ir. —Quería demostrar que soy como los demás.

»A mis padres les oculté dónde servía. Desde los doce años sufro de una inflamación de los nódulos linfáticos, evidentemente mis padres habrían recurrido a los médicos para traerme de vuelta. Así que les escribí y les dije que me enviaban a la República Democrática Alemana. Solo les di el número de la estafeta de campaña, les expliqué que estaba en una unidad especial, secreta, y que no me estaba permitido nombrar la ciudad.

»Me vine con la perra y la guitarra. En el departamento especial me preguntaron:

»—¿Cómo has conseguido llegar hasta aquí?

»—Bueno...

»Les expliqué todas las solicitudes que había enviado.

»—No puede ser, es imposible que estés aquí por deseo propio. ¿Estás loco o qué?

»Yo no había fumado nunca. De repente tuve ganas de fumar.

»Vi a los primeros muertos: las piernas cortadas hasta la entrepierna, las cabezas agujereadas... Me aparté a unos pasos y perdí el conocimiento... Así fue... ¡Todo un héroe! Mirases por donde mirases no había más que arena. Las únicas plantas que crecían eran las espinas de camello. Al principio me acordaba de casa, de mi madre... Después todos mis pensamientos se centraban en el agua. Cincuenta grados, la piel se te quemaba al entrar en contacto con el metal de la metralleta. Yo tenía las manos todas rojas, cubiertas de quemaduras. Mi recuerdo favorito... Era una especie de alucinación... Me imaginaba que estábamos de permiso en la Unión Soviética y comíamos tanto helado de nata que se nos entumecía la garganta. Después del combate olía a frito...Todos dicen: "¡El alma! ¡El alma!". En la guerra el alma es algo abstracto, allí el hombre se halla en un estado diferente. Los sueños eran pesados... Me despertaba todo el rato con unas carcajadas dementes. A veces alguien me llamaba... Abría los ojos y recordaba: "¡La guerra! ¡Estoy en la guerra!". El despertar... Los chicos se lavaban, se afeitaban... Los chistes, las bromas, las mofas: echarle agua encima al pantalón de otro... De misión el sueño era corto, unas dos o tres horas, lo ideal era cuando te tocaba hacer guardia las primeras horas de la noche, porque a las horas del amanecer el sueño es especialmente profundo. Además la guardia de la mañana estaba encargada de hervir el agua para el té. De misión la comida se preparaba en la hoguera. La ración de campaña: dos latas de doscientos gramos de gachas con carne, una lata pequeña de paté, galletas, dos envases de azúcar con dos terrones en cada uno, dos sobrecitos de té. A veces nos repartían carne enlatada, una lata para varias personas. Entablabas amistad con alguien: en su marmita calentábamos las gachas, en la mía hervíamos el agua para el té.

»Una vez por la noche alguien robó la metralleta de un soldado muerto... Dieron con él. Era un soldado nuestro. Por ochenta mil afganis había vendido la metralleta en el *ducán*. Enseñó lo que había adquirido: dos magnetófonos, unos tejanos. Lo hubiéramos hecho pedazos nosotros mismos, pero lo pusieron bajo custodia. En el juicio no abrió la boca. Lloró. Y los periódicos hablando de "actos de valentía"... Nos sentíamos indignados. Es extraño: he vuelto a casa, han pasado dos años, ahora miro el periódico, encuentro noticias sobre los "actos de valentía" y no dudo de que son verdad.

»Allí pensaba: "Volveré a casa y cambiaré mi vida por completo". Por completo. Muchos regresan, se divorcian, se casan de nuevo, se van a vivir a otros lugares. Unos se mudan a Siberia, a construir petroleras, otros se hacen bomberos. Buscan acción, riesgo. La existencia ya no te satisface, quieres vida. Allí había visto a mis compañeros cubiertos de quemaduras... Al principio toda la piel, los cuerpos, son de color amarillo, solo les brillan los ojos, luego la piel se les desprende y se vuelven de color rosa... ¿Y las subidas a las montañas? Se lo cuento. Por supuesto, cargas con la metralleta más la doble dotación de municiones: unos diez kilos en cartuchos, unos cuantos kilos más de granadas, y cada uno lleva una mina, otros diez kilos, más el chaleco antibalas, el rancho seco... En total entre una cosa y otra arrastras por lo menos unos cuarenta kilos. Había visto a hombres empaparse de sudor hasta tal punto que parecía que les hubiera caído encima una lluvia torrencial. Había visto la costra de color naranja sobre el rostro petrificado de un muerto... No sé por qué era de color naranja... Había visto la amistad y la cobardía... La vileza... Pero, por favor, no lo diga de forma muy tajante... Sea prudente... Hoy en día no faltan... no faltan las injurias... Pienso: "¿Cómo es posible que nadie haya devuelto su carnet del partido? ¿Que nadie se pegara un tiro en la sien mientras estuvimos allí?". ¿Y usted? ¿Qué hizo usted, una célebre escritora, mientras estuvimos allí? [*Está a punto de terminar la conversación, pero luego cambia de parecer*] Usted escribía su libro... ¿Verdad? Y veía la tele...

»Regresé... Mi madre me quitó la ropa como si fuera un niño pequeño, me revisó de pies a cabeza: "Estás entero, cariño". Estaba entero por fuera, pero ardía por dentro. Todo me sentaba mal: un día deslumbrante me irritaba, una canción alegre me irritaba, las risas me irritaban. Tenía miedo de quedarme solo en casa, dormía con los ojos entreabiertos. En mi habitación seguían estando los mismos libros, fotografías, la misma cadena musical, la misma guitarra. Solo que yo... bueno... yo no seguía estando igual... No podía atravesar un parque: miraba atrás a cada paso. En un café el camarero se ponía detrás de mí: "¿Qué querrá, caballero?". Y yo me levantaba y salía pitando, no aguantaba que alguien se pusiera a mis espaldas. Veía a algún cabrón y lo único que se me pasaba por la cabeza: "¡Fusilarle!". Porque allí podía acercarme a cualquiera y hacerle pedazos como si fuera una gallina... La guerra lo amortigua todo. Allí tocaba hacer todo lo contrario de lo que exige una vida pacífica. Una vez de vuelta, había que olvidar todos aquellos hábitos adquiridos en la guerra. Soy un buen tirador, sé lanzar granadas. ¿Quién necesita eso aquí? Allí teníamos la sensación que había algo que defender. Defendíamos nuestra Patria, nuestra vida. Y aquí un amigo no te puede prestar tres rublos porque su mujer se lo ha prohibido. ¿Y eso es un amigo?

»Ya lo he entendido: en casa no nos necesitan. No necesitan nada de lo que vivimos allí. Todo aquello aquí resulta excesivo, incómodo. También nosotros resultamos excesivos, incómodos. Después de Afgán trabajé como mecánico de coches, trabajé en el comité regional del Komsomol. Lo dejé. Todo parece un pantano estancado. La gente se preocupa por ganar dinero, por construirse una dacha, por comprarse un coche, por llenar el frigorífico y la barriga. Nadie se preocupa de si existimos o no. Si no hubiésemos defendido nuestros derechos, esa guerra habría acabado siendo una guerra desconocida. Si no fuéramos tantos, centenas de miles, nos habrían callado igual que han callado Vietnam o Egipto...* Allí nos unía el odio hacia los *dushmán*. ¿A quién hay que odiar en casa para tener amigos?

»He ido más de una vez a la oficina de reclutamiento, he solici-

* Los militares soviéticos participaron en la guerra de Vietnam y en los conflictos bélicos de Oriente Próximo apoyando los regímenes nacionales contrarios a Occidente y sus aliados. El gobierno soviético no solía revelar la envergadura real de la participación soviética en esos conflictos.

tado que me destinen a algún "punto caliente"... Las oficinas están llenas a rebosar de otros que son como yo, los desubicados por la guerra.

»Por las mañanas me despierto y me alegro si no recuerdo lo que he soñado. No le cuento mis sueños a nadie, pero se repiten... Los mismos sueños una y otra vez...

»En un sueño estoy tumbado y veo a muchísima gente... Están delante de mi casa... Miro alrededor, siento que no tengo espacio y por alguna razón no puedo levantarme. Entonces comprendo que estoy tumbado dentro de un ataúd... Es un ataúd de madera, sin la cubierta de zinc. Lo recuerdo bien... Estoy vivo, recuerdo que estoy vivo, pero me encuentro dentro de un ataúd. Se abre la puerta de la casa, la gente sale a la calle y a mí también me sacan a la calle. Son una multitud, en sus rostros se lee la tristeza y una especie de éxtasis arcano... Yo no entiendo nada... ¿Qué ha pasado? ¿Por qué estoy en un ataúd? De repente la procesión se para, oigo a alguien que dice: "Pasadme el martillo". Entonces de pronto lo tengo claro: estoy soñando... La voz vuelve a pedir: "Pasadme el martillo"... Lo percibo todo como algo real y al mismo tiempo como en un sueño... Y la voz dice por tercera vez: "Pasadme el martillo". Oigo los golpes en la tapa, oigo el martillo, un clavo me hiere. Empiezo a agitarme, golpeo la tapa con la cabeza, con los pies. Y la tapa cede, se cae. La gente está mirando, me levanto, tengo medio cuerpo fuera de la caja. Quiero gritar: "Me duele, ¿por qué me habéis cerrado dentro?", me falta el aire. Ellos lloran, sin embargo no me dicen nada. Como si hubiesen perdido el don de la palabra... Y sobre sus rostros se ve el éxtasis, un éxtasis secreto... Invisible... Yo lo veo... Lo adivino... No sé cómo debo hablarles para que me oigan. Me parece que estoy gritando, pero mis labios están sellados, no logro despegarlos. Entonces me tumbo en el ataúd. Estoy dentro y reflexiono: "Ellos quieren que muera; a lo mejor, realmente me he muerto y ahora tengo que mantenerme en silencio". Alguien dice: "Pasadme el martillo..."»

Soldado de transmisiones

Día tres

«No acudiréis a los nigromantes ni consultaréis a los espiritistas»*

> En el principio Dios creó los cielos y la tierra...
>
> Dijo Dios: «Haya luz», y hubo luz. Vio Dios que la luz estaba bien, y apartó Dios la luz de la oscuridad; y llamó Dios a la luz «día», y a la oscuridad la llamó «noche». Y atardeció y amaneció: día primero.
>
> Dijo Dios: «Haya un firmamento por en medio de las aguas, que las aparte unas de otras»...
>
> Y llamó Dios al firmamento «cielos». Y atardeció y amaneció: día segundo.
>
> Dijo Dios: «Acumúlense las aguas de por debajo del firmamento en un solo conjunto, y déjese ver lo seco», y así fue...
>
> La tierra produjo vegetación: hierbas que dan fruto con la semilla dentro, por sus especies; y vio Dios que estaban bien. Y atardeció y amaneció: día tercero.
>
> La Biblia, Génesis, 1

¿Qué es lo que busco en las Escrituras Sagradas? ¿Las preguntas o las respuestas? ¿Qué preguntas y qué respuestas? ¿Cuánto hay de humano en el ser humano? Unos creen que mucho, otros opinan que poco. Debajo de la fina capa de la cultura enseguida aparece la bestia. Entonces, ¿cuánto?

Él hubiera podido ayudarme, ese protagonista mío... Sin embargo, lleva tiempo en silencio...

Inesperadamente, por la tarde suena el teléfono:

* La Biblia, Levítico, 19:31.

—¿Todo aquello fue una tontería? ¿Sí? ¿Esa es la conclusión? ¿Entiendes qué significa para mí? ¿Para nosotros? Yo me marché allí siendo un chico soviético cualquiera. ¡La Patria no nos traicionará! ¡La Patria no nos mentirá! No se puede prohibir el delirio a un delirante. Según unos, volvimos del purgatorio; según otros, del basurero. ¡Mala landre devore a entrambas casas!** ¡Quiero vivir! ¡Quiero amar! Pronto nacerá mi hijo... Le llamaré Aliosha, es el nombre de mi amigo, que perdió la vida. Después tendré una hija, quiero tener una hija, la llamaré Aliona...*

»¡No éramos cobardes! ¡No os defraudamos! ¡Basta, se acabó! No volveré a llamar... Para mí esta historia se ha terminado. La abandono... No me pegaré un tiro y no saltaré del balcón de mi casa. ¡Quiero vivir! ¡Amar! He sobrevivido en dos ocasiones... La primera fue allí, en la guerra; la segunda, aquí. ¡Todo está dicho! ¡Hasta siempre!

Cuelga.

Pero yo sigo hablando con él... Le escucho...

La autora

«¡Escribid en las tumbas, tallad en las lápidas que todo fue en vano! Talladlo en las piedras para que perdure a lo largo de los siglos...

»Nosotros aún nos moríamos allí, y aquí ya nos estaban juzgando. Transportaban a los heridos a la Unión Soviética y los metían en un cuartucho del aeropuerto para que la gente no los viera. Para que no supieran... Ninguno de vosotros se paró a pensar: "¿Por qué en tiempos de paz los hombres jóvenes regresan del servicio militar con órdenes de la Estrella Roja y medallas al valor y por el servicio de combate? ¿Por qué traen todos esos ataúdes y mutilados?". Nadie se hacía esas preguntas... Yo no las he oído nunca... Escuché otras cosas... En 1986 estuve de permiso, me preguntaban: "¿Qué, os pasáis el día tomando el sol, practicando la pesca y ganando pasta por un tubo, verdad?". Los periódicos se mantenían en silencio o simplemente mentían. La televisión, tres cuartos de lo mismo. Somos inva-

* Cita de *La Súplica o Plegaria de Daniíl Zatóchnik*, texto del siglo XIII.

** Cita de *Romeo y Julieta*, de William Shakespeare.

sores, es lo que escriben actualmente. Si éramos unos invasores, ¿por qué los alimentábamos, por qué les repartíamos medicamentos? Entrábamos en un *kishlak* y ellos se alegraban; nos íbamos y ellos se volvían a alegrar... No conseguí entender por qué siempre se alegraban.

»Un autobús circulando... Viajan mujeres y niños, van dentro de él, encima de él. Lo paramos: "¡Control de documentación!". Se oye el disparo seco de una pistola, acto seguido uno de mis soldados cae bocabajo sobre la arena... Le damos la vuelta al cuerpo: la bala le ha dado en el corazón... Estuve a punto de fulminarlos a todos con un lanzagranadas... Los registramos, no encontramos ni pistola, ni ninguna otra arma. Solo había cestas de frutas y teteras de cobre que iban a vender. En el autobús solo había mujeres y *bacha*, parecían unos gitanitos. Pero mi soldado había caído bocabajo sobre la arena...

»¡Escribid en las tumbas, tallad en las lápidas que todo fue en vano!

»Era una marcha como otra cualquiera... Por unos instantes, de pronto, perdí la capacidad de hablar... Era un presentimiento... Quería gritar: "¡Parad!", pero no pude. Continué caminando... ¡Un fogonazo! Durante un rato... Por un instante... Perdí el conocimiento y enseguida vi que me encontraba en el fondo de un embudo. Empecé a arrastrarme. No había dolor... Me fallaban las fuerzas, todos me adelantaban... Tenía que avanzar unos cuatrocientos metros, todo el mundo me adelantaba... Cuatrocientos metros... Y luego alguien dijo: "Descansemos. Estamos fuera de peligro". Intenté sentarme como los demás y... solo en ese momento vi que no tenía piernas... Cogí la metralleta, quise quitarme la vida. Me quitaron la metralleta de las manos... Alguien pronunció: "El mayor se ha quedado sin piernas... Qué pena el mayor...". Nada más oír "Qué pena" empecé a sentir dolor en todo el cuerpo... Un dolor tan intenso que aullé...

»Desde entonces tengo la costumbre de caminar siempre por la carretera. Por la carretera asfaltada. Jamás pisaré un sendero en el bosque... Me da miedo poner el pie en la hierba... Es la hierba suave de primavera del patio de nuestra casa, pero igualmente me aterroriza.

»En el hospital los que habían perdido ambas piernas solicitaban estar en la misma habitación. Éramos cuatro... Al lado de cada cama había dos patas de madera, en total ocho... El 23 de febrero, Día del Ejército Soviético, una maestra nos trajo a sus alumnas. Traían unos ramos de flores. Para felicitarnos. Se apiñaron en la puerta y lloraron. Durante los siguientes dos días nadie en la habitación tocó la comida. No intercambiamos ni una sola palabra.

»A uno le vino a ver un pariente, nos trajo tarta.

»—¡Todo ha sido en vano, amigos! ¡En vano! Pero no pasa nada: os asignarán una pensión, os pasaréis los días viendo la tele.

»—¡Vete a la mierda!

»Las cuatro muletas volaron hacia aquel tipejo.

»Más tarde a uno de la habitación lo pillaron en los lavabos a punto de ahorcarse... Se había enrollado la sábana alrededor del cuello, quería colgarse tirándose por la ventana... Había recibido una carta de su chica que decía: "Es que los 'afganos' ahora ya estáis pasados de moda...". Y él se había quedado sin ambas piernas...

»¡Escribid en las tumbas, tallad en las lápidas que todo fue en vano! Decídselo a los muertos...»

Mayor, jefe de la sección de fusileros de alta montaña

«Regresé con la sensación de que quería pasarme mucho rato delante del espejo... Y peinándome el pelo...

»Quería ser madre. Cambiar pañales, oír el llanto del bebé. Los médicos me lo prohibían: "Su corazón no soportará el sobreesfuerzo". Hice caso omiso... El parto fue complicado... Me practicaron una cesárea cuando empezó el ataque cardíaco. En la clínica recibí una carta de una amiga: "Pero nadie comprenderá que hemos regresado enfermas. Dirán: 'No es lo mismo que haber sido herido en combate'...".

»Probablemente, nadie me creerá si le cuento cómo empezó

todo... Era la primavera de 1982... A mí, una estudiante de la Universidad a Distancia (cursaba tercero de Filología) me invitaron a la oficina de reclutamiento.

»—Necesitamos enfermeras en Afganistán. ¿Cómo lo ve? Cobrará un sueldo y medio. Y una paga extra en vales.

»—Pero es que estoy estudiando...

»Después de graduarme en la Escuela Técnica de Medicina, trabajé un tiempo de enfermera, pero soñaba con otra profesión: quería ser maestra. Hay quien encuentra su vocación a la primera, yo me había equivocado.

»—¿Es usted militante del Komsomol?

»—Sí.

»—Piense.

»—Quiero acabar la carrera.

»—Le aconsejamos que lo piense. Si rechaza la propuesta, llamaremos a su universidad y explicaremos qué clase de militante es. La Patria la reclama...

»En el vuelo de Taskent a Kabul tuve como compañera de viaje a una chica que regresaba después de unas vacaciones.

»—¿Traes plancha? ¿No? ¿Y un infernillo?

»—Voy a la guerra.

»—Vale, entendido: eres otra de esas tontas románticas. Has leído demasiadas novelas bélicas...

»—No me gustan las novelas bélicas.

»—Entonces, ¿para qué te has metido en esto?

»Esa maldita pregunta, "¿para qué?", me persiguió durante dos años.

»En serio, ¿para qué?

»Eso que llamaban el centro de traslado no era más que una larga hilera de tiendas de campaña. En la tienda de campaña con el rótulo COMEDOR servían gachas de alforfón, un alimento que en la Unión Soviética era escaso, y multivitaminas Undevit.

»—Eres una chica bonita. ¿Para qué estás aquí? —me preguntó un oficial, un hombre ya entrado en años.

»Rompí a llorar.

»—Eh, pero ¿quién te ha ofendido?

»—Usted.

»—¡¿Yo?!

»—Usted es la quinta persona que me ha preguntado hoy para qué estoy aquí.

»De Kabul a Kunduz viajé en avión; de Kunduz a Fayzabad, en helicóptero. Cualquiera a quien le mencionara Fayzabad reaccionaba de la misma manera: "Pero ¿qué dices? En ese lugar disparan, matan... en fin: ¡adiós!". Observé Afganistán desde el cielo, vi un país grande y bello: montañas iguales que las nuestras, ríos montañosos como los nuestros (yo había estado en el Cáucaso), vastos espacios como los nuestros... ¡Me enamoré!

»En Fayzabad me hice enfermera de quirófano. Mi reino era una tienda de campaña con el rótulo QUIRÓFANO. El batallón sanitario también se alojaba en esas mismas tiendas de campaña. Bromeábamos: "Bajas de tu cama plegable y ya estás en el trabajo". La primera intervención: una herida en la arteria subclavia de una anciana afgana. ¿Las pinzas vasculares? No había pinzas suficientes. Sujeté con los dedos. Precisábamos de material de sutura... Cogía una bobina de seda y enseguida se convertía en polvo, lo mismo con la segunda, etc. Por lo visto las tenían almacenadas desde la otra guerra, desde 1941.

»No obstante, salvamos a esa mujer. Por la tarde, con el cirujano, fuimos a visitarla. Queríamos saber cómo se encontraba. Estaba tumbada con los ojos abiertos, nos vio... Movió los labios... Yo creía que intentaba decirnos algo. Darnos las gracias. Pero en realidad trataba de escupirnos... En aquel momento yo no lo comprendía: ellos no tenían derecho a odiarnos. Por alguna razón esperaba recibir amor por su parte. Me quedé pasmada: la habíamos salvado y ella...

»Transportaban a los heridos en helicópteros. En cuanto se oía el rugido del helicóptero, iba corriendo a mi tienda de campaña.

»El termómetro marcaba cuarenta grados... ¡Cuarenta! A veces alcanzaba los cincuenta... En el quirófano nos faltaba el aire. Yo apenas lograba secarles el sudor a los cirujanos: les caía encima de las heridas abiertas. Los médicos auxiliares les iban dando de beber con el tubito del cuentagotas pasado por debajo de la mascarilla. Nos faltaba sangre. Llamaban a un soldado. Enseguida se tumbaba en la camilla y donaba sangre. Dos cirujanos... Dos mesas... Y una única enfermera: yo... Asistían los médicos de cabecera. No tenían ni idea de esterilidad. Yo trajinaba entre las dos mesas. De repente, se apagó la bombilla de encima de una de las mesas. Alguien se puso a cambiarla con los guantes estériles.

»—¡Fuera!

»—¿Qué pasa?

»—¡Fuera!

»En la mesa había un hombre tumbado... Le acababan de abrir el tórax...

»—¡¡¡Fuera!!!

»Solía pasarme un día entero delante de la mesa del quirófano; en ocasiones, dos. O bien había una avalancha de heridos, o bien de repente se sucedía una ola de automutilaciones: se disparaban a las rodillas, se lesionaban los dedos. Sangre a mares... Nos faltaba algodón...

»Despreciábamos a los que se atrevían a herirse a sí mismos. Hasta nosotros, los médicos, los reñíamos. Yo misma los reñía:

»—¿Los chicos están muriendo en el combate y tú te quieres ir con tu mami? Pobrecito, se ha herido la rodilla... Se le ha quedado atrapado el dedito... ¿Qué esperabas, que te enviarían a la Unión Soviética? ¿Por qué no te has disparado en la sien? Yo en tu lugar me pegaría un tiro en la cabeza.

»Eso les decía, ¡lo juro! En aquel momento me parecían unos cobardes aborrecibles, solo después de mucho tiempo he empezado a entender que tal vez aquella era su forma de protestar, de manifestar su rechazo al asesinato. Pero necesité mucho tiempo para eso.

»En 1984... regresé a casa... Un conocido me preguntó como dudando:

»—¿Qué opinas: debemos estar allí?

»Me indigné.

»—Si no fuera por nosotros, los habrían invadido los americanos. Somos internacionalistas.

»Como si con aquello estuviera demostrando alguna cosa...

»Me sorprende lo poco que reflexionamos mientras estuvimos allí. Veíamos a nuestros chicos, torcidos, quemados. Los observábamos y aprendíamos a odiar. Pero no aprendíamos a pensar. Yo subía en el helicóptero... ¡La respiración se me entrecortaba ante tanta belleza! El desierto posee su propia hermosura, la arena no está muerta, se mueve, está viva. Hacia lo lejos se extendían las montañas cubiertas de amapolas y otras flores que no conocía... Pero yo ya no podía disfrutar de aquella belleza. Con el corazón en la mano, no podía, ya no era capaz. Me gustaba más el mes de mayo con su calor abrasador; miraba a la tierra vacía, seca, y experimentaba la satisfacción de la venganza: os lo merecéis. Entregamos nuestras vidas por vosotros, por vuestro bien, sufrimos por vosotros. ¡Cuánto odio sentía!

»No recuerdo los días... Recuerdo las heridas... las heridas por armas de fuego, por minas explosivas... Los helicópteros bajaban y bajaban, uno tras otro. Traían a los heridos en camillas... Ellos yacían tapados con las sábanas y las manchas rojas se extendían por el blanco...

»Reflexiono... Me hago la pregunta... ¿Cómo es que solo me acuerdo de lo horrible? También había amistad, ayuda mutua. Había heroicidad. ¿Tal vez me lo impide aquella anciana afgana? Me siento confundida... La salvamos y ella pretendía escupirnos. Lo entendí más tarde... La habían traído de un *kishlak* por el que habían pasado nuestros soldados de las unidades especiales... Ella fue la única superviviente. De todo el *kishlak*. Aunque si empezamos por el principio, desde esos *kishlak* dispararon y abatieron a dos de nuestros helicópteros. A los pilotos quemados los remataron en las horcas... Y si quisiéramos llegar al final, al auténtico final... Bueno, no analizábamos: ¿quién había sido el primero y quién el último? Solo compadecíamos a los de nuestro bando...

»A uno de nuestros médicos le destinaron a las misiones de combate. La primera vez, al regresar, lloró:

»—Toda mi vida aprendiendo a curar. Y hoy he matado... ¿Qué han hecho ellos para que los mate?

»Un mes después, exponía la mar de tranquilo sus sentimientos:

»—Disparas y te entran más ganas: "¡Toma esta, muérete!".

»De noche nos atacaban las ratas... Construíamos mosquiteras cosiendo trozos de telas de gasa. Las moscas eran del tamaño de una cucharilla de té. Nos habíamos acostumbrado a las moscas. No hay un animal más sufrido que el hombre. ¡No existe!

»Las chicas desecaban escorpiones, los guardaban como recuerdo. Gordos, grandes, se los ponían de alfileres o los colgaban de un hilo, como adorno. Yo me dedicaba a "tejer". Los paracaidistas me daban sus cuerdas y yo extraía los hilos. Después los esterilizaba. Con esos hilos cosíamos, remendábamos las heridas. Volvía de mis vacaciones con una maleta llena de agujas, pinzas, seda quirúrgica... ¡Como una loca! Traje la plancha para que en invierno la bata no se me tuviera que secar puesta sobre el cuerpo. Y un infernillo.

»Por las noches todos nos poníamos a preparar las gasas de algodón... lavábamos y secábamos las compresas de gasa... Vivíamos como si fuéramos una familia. Ya presentíamos que al volver nos convertiríamos en una generación perdida. En los marginados, los innecesarios. Cuando empezaron a llegar las mujeres de la limpieza, las bibliotecarias, las encargadas de hoteles, al principio nos quedamos perplejos: ¿una mujer de la limpieza para un par de módulos de vivienda y una bibliotecaria para dos decenas de libros gastados? ¿Con qué fin enviaban a miles de mujeres a esa guerra? ¿Para qué? Bueno, verá... No puedo explicárselo en un lenguaje educado... En el lenguaje literario... Con su permiso, usaré palabras simples: servían para un único propósito... Para calmar a los hombres... Esas mujeres no nos habían hecho nada malo, pero igualmente las esquivábamos.

»Allí me enamoré... Había un hombre a quien yo amaba... Hoy sigue vivo... No obstante, mentí a mi marido, cuando nos casamos le dije que a mi amado le habían matado. No le mataron... Fuimos nosotros los que asesinamos nuestro amor...

»—¿Has estado alguna vez cara a cara con un *dushmán* de carne y hueso? —me preguntaron en casa—. Seguro que tenía pinta de bandido y un cuchillo entre los dientes.

»—Bueno, el que yo vi en realidad era un joven muy apuesto. Había estudiado en la Universidad Politécnica de Moscú.

»Mi hermano pequeño se había imaginado algo parecido a *Hadji Murat*, de Tolstói.

»—¿Y por qué trabajabais dos o tres días seguidos? Hubierais podido hacer ocho horas y descansar.

»—Pero ¡qué estáis diciendo! ¡¿De veras no lo entendéis?!

»No lo entendían... Pero yo sé que en ningún otro lugar seré tan imprescindible como lo fui allí. Ahora voy a trabajar, leo libros, hago la colada. Escucho música. Pero mi vida ni de lejos tiene el mismo sentido que tenía allí. Aquí todo es a media potencia... A media voz...»

Enfermera

«Tuve a mis dos hijos, a mis dos niños queridos...

»Crecían: uno grande y uno pequeño. El mayor, Sasha, se iba a hacer la mili; el pequeño, Yura, hacia sexto.

»—Sasha, ¿adónde te mandan?

»—Iré adonde ordene la Patria.

»Yo le decía al pequeño:

»—¡Mira, Yura, qué hermano tienes!

»Llegó una carta. Yura vino corriendo con la carta.

»—¿A Sasha le envían a la guerra?

»—Hijo, en la guerra la gente muere.

»—No, mamá, no lo entiendes. Él regresará con la medalla al valor.

»Por la tarde jugaba con sus amigos en el patio, luchaban contra los *dushmán*:

»—Ta-ta-ta-ta... Ta-ta-ta-ta... Ta-ta-ta-ta...

»Volvía a casa:

»—¿Crees, mamá, que la guerra acabará antes de que cumpla los dieciocho?

»—Eso es lo que me gustaría.

»—Qué suerte ha tenido nuestro Sasha, será un héroe. Ojalá me hubieras tenido a mí antes que a él.

»... Trajeron la maleta de Sasha, dentro estaban sus calzoncillos de color azul, su cepillo de dientes, un trozo de jabón gastado y una jabonera. Y un certificado de identificación del cuerpo.

»—Su hijo falleció en el hospital.

»Como una grabación dentro de mi cabeza... Sonaban sus palabras: "Iré adonde ordene la Patria... Iré adonde ordene la Patria...".

»Entraron y dejaron allí la caja, como si dentro no hubiese nada.

»Cuando eran pequeños, yo llamaba: "¡Sasha!", y los dos acudían corriendo. Llamaba: "¡Yura!", y los dos me respondían.

»Estuve toda la noche sentada, llamando:

»—¡Sasha! —La caja guardaba silencio, era pesada, de zinc. Por la mañana levanté la mirada, y vi al pequeño—. Yura, cariño, ¿dónde has estado?

»—Mami, cuando gritas me entran ganas de escapar al fin del mundo.

»Se había escondido en casa de los vecinos. Se escapó del cementerio, tardamos mucho en encontrarlo.

»Llegaron las condecoraciones de Sasha: dos órdenes y la medalla al valor.

»—¡Yura, mira qué medalla!

»—La veo, mamá, pero nuestro Sasha no...

»Tres años han pasado desde que murió mi hijo y ni una sola vez he soñado con él. Me ponía su pantalón debajo de la almohada, su camiseta.

»—Ven a mi sueño, hijo. Ven a verme.

»Pero no viene. ¿De qué soy culpable ante él?

»Desde nuestra ventana se ve la escuela y el patio de recreo. Los niños juegan: guerrean contra los *dushmán*. Los oigo sin parar.

»— Ta-ta-ta-ta... Ta-ta-ta-ta... Ta-ta-ta-ta...

»Y cada noche en la cama suplico:

»—Ven a mi sueño, hijo. Ven a verme.

»Una vez soñé con un ataúd... En el lugar de la cabeza había una ventanita, una ventanita grande... Me inclino para darle un beso... Pero ¿quién está ahí dentro? Ese no es mi hijo... Es moreno... Un chico afgano, pero que se parece a Sasha... Mi primer pensamiento: "Él es quien mató a mi hijo...". Y acierto: "Este también está muerto. Alguien le ha matado". Me inclino y le doy un beso a través de la ventanita... Espantada, me despierto: "¿Dónde estoy? ¿Qué me está pasando?".

»Quién ha venido... Qué mensaje trae...»

Madre

«Dos años... Estoy hasta la coronilla... Olvidar... ¡Es como una pesadilla! ¡Yo no he estado allí! ¡No he estado!

»Sin embargo, estuve allí...

»Me había graduado en la Academia Superior militar... Después de las vacaciones correspondientes, en el verano de 1986 me fui a Moscú y, de acuerdo con lo prescrito, me presenté en el Estado Mayor de una institución militar muy importante. No era fácil localizarlo. En la mesa de registro de entrada pedí el teléfono, marqué un número de tres cifras.

»—Coronel Sazónov al habla —contestaron al otro lado.

»—¡A sus órdenes, camarada coronel! Me encuentro en la mesa de registro.

»—Ya lo sé, ya lo sé... ¿Le han informado de adónde le destinan?

»—A la República Democrática de Afganistán. Según la información previa de que dispongo, a la ciudad de Kabul.

»—¿Está sorprendido?

»—En absoluto, camarada coronel.

»Durante cinco años nos habían estado inculcando: "Todos acabaréis allí". Así que con el corazón en la mano le hubiera podido contestar al coronel: "Lo llevo esperando cinco años". Si alguien se imagina la partida de un oficial a Afganistán de la siguiente manera: un anuncio exprés del destino, los preparativos deprisa y corriendo después de la llamada, una efímera despedida de la mujer y los hijos, subirse al avión con los motores bramando en medio del crepúsculo matutino... se equivoca rotundamente. El camino a la guerra va acompañado de un largo listado de trámites burocráticos necesarios: aparte del documento con la prescripción de destino, la metralleta y el rancho seco, son imprescindibles varios informes, la conceptuación de conducta ("Comprende bien y comparte la política del gobierno y del partido"), el pasaporte especial, los visados, certificados de toda clase, el carnet de vacunación, las declaraciones de aduana, las tarjetas de embarque. Y solo después de reunir todo eso te subes al avión y, una vez en el aire, oyes el grito de un capitán achispado: "¡Al ataque! ¡A por las minas!".

»Los periódicos informaban: "La situación político-militar en la República Democrática de Afganistán continúa siendo complicada y contradictoria". Los militares afirmaban que la retirada del país de los primeros seis regimientos debía evaluarse como una acción propagandística. Que ni hablar de la retirada completa de las tropas soviéticas. "No acabará antes de que acabe nuestro plazo de servicio." De eso no dudaba ninguno de los que volaban conmigo. "¡Al ataque! ¡A por las minas!", gritaba ya entre sueños el capitán achispado.

»Pues bien, yo pertenecía a las fuerzas de desembarco aéreo. Enseguida me dejaron claro que el ejército se dividía en dos partes: los de desembarco aéreo y los "fuel".* En aquel momento no logré esclarecer la etimología del término "fuel" en ese contexto. Muchos soldados, alféreces y parte los oficiales se hacían tatuajes. No eran especialmente variados, lo más frecuente era tatuarse el avión IL-76 y debajo la cúpula de paracaídas. Había diferentes versiones de lo mismo. Por ejemplo, he visto la siguiente trama lírica: nubecitas, pájaros, el paracaidista bajo la cúpula y una frase conmovedora: "Amad el cielo". Una cita del código extraoficial de los paracaidistas: "El paracaidista solo se pone de rodillas en dos casos: frente al cuerpo sin vida de un amigo o para beber de un arroyo".

»Y empieza mi guerra...

»—¡Alineación! ¡Firmes! Ordeno realizar la marcha con el siguiente itinerario. Lugar del emplazamiento: el comité regional del partido en Bagram, en el *kishlak* Shevani. Velocidad en la marcha: acorde al vehículo de cabeza. Distancia entre los vehículos: según velocidad. Las señales de llamada: yo soy Fresa; los demás, según los números de los vehículos. No suelten las metralletas. ¡En marcha!

* En la jerga de los excombatientes, tropa terrestre de vehículos.

»Es un ritual habitual antes de la salida de nuestro destacamento propagandístico.

»Subo de un salto a mi BRDM, un carro blindado muy ágil. Nuestros asesores me han informado de su mote: "Bali-bali". "Bali" en afgano significa "sí". Cuando los afganos prueban los micrófonos, aparte de nuestro tradicional "un-dos, un-dos", dicen "bali-bali". Como intérprete que soy, me intereso por todo lo que tiene que ver con la lengua.

»Detrás de un muro de piedra bajo se encuentran dos casas de ladrillo de una sola planta, por fuera están encaladas. Un rótulo rojo: el comité regional del partido. En la entrada nos espera el camarada Lagman. Viste el uniforme militar soviético, de color caqui.

»—*Salam aleykum, rafik Lagman.*

»—*Salam aleykum. Chetour asti*! *Jud asti*! *Dzhor asti*! *Jayar jayriat asti*? —Dispara la tradicional ráfaga de saludos afganos interesándose por la salud del interlocutor. No hay que responder, basta con limitarse a repetir lo mismo.

»El comandante que va conmigo no pierde la ocasión de volver a colar su broma favorita:

»—*Chetour asti*? *Jud asti*? Estoy en Afgán por necedad.

»Al escuchar esas palabras incomprensibles el camarada Lagman me mira con perplejidad.

»—Es un dicho ruso popular —le explico.

»Nos invitan a entrar al despacho. En una bandeja sirven el té con unas teteras metálicas. Para los afganos el té es un signo de hospitalidad. Sin té el trabajo no puede empezar, las negociaciones no prosperan. Rechazar el té es lo mismo que negarse a estrechar la mano.

»En el *kishlak* vienen a recibirnos los ancianos y los *bacha*, siempre con esas caritas sucias (a los más pequeños no los lavan nunca, según la Sharia, la capa de suciedad los protege de los males) y vestidos de cualquier manera. Puesto que hablo persa, todos los presentes se consideran obligados a comprobar mis conocimientos. Entonces surge la invariable pregunta: "¿Qué hora es?". Respondo, lo cual produce un entusiasmo tempestuoso (ha respondido, es decir, no finge, realmente domina el persa).

»—¿Eres muslim?

»—Lo soy —digo en broma.

»Necesitan pruebas.

»—¿Sabes *Kalima*?

»El *Kalima* es una fórmula especial de pronunciación que se utiliza cuando uno se convierte en muslim.

»—*La Ilah Illa Allah Muhammadu-r-rasulu llah.*

»—*Dost*! ¡*Dost*, amigo! —balbucean los *bacha* alargando sus brazos flacuchos en señal de gratitud.

»Más de una vez me piden que vuelva repetir estas palabras, me traen a sus amigos y les susurran, encantados: "Conoce el *Kalima*".

»El equipo de megafonía, que los afganos mismos nombraron *Alla Pugachiova** llena el espacio con melodías populares afganas. Los soldados cuelgan en los carros los materiales visuales de propaganda: banderas, pancartas, eslóganes... Desenrollan la pantalla: vamos a proyectar una película. Los médicos montan las mesas, en ellas depositan las cajas con medicamentos.

»Comienza el mitin. El mulá (con una capa blanca y un turbante blanco) se pone delante. Recita una azora del Corán. Al acabar, se dirige a Alá y le ruega que proteja a los fieles del mal universal. Alza al cielo los brazos, con los codos ligeramente doblados. Todos, incluidos nosotros, repetimos ese gesto suyo. A continuación habla el camarada Lagman. Su discurso es largo, muy largo. Es uno de los rasgos típicos de los afganos. Todos dominan el arte de hablar, y a todos les encanta practicarlo. En lingüística existe un término: la emotividad del discurso. Pues en el caso de los afganos los discursos no solo son emotivos, sino ricos en metáforas, epítetos, comparaciones. En más de una ocasión, los oficiales afganos me han expresado su asombro por el hecho de que nuestros responsables políticos utilicen papeles a la hora de hablar en público. En las asambleas del partido, en las reuniones generales y en las del activo, yo siempre había escuchado de nuestros conferenciantes los mismos textos prefabricados, el mismo léxico: "En la vanguardia de un extenso movi-

* Célebre cantante rusa de pop de los años ochenta y noventa.

miento comunista", "Ser un ejemplo constante", "Poner en práctica de forma incansable", "Algunos errores acompañando a los éxitos" y hasta "Ciertos camaradas no comprenden". Cuando llegué a Afganistán, los mítines, clavados a los nuestros, ya se habían vuelto una rutina, forzada y aburrida, y la gente ya solo acudía para aprovechar la visita de los médicos u obtener su paquete de harina. Habían desaparecido las ovaciones y los gritos de "*Zaido bod*!" ("¡Viva!") con los puños alzados, como era costumbre en aquella época, cuando el pueblo todavía confiaba en lo que le inculcaban: en las cimas resplandecientes de la Revolución de Abril. En el luminoso porvenir comunista.

»Los *bacha* no escuchan los discursos, solo les interesa qué película habrá a continuación. Como siempre, veníamos con unos dibujos animados en inglés y dos documentales en persa y en pastún. Aquí gustan las películas de la India, o bien los filmes donde hay muchas peleas y disparos.

»Después de la proyección tiene lugar la entrega de los regalos. Esta vez hemos traído sacos de harina y juguetes. Hacemos la entrega al jefe del *kishlak*, para que luego él los reparta entre los más necesitados y las familias de los caídos. Tras jurar públicamente que todo se hará de la mejor manera, y ayudado por su hijo, el jefe se lleva los sacos a su casa.

»—¿Crees que los repartirá? —El comandante del grupo tiene la mosca detrás de la oreja.

»—Creo que no. Varios lugareños se me han acercado para avisarme de que no es trigo limpio. Mañana todas nuestras ofrendas estarán en los *ducán*.

»—Informen al siguiente vehículo. Prepárense para la marcha.

»—112 listo para la marcha... 305 listo... 307 listo...

»Los *bacha* nos lanzan una avalancha de piedras. Una de ellas golpea contra mi espalda. "De parte del agradecido pueblo afgano", digo.

»De regreso pasamos por Kabul. En los escaparates de algunos *ducán* se ven anuncios en ruso: "El vodka más barato", "Cualquier mercancía a cualquier precio", "Tienda El Hermano, para los amigos rusos". Los vendedores se anuncian en ruso, vociferan las mismas palabras que usamos en casa para referirnos a las prendas más preciadas: los tejanos, las bambas con velcro, las sudaderas. En los mostradores se ven nuestra leche condensada, los guisantes al natural, nuestros termos, teteras eléctricas, colchones, almohadas...

»Ha pasado mucho tiempo desde que regresé... En mis sueños veo Kabul... En las faldas de las montañas se cobijan las casitas de paredes de arcilla. Oscurece. Se encienden las ventanas. Desde lejos da la impresión de ser un majestuoso rascacielos. Si no has estado nunca allí, cuesta adivinar que no es más que una ilusión óptica...

»Un año después de mi regreso me licencié del ejército. ¿Alguna vez ha visto como brilla una bayoneta iluminada por la luz de la luna? ¿No? Pues yo fui capaz de volver a verlo...

»Me despedí del ejército y me matriculé en la facultad de Periodismo. Quiero escribir... Leo lo que escriben los demás...

»—¿Sabes *Kalima*?

»—*La Ilah Illa Allah Muhammadu-r-rasulu llah.*

»—*Dost*! *Dost*!

»Los soldados hambrientos... Enfermos de atrofia. Con los cuerpos cubiertos de forúnculos. Avitaminosis. Y los *ducán* llenos a rebosar de alimentos rusos. Las pupilas de un soldado que agoniza girando frenéticamente. Ha sido abatido por una metralla.

»Nuestro oficial posando junto a un afgano ejecutado en la horca. Está sonriente.

»¿Qué hago con todo esto? Yo estuve allí... Lo vi, pero nadie lo escribirá... Es como una especie de ilusión óptica... Si no está escrito es como si no hubiera pasado. ¿Ocurrió o no?»

Teniente, intérprete militar

«Recuerdo unas pocas cosas sueltas. Personales. Mías.

»Éramos doscientos en el avión. Doscientos hombres. El hombre formando parte de la multitud, del grupo, de la manada, y el hombre solo son dos personas distintas. Mientras volábamos yo pensaba en todo lo que iba a ver, en todo lo que iba a aprender... La guerra es un mundo nuevo...

»Una de las recomendaciones del comandante:

»—La subida a la montaña. Si caes jamás grites. Debes caer en silencio, como una piedra viva. Es la única manera de proteger a los compañeros.

»Si miras desde una roca alta, el sol está muy cerca, parece que puedas cogerlo con las manos. Tocarlo.

»Antes de hacer la mili leí el libro de Aleksandr Fersman *Vospominanie o kamne* (*Memorias sobre las piedras*). Sus palabras se habían grabado en la memoria: la vida de una piedra, la memoria de una piedra, la voz de una piedra... El cuerpo de una piedra... El nombre de una piedra... No me cabía en la cabeza que se pudiera hablar de una piedra como si fuera un ser vivo. Pero allí descubrí que se puede observar una piedra durante mucho rato, que atrae la vista igual que el fuego o el agua.

»De los sermones del sargento:

»—Siempre hay que apuntar al animal anticipándose a su movimiento, en caso contrario se adelantará a tu bala. Lo mismo pasa con un hombre que está corriendo...

»—Saldrá vivo quien dispare primero. ¡El primero, joder! ¡¿Lo captáis?! ¡Si entendéis esto, regresaréis con vida y todas las tías serán vuestras!

»¿Que si había miedo? Sí, lo había. En el caso de los zapadores, el miedo está en los primeros cinco minutos. En el caso de los que van en helicóptero, mientras corren hacia el aparato. Nosotros, los de infantería, sentíamos miedo hasta el primer disparo...

»Subíamos a las montañas... Caminábamos desde la madrugada hasta muy avanzada la noche. Estábamos tan cansados que vomitábamos. Primero las piernas, después los brazos, parecían de plomo. Las articulaciones de los brazos empezaban a temblarnos.

»Uno cayó al suelo.

»—No puedo. ¡No me levantaré!

»Le agarramos entre tres, le arrastramos.

»—¡Dejadme, chicos! ¡Pegadme un tiro!

»—Capullo, te dispararíamos... Pero en casa te espera tu madre...

»—¡Disparadme!

»¡Agua! ¡Agua! Nos moríamos de sed. Estábamos a medio camino y todos teníamos ya las petacas vacías. La lengua se nos salía hacia fuera, no había manera de meterla dentro. Encima, no sé cómo, pero nos las apañábamos para fumar. Subíamos a montañas que estaban a la altura de las nieves, buscábamos nieve fundida, bebíamos de los charcos, mordíamos el hielo. Nos olvidábamos por completo de las pastillas de cloro. ¿Quién iba a pensar en las ampollas de permanganato en un momento así? Conseguías llegar a rastras y lamías la nieve... Detrás resonaba la ametralladora y tú, mientras, bebiendo de un charco... Preferíamos atragantarnos antes que morir sin haber satisfecho la sed. Los muertos yacían bocabajo, con los rostros sumergidos en los charcos, parecía que estaban bebiendo.

»Ahora vivo como un observador imparcial... Miro al pasado... ¿Cómo era yo? No le he respondido a la pregunta principal: "¿Cómo llegué a Afganistán?". Fue a petición mía, solicité que me enviasen allí para apoyar la voluntad revolucionaria del pueblo afgano. En aquella época se hablaba de la revolución en todas partes, en la tele, en la radio, en los periódicos... ¡En Oriente se ha encendido la estrella! Debemos ayudar, arrimar el hombro... Empecé a prepararme para la guerra por mi cuenta. Hacía deporte. Aprendía kárate... Dar la primera patada a la cara no es nada fácil. Con tanta fuerza que crujan los huesos. Tienes que cruzar la línea y ¡a por todas!

»El primer muerto... Un niño afgano de unos siete años... Yacía con los brazos abiertos como si estuviera durmiendo. A su lado estaba el vientre abierto de un caballo inmóvil... Bien o mal, he sobrevivido. Será por haber leído montones de novelas bélicas.

»Me vienen a la mente nuestras canciones "afganas". Estás de camino al trabajo y de repente empiezas a musitar:

¿Decid por qué y para quién perdieron la vida ellos?
¿Por qué se lanza al ataque la sección?

»Miras a tu alrededor: "¡Ojalá nadie te oiga!". Pensarán: "Ha vuelto y ahora está loco, pirado". [*Canta*]

Afganistán es una tierra bella, montañosa.
Y tú recibes una orden simple: a morir...

»Durante los dos años siguientes a mi regreso, asistía en sueños a mi propio entierro... O bien me despertaba bañado en lágrimas; no tenía con qué pegarme un tiro.

»Los amigos se interesaban por mí: que si tengo condecoraciones, si tengo heridas, si he disparado... Intenté compartir con ellos todo lo que había sentido, pero a nadie le interesaba. Comencé a beber... Me emborrachaba en solitario... La tercera copa se toma en la memoria de los que cayeron allí... Por Yura... Podría haberle salvado... Estábamos juntos en el hospital de Kabul... Yo con un rasguño en el hombro y una lesión interna; él sin una pierna... Había muchos chicos sin piernas, sin brazos. Fumaban, bromeaban. Allí estaban bien. Pero no querían regresar a la Unión Soviética, hasta el último momento pedían que los dejasen quedarse allí. En la Unión Soviética empezaría una vida nueva. El día que le tocaba el traslado al aeropuerto Yura se abrió las venas en el lavabo...

»Yo intentaba animarlo (nos pasábamos las tardes jugando al ajedrez).

»—Yura, no te desmoralices. ¿Qué me dices de Alekséi Merésiev? ¿Has leído *Póvest o nastoiáschem cheloveke (La historia de un hombre real)?**

»—Me está esperando una chica muy guapa...

»A veces odio a la gente con la que me cruzo por la calle... Menos mal que en la aduana nos quitaron las armas, las granadas... Hemos cumplido nuestra misión, ¿pueden dejarnos en paz de una vez? ¿Pueden olvidarse de Yura?

»Me despierto en plena noche y no logro entenderlo: "¿Estoy aquí o allí?". Aquí vivo como un observador ajeno... Estoy casado, soy padre. Doy un abrazo y no siento nada, doy un beso y no siento

* Novela del escritor soviético Borís Polevói (1908-1981), basada en la historia real del piloto soviético Alekséi Marésiev, que fue abatido en un combate aéreo durante la Segunda Guerra Mundial; perdió las piernas, pero logró regresar a filas.

nada. Antes me gustaban las palomas. Me encantaban las primeras horas de la mañana. Daría lo que fuera por recuperar la alegría...»

Soldado, fusilero

«Mi hija viene del colegio y me dice:

»—Mamá, en el cole nadie se cree que estuviste en Afganistán.

»—¿Por qué?

»—Me preguntan: "¿Quién envió a tu mamá allí?".

»Todavía no me he acostumbrado a la vida normal... La disfruto... Pero... no me acostumbro a que no disparen, no bombardeen, a que se pueda abrir el grifo y tomarte un vaso de agua que no huela a lejía. Allí todo sabe a cloro: el pan, los bollos, la pasta, la papilla, la carne, la compota. Ahora ya llevo dos años en casa, recuerdo el encuentro con mi hija, pero todo lo demás no se me queda en la memoria, es tan insignificante, tan vacío en comparación con lo vivido allí... De acuerdo, nos compramos una mesa nueva para la cocina, un televisor... ¿Qué más ha pasado? Nada. La niña va creciendo... Ella escribió una carta a Afganistán, al comandante de la unidad: "Devolvedme a mi mamá, la echo mucho de menos...". Después de Afganistán mi hija es lo único que me interesa.

»Los ríos allí son fabulosamente azules... ¡El agua es azul! Nunca había pensado que el agua pudiera ser de un color tan celestial. Crecen las amapolas rojas como aquí las margaritas, hogueras de amapolas ardiendo a los pies de las montañas. Los camellos, altos y orgullosos, observan el mundo con la tranquilidad de los ancianos. Un asno tira del carrito con las naranjas, va al mercado, y de pronto pisa una mina antipersona. Herido, llora de dolor... Nuestra enfermera le puso un vendaje...

»¡Maldito seas, Afganistán!

»Después de estar allí no consigo vivir tranquila. Vivir como todos. Regresé... Al principio, las vecinas, las amigas, a menudo querían visitarme.

»—Valia, pasaremos a verte. Cuéntanos, ¿qué tipo de vajilla hay allí? ¿Qué alfombras? ¿Verdad que hay ropa y electrodomésticos a montones? Magnetófonos, tocadiscos... ¿Qué te has traído? ¿Vas a vender alguna cosa?

»De allí llegaron más ataúdes que magnetófonos. Pero a todos se les ha olvidado.

»¡Maldito seas, Afganistán!

»La niña crece... Mi apartamento es pequeño, de un solo dormitorio. Allí me prometían: "Regresará usted a casa y le agradecerán todo lo que ha hecho". Me dirigí al comité ejecutivo regional, estudiaron mis papeles.

»—¿La hirieron?

»—Pues no, he vuelto ilesa. Por fuera estoy ilesa. Lo que hay dentro no se ve.

»—Entonces, viva como vivimos los demás. Nosotros no la enviamos allí.

»En una cola para comprar azúcar:

»—Vienen de allí con un montón de cosas y encima aquí no paran de pedir privilegios...

»Había seis ataúdes a la vez: el mayor Yaroshenko, un teniente y varios soldados... Estaban envueltos en sábanas... No se les veían las cabezas, no las había... Nunca había pensado que los hombres fueran capaces de gritar de esa manera, de llorar tanto... Guardo las fotografías... En el lugar donde morían erigíamos obeliscos hechos de grandes fragmentos de bombas, grabábamos sus apellidos en las rocas. Los *dushmán* los arrojaban a los abismos. Fusilaban los monumentos, los hacían volar por los aires para que no quedase ni un rastro de nosotros...

»¡Maldito seas, Afganistán!

»Mi hija ha crecido sin mí. Pasó dos años en un internado. Volví de Afgán y su maestra se quejaba: "Las notas no pasan del 'suficiente'". ¿Cómo hablo con ella? Ya se ha hecho grande.

»—¿Mamá, qué hacíais allí?

»—Las mujeres ayudaban a los hombres. Conocí a una mujer que le dijo a un hombre: "Tú vivirás". Y él vivió. "Tú andarás." Y él aprendió a andar. Pero antes de eso, le arrancó de las manos una carta que le había escrito a su mujer: "¡¿Quién me va a querer a mí, un mutilado sin piernas?! Olvidadme". Ella le dijo: "Ahora escribe: 'Querida mujer y queridos hijos, Alla y Aliosha...'".

»¿Por qué fui a Afganistán? Me invitó el comandante: "¡Es tu deber!". Esa es la base de nuestra educación, de nuestras costumbres. En el centro de traslado, encima de un colchón desnudo, había una chica joven tumbada. Lloraba.

»—Tengo todo lo que quiero: un apartamento de cuatro dormitorios, un novio, unos padres cariñosos.

»—¿Y por qué has venido?

»—Me han dicho que aquí la gente está pasándolo mal. ¡Que es mi deber!

»No me traje nada a casa, excepto los recuerdos.

»¡Maldito seas, Afganistán!

»Para mí esa guerra no se acabará nunca... Mi hija estuvo ayer con sus amigos, y cuando volvió a casa:

»—Mamá, cuando he dicho que estuviste en Afganistán, una chica se ha reído...

»¿Qué le contesto?»

Alférez, jefa del servicio secreto

«La muerte es horrible, pero hay cosas peores... Jamás diga delante de mí que somos unas víctimas, que fue un error. No lo diga en mi presencia. No le doy permiso.

»Combatíamos bien, valientemente. ¿Por qué nos tratáis ahora de este modo? Yo besaba la bandera como se besa a una mujer. Temblando. Así es como nos habían educado: si besas la bandera, eso es sagrado. Amábamos a la Patria, en ella depositamos nuestra confianza. Vale, vale, vale... [*Nervioso, tamborilea con los dedos*] Yo aún estoy allí... En la calle el tubo de escape de un coche da un "petardazo" y siento un miedo cerval. Se oye el estallido del cristal que se rompe... y al instante cualquier pensamiento desaparece, en mi mente solo existe el vacío del estallido... El sonido de una llamada de teléfono me recuerda a disparos... No estoy dispuesto a borrar todo esto, no logro pasar por encima de mis noches sin dormir. De mis sufrimientos. No soy capaz de olvidar el escalofrío mientras el termómetro marcaba cincuenta grados...

»... Íbamos en camiones y cantábamos a todo pulmón. Llamábamos a todas las chicas que veíamos, las provocábamos, desde la altura del camión todas nos parecían guapas. Estábamos llenos de alegría. Algunos eran unos cobardes.

»—Me negaré a ir... Es mejor la cárcel que la guerra.

»—¡A por él!

»Les pegábamos. Nos mofábamos de ellos, y algunos se atrevían a fugarse.

»Al primer muerto lo extraje por la escotilla. Dijo: "Quiero vivir...", y se murió. Vale, vale, vale... Después del combate se te hace insoportable contemplar la belleza. Observar las montañas, el desfiladero de color lila escondido en la niebla... Ver un pájaro de plumaje colorido... ¡Sientes ganas de acribillarlo todo a balazos! Disparo... ¡Disparo al aire! O bien te vuelves sosegado, tierno. Un chico al que yo conocía se moría lentamente. Estaba tumbado e, igual que un niño que acaba de aprender a hablar, iba nombrando y repitiendo los nombres de las cosas que pasaban por delante de sus ojos: "Montañas... Árbol... Pájaro... Cielo...". Así hasta el final...

»Un joven *sarandoy*, son como policías allí:

»—Me moriré, Alá me llevará al cielo. ¿Tú dónde irás?

»¡¿Adónde iré yo?!

»Estuve en el hospital. Mi padre vino a verme a Taskent.

»—Has estado herido, tienes derecho de quedarte en la Unión Soviética.

»—¿Cómo voy a quedarme si mis amigos están allí?

»Él es comunista pero iba a la iglesia, encendía velas.

»—¿Por qué lo haces, padre?

»—Tengo que depositar mi fe en algo. ¿A quién le ruego si no, para que vuelvas?

»Tuve un compañero en el hospital. Su madre vino a visitarlo. Vino de Dusambé, trajo fruta y brandy.

»—Quiero que mi hijo vuelva a casa. ¿A quién se lo debo solicitar?

»—Venga, madre, ¿qué te parece si brindamos con tu brandy a nuestra salud?

»Acabamos con su brandy. Una caja entera. El último día nos enteramos de que a uno de nuestra habitación le habían diagnosticado una úlcera estomacal. ¡Canalla! Borramos su rostro de nuestras memorias.

»Para mí o es negro o es blanco. El gris no existe. Los tonos no existen.

»No nos cabía en la cabeza que hubiera lugares donde llovía días enteros. Que nuestros mosquitos rusos, los de Arcángel, seguían zumbando por encima del río. Para nosotros solo existían las montañas, calcinadas y rugosas... La arena punzante... Vale, vale, vale... Encima de ella, como en una sábana enorme, yacían nuestros soldados bañados en sangre... Les habían cortado los genitales a todos... Y la nota: "Vuestras mujeres nunca parirán hijos vuestros...".

»¡¿Y dice usted que lo olvide?!

»Regresamos. Algunos con magnetófonos japoneses, algunos chasqueando llamativos mecheros, otros con el uniforme desgastado y el maletín vacío.

»Combatíamos bien, valientemente. Nos condecoraron con órdenes... Dicen que a nosotros, a los "afganos", se nos reconoce sin necesidad de ver nuestras condecoraciones, se nos reconoce por la mirada:

»—Chico, ¿eres de Afgán?

»Me lo dicen mientras camino por la calle, vestido con un abrigo soviético y unos zapatos soviéticos...»

Soldado, transmisiones

«¿Y si está viva?

»Tal vez ella esté viva, mi niña, en algún lugar lejano... Esté donde esté me alegro igualmente, con tal de que esté viva. ¡Eso es lo que pienso, lo que deseo, lo que ansío con todas mis fuerzas! Una noche tuve un sueño... Ella había vuelto a casa... Cogió la silla y se sentó en el centro de la habitación... Su cabello largo, muy bonito, estaba desparramado sobre sus hombros. Se lo apartó con la mano y me dijo: "Mamá, ¿por qué no dejas de llamarme? Ya sabes que no puedo venir. Estoy casada, tengo dos hijos... Tengo mi familia...".

»Aún sin despertar, enseguida me acordé: un mes más o menos después de enterrarla de pronto se me ocurrió: "¡A lo mejor no la han matado y solo la han capturado!". Para mí era un consuelo. Cuando íbamos las dos por la calle la gente volvía la mirada... Era alta y tenía ese cabello suyo, como que flotaba... Para mí eso era la confirmación de que mi conjetura era correcta. Seguro que está viviendo en algún lugar...

»Soy médica, toda la vida he estado convencida de que es una profesión sagrada. Yo me entregaba por completo a ella, y contagié a mi hijita el amor por esta profesión. Ahora me maldigo. Si no hubiera sido por su profesión ahora estaría viva y en casa. Mi marido y yo nos quedamos solos, no tenemos a nadie. Solos en un vacío, en un terrible vacío. Por la tarde vemos la televisión. Estamos sentados, en silencio, a veces no decimos ni una sola palabra en toda la tarde. Cuando se ponen a cantar, yo lloro y mi marido gime, y así empieza. No se imagina lo que tengo aquí, en el pecho...Por la mañana tengo que levantarme para ir a trabajar y no lo consigo. ¡Qué dolor! A veces pienso que no voy a levantarme nunca, que no iré a ningún sitio. Me quedaré en la cama... A esperar a que me lleven con ella. Que me llamen...

»Tengo tendencia a imaginarme cosas, siempre estoy con ella, en mis fantasías nada se repite. Incluso leo con ella... Aunque ahora leo libros sobre plantas, animales, estrellas. No me gusta leer sobre la gente, sobre los asuntos de los humanos... Llegó la primavera... Yo creía que la naturaleza me ayudaría. Hicimos una excursión al campo... Florecían las violetas, y los árboles estaban cubiertos de hojas nuevas, tiernas. Pero de pronto yo empecé a gritar... Así me afectó la belleza de la naturaleza, la alegría de todo lo vivo... Empecé a tener miedo al paso del tiempo. El tiempo me la roba, me priva de su memoria. Desaparecen los detalles. Palabras... Cómo me hablaba, cómo sonreía... Recogí un pelo suelto que había quedado enganchado en su traje y lo guardé en una cajita. Mi marido me preguntó:

»—¿Qué estás haciendo?

»—Lo guardo. Ella ya no está.

»A veces estoy en casa, pensando, y de repente oigo con total claridad: "Mami, no llores". Me vuelvo y no hay nadie. Continúo recordando. Entonces la veo... Han acabado de cavar su tumba, la tierra está preparada para aceptarla. Yo estoy de rodillas delante de ella: "¡Hijita mía! ¡Mi querida hijita! ¿Cómo ha podido pasar esto? ¿Dónde estás? ¿Adónde te has ido?". A pesar de que yace en el ataúd, aún está conmigo. Pero pronto estará en la tierra.

»Recuerdo aquel día... Volvió del trabajo y dijo:

»—Hoy me ha llamado el médico jefe. —Se calló.

»—¿Y bien? —Me sentí mal aun sin oír la respuesta a mi pregunta.

»—Ha llegado un requerimiento a nuestro hospital. Tienen que enviar a una persona a Afganistán.

»—¿Y bien?

»—Necesitan una enfermera de quirófano. —Ella trabajaba de enfermera de quirófano en cardiología.

»—¿Y bien? —Se me habían olvidado las palabras, repetía lo mismo una y otra vez.

»—He aceptado.

»—¿Y bien?

»—De todos modos alguien tendrá que ir. Si hay una situación difícil, yo quiero estar allí.

»A esas alturas ya se sabía, yo también, que había una guerra, que se derramaba sangre. Lloré, pero no supe decir que no. Ella me miró, severa.

»—Mamá, ¿y qué hay del juramento hipocrático?

»Pasó unos meses preparando los papeles. Trajo la conceptuación de conducta y me la enseñó. Entre otras cosas, el papel decía: "Comparte y comprende la política del partido y del gobierno". Pero yo aún no me lo creía.

»Hablo de ella... y se me hace más llevadero. Es como si ella estuviese aquí... Ya la enterraré mañana... Ella aún está conmigo... ¿Puede ser que esté viviendo en alguna parte? Solo me gustaría saber qué aspecto tiene. Si lleva el pelo largo. O qué blusa viste. Todo me interesa...

»Mi alma se ha cerrado... No quiero ver a la gente. Prefiero estar a solas... Entonces es cuando puedo hablar con ella, con mi Sveta. En cuanto alguien entra, todo se estropea. No quiero admitir a nadie en este mundo. A veces viene mi madre a verme desde el pueblo, pero ni con ella quiero compartirlo. Una vez vino una mujer a visitarme... Una compañera de trabajo... Yo no dejaba que se fuera, nos quedamos hasta muy tarde... Su marido estaba preocupado por si el metro se cerraba... Su hijo había regresado de Afganistán. Se había vuelto como un niño pequeño: "Mamá, te ayudaré a hacer la tarta... Mamá, iré contigo a lavandería...". Le asustaban los hombres, solo se relacionaba con chicas. Mi amiga fue corriendo a ver a un médico. El médico le dijo: "Sea paciente, se le pasará". En estos momentos la gente como ella me es más próxima, más entrañable. Habría podido entablar amistad con ella, con esa mujer. Pero no ha vuelto nunca a visitarme. Ella miraba el retrato de Sveta y lloraba sin parar...

»Pero le iba a contar otra cosa... ¿Qué era lo que le iba a contar?... ¡Ah, sí! La vez en que vino de vacaciones por primera vez... Sí, bueno... Y también cómo la despedíamos, cómo se marchaba... Sus amigos del colegio y sus compañeros de trabajo vinieron a la estación de trenes. Un viejo cirujano se inclinó y le besó la mano: "No volveré a encontrarme con otras manos como estas".

»Vino de vacaciones. Delgada, menuda. Se pasó tres días durmiendo. Se levantaba, comía y volvía a acostarse. Luego otra vez se levantaba, comía y se iba a la cama.

»—Cariño, ¿cómo estás allí?

»—Bien, mamá. Bien.

»Se quedaba sentada, en silencio, sonriendo sigilosamente para sus adentros.

»—Sveta, cariño, ¿qué te ha pasado en las manos? —No reconocía sus manos, parecían las de una mujer de, por lo menos, cincuenta años.

»—Allí hay mucho trabajo, mamá. No tengo tiempo de pensar en cuidarme las manos. Imagínate: nos preparamos para una intervención y nos lavamos las manos con ácido fórmico. Se me acerca un médico y me dice: "¿No le dan pena sus riñones?". El tipo está pensando en mis riñones... cuando la gente se está muriendo a un paso de nosotros... Pero tú no te preocupes. Estoy feliz, allí me necesitan.

»Se marchó tres días antes de lo previsto:

»—Lo siento, mamá, el batallón sanitario en estos momentos cuenta solo con dos enfermeras. Los médicos no faltan, pero enfermeras hay pocas. Las chicas no dan abasto. ¿Cómo voy a quedarme?

»Le pidió a su abuela, a la que quería muchísimo y que pronto cumplirá noventa años: "No te mueras. Quiero que me esperes". Fuimos a ver a la abuela al pueblo. Estuvieron hablando junto a un gran rosal, Sveta se lo pidió: "No te mueras. Quiero que me esperes". La abuela cortó todas las flores y se las dio. Ella se fue con ese ramo.

»Tuvo que levantarse a las cinco de la madrugada. Yo la desperté y ella me dijo: "Mamá, a pesar de todo creo que no he dormido bastante. Tengo la sensación de que esta falta de sueño será de por vida". Ya en el taxi abrió el bolso y exclamó: "¡Me he olvidado las llaves de casa! ¡No tengo las llaves! ¿Y si vuelvo y vosotros no estáis?". Más tarde encontré sus llaves en el bolsillo de su vieja faldita. Pensé en enviárselas por correo, para que no se preocupara. Para que tuviese las llaves de casa.

»¿Y si está viva? Pasea en algún lugar, se ríe... Ve las flores y se alegra... Le encantaban las rosas... Voy a ver a mi madre. Todavía vive porque Sveta se lo pidió: "No te mueras. Quiero que me esperes". Me levanto de noche... Hay un ramo de rosas encima de la mesa... Las flores están recién cortadas... Dos tazas de té...

»—¿Qué haces despierta a estas horas? —le pregunto a la abuela.

»—Svetlanka —ella siempre la llamaba Svetlanka— y yo estamos tomando el té.

»La veo en mis sueños y me digo: "Voy a darle un beso, si no está fría, entonces, es que está viva". Me acerco a ella, la beso: "Está cálida. ¡Está viva!".

»¿Y si está viva? En algún lugar...

»Un día estaba sentada en el cementerio al lado de su tumba. Pasaron por delante dos militares. Uno se paró.

»—¡Fíjate! Es nuestra Sveta. Mira... —Se dio cuenta de mi presencia—. ¿Usted es su madre?

»Me abalancé sobre él.

»—¿Conocía usted a Sveta?

»Él le explicó a su amigo:

»—Pobre, un bombardeo le arrancó las dos piernas. Murió.

»Grité. Él se asustó.

»—¿No me diga que no lo sabía? ¡Perdóneme! ¡Perdone! —Y se fue corriendo.

»No he vuelto a verlo. Tampoco lo he buscado.

»Otro día estaba sentada en el mismo sitio. Por allí pasaba una madre con su hijo. La oí decir:

»—Pero ¿qué clase de madre es esa? ¿Cómo pudo en nuestros días dejar que su única hija fuera a la guerra? —En la lápida hay una dedicatoria "A nuestra única hijita"—. Hay que ver, enviar a su niña a la guerra...

»¡Cómo se atreven! Pero ¡si mi hija lo había jurado! Era una enfermera a la que todos los cirujanos besaban las manos. Se marchó a salvar vidas, a salvar las vidas de los demás hijos.

»Grito para mis adentros: "Gente, ¡no me deis la espalda! Deteneos junto a mí ante su tumba. No me dejéis sola...»

Madre

«¡Joder con Afgán! Joder...

»Un día, mi amigo coge el periódico y lee: "Los soldados soviéticos han sido liberados del cautiverio... En las entrevistas que han concedido a los periodistas occidentales...". Entonces se pone a jurar como un carretero.

»—¿Qué te pasa?

»—Los enviaría al paredón. Los fusilaría con mis propias manos.

»—¡Como si hubiéramos visto poca sangre! ¿No tienes suficiente todavía?

»—No siento pena por los traidores. Nosotros perdíamos los brazos y nos arrancaban las piernas, mientras esos estaban admirando los rascacielos de Nueva York... Parloteando en la cadena de radio La Voz de América...

»Allí él era mi amigo... Cantábamos: "Todo a medias, también este pedazo de pan". [*Se calla*]

»¡Odio! ¡Odio!...»

—¿A quién?

—¿Acaso no le ha quedado claro? Perdí a mi amigo, y lo perdí aquí, no en la guerra... [*Busca las palabras*] Ya no me queda nadie... No tengo más amigos... Mi gente se ha ido disipando, cada uno se ha escondido en su madriguera. Ahora se dedican a ganar pasta.

»¡Afgán, joder! Ojalá hubiera muerto. Habrían colgado una placa conmemorativa en la entrada de mi colegio... Me habrían convertido en un héroe... Ser un héroe, con eso sueñan los chavales. Yo no... Ya habían enviado a las tropas a Afganistán y yo no me había ni enterado. Me importaba un bledo. En aquel momento vivía mi primer amor, estaba como loco... Y hoy por hoy me da miedo incluso rozar a una mujer, incluso cuando por la mañana me meto en un bus atestado de gente... Mi chica me ha dejado... La quiero... Estuvimos viviendo juntos dos años... Aquel día quemé la tetera... Estaba ardiendo y yo observaba como se iba poniendo negra, me pasa a veces. La desconexión total, me aparto de la realidad. Ella volvió a casa, notó el olor:

»—¿Qué se ha quemado?

»—La tetera.

»—Con esta ya van tres...

»—¿Sabes cómo huele la sangre? Cuando pasan dos o tres horas huele igual que un sobaco sudado. Es desagradable... El olor a fuego es mejor...

»Ella cerró la puerta con llave y se fue. Ha pasado un año y no ha vuelto. Entonces empecé a temerlas. A ellas... Las mujeres son unos seres completamente distintos. Por eso con nosotros son infelices. Te escuchan, dicen amén a todo y no entienden nada.

»—¡Ni buenos días ni nada! Otra vez has estado gritando. Otra vez te has pasado la noche entera gritando —lloraba ella por las mañanas.

»No se lo conté todo... No le hablé del frenesí que experimentan los que combaten desde los helicópteros al abrir fuego. Los chicos se jactaban: "Qué bonitos son los *kishlak* ardiendo... Sobre todo por la noche...". Hay un herido, es uno de nuestros soldados. Se está muriendo. Llama a su madre o a su novia. Tumbado junto a él hay un *dushmán* herido. También los recogíamos a ellos. También está llamando a su madre o a su novia. Se oía un nombre afgano y un nombre ruso, un nombre afgano y un nombre ruso...

»—¡Ni buenos días ni nada! Otra vez has estado gritando. Me asustas...

»No sabe... Ella no sabe cómo perdió la vida nuestro teniente... Avistamos agua y detuvimos los vehículos.

»—¡Deténganse! ¡Todos quietos! —gritó el teniente, e indicó un bulto sucio cerca del arroyo—. ¿Eso es una mina?

»Primero se acercaron los zapadores. Levantaron la "mina", que se puso a sollozar. Era un bebé. ¡Afgán, joder!

»¿Qué hacer? ¿Llevárnoslo, dejarlo? Nadie le obligaba, pero el teniente se ofreció:

»—No podemos dejarlo aquí tirado. El hambre le matará. Lo llevaré al *kishlak*. Está a dos pasos.

»Los estuvimos esperando durante una hora, y eso que había veinte minutos como mucho para ir y volver.

»Estaban tirados encima de la arena... El teniente y el conductor... En medio del *kishlak*... Las mujeres los habían matado a golpes de pico...

»—¡Ni buenos días ni nada! Otra vez has estado gritando. Y luego me has dado puñetazos, me has retorcido los brazos.

»Hay momentos en que me quedo en blanco, no recuerdo mi apellido, mi dirección, nada de lo que me ha pasado. Luego me recobro... Y empiezo a vivir de nuevo. Pero a tientas... Salgo de casa y enseguida pienso: "¿He cerrado la puerta con llave o no, he apagado el gas o no?". Me acuesto y me vuelvo a levantar para comprobar: "¿He puesto el despertador o no?". Por la mañana, de camino al trabajo, me cruzo con los vecinos: "¿Los he saludado o no?".

»Dijo Kipling:

Oriente es Oriente y Occidente es Occidente y nunca se encontrarán...
Hasta que la tierra y el cielo se presenten al juicio final.
Pero no hay ni Oriente ni Occidente, ni fronteras, ni razas
cuando dos hombres fuertes se enfrentan cara a cara...

»Lo recuerdo... Ella me amaba. Lloraba: "Has vuelto del infierno... Yo te salvaré...". Pero en realidad de donde había salido era del basurero. Cuando me fui a Afganistán las mujeres llevaban vestidos largos, regresé y todas llevaban vestidos cortos. Me extrañaba. Yo le pedía que los llevara largos. Al principio se reía, después se enfadaba. Comenzó a odiarme... [*Cierra los ojos y repite de nuevo los versos*]

Pero no hay ni Oriente ni Occidente, ni fronteras, ni razas
cuando dos hombres fuertes se enfrentan cara a cara..

»¿De qué he estado hablando? De los vestidos largos de mi chica... Están colgados en el armario, ni siquiera volvió a buscarlos. Y yo le escribo poemas...

»¡Afgán, joder! Me gusta hablar conmigo mismo...

Sargento, explorador

«Yo siempre he sido militar... Solo de oídas sabía que existía otra vida...

»La psicología de los militares profesionales es diferente: no importa si la guerra es justa o no. Allí donde nos mandan la guerra es justa, es necesaria. Cuando nos destinaron a esa guerra, también era justa. Nosotros nos lo creíamos, yo mismo, rodeado de soldados, hablaba de la defensa de las fronteras del sur, llevaba a cabo la tarea de la educación ideológica. Dos veces por semana se impartían las tutorías de política. ¿Acaso podía haber dicho: "Tengo dudas"? El ejército no tolera la libertad de pensamiento. En cuando pasas a formar parte de las filas, solo acatas órdenes. Desde que despiertas hasta que te vas a dormir.

»Toque de diana:

»—¡A levantarse!

»Nos levantamos.

»Voz de mando:

»—Gimnasia básica sin armas, ¡a formar! ¡Izquierda! ¡Al trote!

»Acabados los ejercicios, otra voz de mando:

»—¡Rompan filas! Cinco minutos para satisfacer sus necesidades.

»Rompemos filas.

»Voz de mando:

»—¡A formar!

»Nunca me he encontrado en un cuartel con un retrato de... ¿qué ejemplo le puedo poner? Digamos de Tsiolkovski o de Tolstói. Jamás lo he visto. En las paredes del cuartel cuelgan los retratos de Nikolái Gastello, de Aleksandr Matrósov... De los héroes de la Gran Guerra Patria... Una vez, aún siendo un teniente jovencito, colgué en mi habitación un retrato de Romain Rolland que había recortado de una revista. Entró el comandante de la unidad militar:

»—¿Quién es ese?

»—Es Romain Rolland, el escritor francés, camarada coronel.

»—¡Retire inmediatamente a ese francés! ¿Acaso no tenemos nuestros propios héroes?

»—Camarada coronel...

»—Media vuelta, vaya andando al almacén y traiga de vuelta a Karl Marx.

»—Pero si es alemán...

»—¡Silencio! ¡Dos días de arresto!

»¿Qué tenía que ver Karl Marx? Yo mismo les decía a los soldados muchas veces: "Esa máquina no vale un comino. Es de fabricación extranjera. ¿De qué sirve ese coche extranjero? En nuestras carreteras se hará pedazos. Lo nuestro es lo mejor del mundo: nuestras máquinas, nuestros coches, nuestra gente". Hace muy poco tiempo que he empezado a reflexionar: "¿Por qué no puede ser que la mejor máquina sea de Japón, las mejores medias de Francia o las mejores chicas de Taiwan?". Y ya he cumplido los cincuenta...

»... Sueño con que mato a un hombre. Él se pone de rodillas...

A cuatro patas. Con la cabeza agachada. No se le ve el rostro, sus rostros eran todos iguales... Le disparo tranquilamente, e igual de tranquilo observo su sangre. Pero después grito, al despertarme, cuando abro los ojos y recuerdo el sueño...

»En nuestro país ya se hablaba de error político, se referían a esa guerra como a la "aventura de Brézhnev", la tachaban de "acto criminal", mientras que nosotros todavía teníamos que estar allí combatiendo y muriendo. Aquí hablaban y allí moríamos. ¡No juzguen si no quieren ser juzgados! ¿Qué defendíamos? ¿Una revolución? No, yo ya no creía eso, me estaba partiendo en dos. Intentaba convencerme de que estábamos defendiendo nuestras instalaciones militares, a nuestra gente.

»Ardían los campos de arroz... Las balas trazadoras los habían incendiado... Crepitaban y se quemaban deprisa... El calor trabajaba para la guerra... Los campesinos corrían, recogían del suelo los granos quemados. Nunca he visto a los niños afganos llorar. Solo sollozaban. Los niños eran delgados, pequeños. A saber cuántos años tenían. Debajo de sus pantaloncitos anchos se veían unos tobillos finos.

»En todo momento tenía la sensación de ser un blanco. Las balas son estúpidas... Sigo sin poder responder si se puede uno acostumbrar a ello. Las sandías, los melones, allí son del tamaño de un taburete. Clavas la bayoneta y se parten en dos. Morir es tan sencillo. Matar es más difícil. No hablábamos de los muertos. Esas eran las reglas del juego, por llamarlo de alguna manera... Nos preparábamos para una misión y en el fondo de la maleta dejábamos una carta para la parienta. Una carta de despedida. Yo escribí: "Agujereen mi pistola y entréguensela a mi hijo".

»Una vez empezó un combate y el magnetófono seguía sonando. Se nos había olvidado pararlo... La voz de Vladímir Visotski...

»Los *dushmán* también escuchaban sus canciones. Muchos habían estudiado en nuestro país, se habían graduado en universidades soviéticas. Recibieron diplomas soviéticos. De noche, durante las emboscadas, oíamos a Visotski.

»En sus montañas ellos veían nuestras películas, sobre Kotovski, sobre Kovpak.* De nosotros aprendían a luchar contra nosotros... Aprendían la guerra de guerrillas...

»Yo rebuscaba en los bolsillos de nuestros chicos muertos para coger esas cartas. Las fotografías. Tania de Chernígov... Masha de Pskov... Fotografías hechas en estudios fotográficos de provincias. Todas eran iguales. Las ingenuas dedicatorias en el reverso de las fotos: "Espero tu respuesta como un ruiseñor espera el verano", "Lleva mi saludo, regresa con la respuesta". Se quedaban sobre mi mesa como una baraja. Las caras sencillas de las sencillas chicas rusas...

»No logro regresar al mundo normal. Vivir... Simplemente vivir... En esta vida me siento como apretujado. La adrenalina me revoluciona la sangre. Me falta la intensidad, el desdén hacia la vida. Empecé a enfermar... Los médicos me diagnosticaron, dijeron que tengo las arterias estrechas. Pero yo tengo mi propio diagnóstico, el afgano... Necesito más ritmo, ese ritmo con el que te lanzas al ataque. Necesito arriesgarme, defender. Todavía ahora tengo ganas de volver allí, aunque no sé lo que sentiría... Me invadirían los recuerdos... Imágenes... Los vehículos destrozados, quemados, a lo largo de las carreteras. Los tanques, los blindados... ¿Será posible que eso sea todo lo que quede de nosotros allí?

»Fui al cementerio... Quería visitar las tumbas "afganas". Me crucé con una madre...

»—¡Váyase, comandante! Su cabeza está llena de canas, pero está vivo. En cambio mi hijito duerme bajo la tierra. Mi hijito no se había afeitado ni una sola vez.

»Hace poco murió un amigo mío, había combatido en Etiopía. El calor le había destrozado los riñones. Todo lo que descubrió murió con él. Otro amigo me explicó cómo había aterrizado en Vietnam. He hablado con los que estuvieron destinados a Angola, a Egipto, a Hungría en 1956, a Checoslovaquia en 1968... Hablába-

* Grigori Kotovski (1881-1925) fue un aventurero, militar y político soviético que participó en la revolución y se destacó sobre todo durante la Guerra Civil Rusa. Sídor Kovpak (1887-1967) fue un célebre líder del movimiento partisano de la Segunda Guerra Mundial.

mos entre nosotros... Hoy todos ellos se dedican a cultivar hortalizas en sus huertos. A la pesca. Yo también estoy jubilado. Por invalidez. En el hospital de Kabul me extrajeron un pulmón... y el que me queda ya empieza a fallar... ¡Necesito ritmo! ¡Necesito una ocupación! He oído que en las afueras de Jmelnitski hay un hospital donde se hospedan los que han sido rechazados por sus familias y los que voluntariamente decidieron no volver a casa. Desde allí me escribe un soldado: "Estoy en la cama, sin brazos ni piernas... Me despierto por la mañana y no sé quién soy: ¿un hombre o un animal? A veces me entran ganas de ladrar o de maullar. Aprieto los dientes...". Me gustaría visitarlo. Busco cosas para estar ocupado.

»Necesito ritmo, el ritmo del que nace la pelea. Pero no sé con quién pelear. Ya no soy capaz de reunir a mis chicos y darles una charla propagandística: "Somos los mejores, somos los más justos". Sin embargo, me reafirmo en que queríamos serlo. No nos salió bien. Otra cosa es por qué. Por qué volvimos a fracasar...»

Mayor, comandante del batallón

«Estamos limpios ante la patria...

»Cumplí honestamente con mi deber de soldado. Digan lo que digan aquí y ahora... Por muchas vueltas que le estén dando a la tortilla, independientemente de todas esas revisiones... ¿Qué pasa con sentimientos como el de la patria, el del deber? ¿La palabra "patria" ya no les dice nada? ¿Es una palabra sin más? Estamos limpios...

»¿Cuál fue nuestro botín, qué nos trajimos de vuelta? ¿La "carga N 200", los ataúdes con los cuerpos de nuestros amigos? ¿Qué conseguimos allí? Enfermedades, desde la hepatitis hasta el cólera. ¿Heridas, invalidez? No tengo pecados que confesar. Estuve ayudando al pueblo hermano de Afganistán. ¡Estoy convencido de ello! Los que estaban conmigo también eran chicos sinceros, honestos. Ellos creían que habían llegado a esa tierra para hacer el bien. No se veían a sí mismos como unos "guerreros erróneos" luchando en una "batalla errónea". Pero hay gente que quiere vernos como unos tontos ingenuos, como carne de cañón. ¿Para qué? ¿Con qué fin? ¿Están buscando la verdad? Recuerden ese episodio bíblico... Recuerden lo que le dijo Jesús a Pilatos durante el interrogatorio:

»—Yo he nacido para esto, y para esto he venido al mundo, para dar testimonio de la verdad.

»Pilatos repreguntó:

»—¿Qué es la verdad?

»La pregunta no fue respondida...

»Yo tengo mi propia verdad... ¡La mía! Éramos puros en nuestra fe, en una fe tal vez cándida. Creíamos que si el nuevo régimen les ofrecía la tierra, todos la aceptarían alegremente. Y de repente... ¡los campesinos rechazaban la tierra! Como diciendo: "¿Quién eres tú para darme la tierra, si la tierra pertenece a Alá? Alá mide y reparte". Nosotros creíamos que si organizábamos para ellos parques de máquinas y tractores, si les abastecíamos de tractores, de cosechadoras, de segadoras... eso les cambiaría la vida. Creíamos que la gente cambiaría. Y de repente... ¡ellos destruyen todos esos parques! Minan nuestros tractores como si fueran tanques. Nosotros creíamos que en la época de los viajes espaciales era ridículo pensar en Dios. ¡Absurdo! Enviamos al espacio a un muchacho afgano... Mirad: está allí donde habita vuestro Alá. Y de repente... resulta que el islam es inmune a la civilización... ¿Acaso es posible luchar contra la eternidad? ¡La de cosas que creíamos! Pero así fue... Fue... Y es una parte especial de nuestra vida... La conservo en mi alma y no la quiero destruir. No permitiré que la manchen ni que la pinten de negro. Allí nos protegíamos unos a otros en los combates. ¡Intenten ponerse frente a una bala! Eso no se olvida. Ni esto otro... El día en que volví a casa... Había pensado en aparecer por sorpresa, pero pensé en mi madre. Llamé:

»—Mamá, estoy vivo, llamo desde el aeropuerto. —El auricular al otro lado del cable cayó al suelo.

»¿Quién les ha dicho que perdimos la guerra allí? La perdimos aquí, en casa. En la Unión Soviética. Qué bonito podría haber sido nuestro regreso... El de unos hombres curtidos, fogueados... Pero no nos dejaron. Aquí no nos dieron ni derechos, ni competencias. Cada mañana en el obelisco (en el lugar del futuro monumento a los soldados internacionalistas) alguien cuelga una pancarta: "No lo instalen en el centro de la ciudad, pónganlo al lado del Estado Mayor...". Mi primo, que acaba de cumplir los dieciocho, no quiere hacer la mili: "¿Por qué he de cumplir unas órdenes estúpidas y criminales? ¿Por qué debo convertirme en asesino?". Mira de soslayo mis condecoraciones militares... A su edad, a mí me llegaba a lo hondo del corazón ver a mi abuelo poniéndose su chaqueta de gala con las órdenes y las medallas. Mientras combatíamos el mundo cambió...

»¿Qué es la verdad?

»En nuestro bloque de apartamentos vive una vieja. Es médica. Tiene setenta y cinco años. Después de todos esos artículos recientes, de las revelaciones, de los discursos... después de toda esta verdad que se nos ha caído encima, la mujer se ha vuelto loca... Cuando habla Gorbachov, apaga la tele. Abre la ventana de su primera planta y grita: "¡Que viva Stalin!", "¡Que viva el comunismo, el porvenir luminoso de la humanidad!". La veo cada mañana... Nadie la toca, nadie la molesta... A veces tengo la sensación de que me parezco a ella... ¡Me parezco, joder!

»Pero estamos limpios ante la Patria...»

Soldado, artillero

«Llamaron a la puerta... Pensé: "¿Será mi hijito?". Fui corriendo a abrir, no había nadie.

»Dos días más tarde los militares llamaron a mi puerta.

»—¿Me he quedado sin hijo?

»—Sí.

»De pronto a mi alrededor no había más que silencio. Caí de rodillas en la entrada, delante del espejo.

»—¡Señor! ¡Señor!

»Encima de la mesa había una carta inacabada: "¡Querido hijo! Leer tu carta me puso muy contenta. Ya no hay ni un solo error gramatical. Dos de sintaxis, igual que en la anterior: un inciso y una conjunción, en ambos casos faltan las comas. Por favor, no te enfades con tu madre. En Afganistán hace calor. Procura no resfriarte, cariño. Te resfrías tan fácilmente...".

»En el cementerio todos estaban callados, había mucha gente pero todos guardaban silencio. Yo tenía un destornillador en las manos, no conseguían quitármelo.

»—Déjenme abrir el ataúd... Déjenme ver a mi hijo... —Pretendía abrir el ataúd de zinc con un destornillador.

»Mi marido trató de quitarse la vida: "No quiero vivir. Perdóname, pero yo no quiero seguir viviendo". Le convencí:

»—Tienes que ocuparte de poner la lápida, de colocar las baldosas. De arreglar la tumba como hacen los demás.

»Él no lograba conciliar el sueño. Me decía:

»—Me acuesto y viene nuestro hijo. Me abraza, me besa.

»Según la antigua costumbre guardé un trozo de pan durante cuarenta días... después del entierro... Al cabo de tres semanas se hizo añicos. Significa que la familia desaparecerá...

»Distribuí las fotografías de mi hijo por toda la casa. Me hizo sentirme mejor, a mi marido al revés.

»—Guárdalas. Me está mirando.

»Pusimos la lápida. Una buena, de mármol caro. El dinero que teníamos ahorrado para la boda de nuestro hijo se fue para la lápida. Colocamos unas baldosas rojas y plantamos unas flores también rojas. Unas dalias. Mi marido pintó la valla.

»—Ya está hecho todo. Nuestro hijo estará contento.

»Por la mañana me acompañó al trabajo. Se despidió. Regresé a casa y le encontré colgado en la cocina, justo delante de la fotografía de nuestro hijo, de mi favorita.

»—¡Señor! ¡Señor!

»Dígame usted: "¿Son héroes o no lo son?". ¿A santo de qué sufro estas desgracias? ¿Qué me ayudará a sobrevivirlas? A veces pienso: "¡Sí, son héroes!". No es solo él... Son decenas... Filas enteras de tumbas en el cementerio municipal... Los días de fiestas allí truenan las salvas. Se pronuncian discursos solemnes. La gente lleva flores. Allí se organizan las ceremonias de admisión a las filas de los Pioneros de la Unión Soviética... Sin embargo, otras veces maldigo al gobierno, al partido... A nuestro régimen... Aunque yo soy comunista... Pero quiero saber: "¿A santo de qué? ¿Por qué a mi hijo lo empaquetaron en zinc?". Me maldigo a mí misma... Soy profesora de lengua y literatura rusas. Yo misma le enseñaba: "El deber es el deber, hijo mío. Hay que cumplirlo". Los maldigo a todos, pero por la mañana voy corriendo al cementerio y me disculpo:

»—Perdóname, hijo mío, por haber dicho eso. Perdóname.»

Madre

«Recibí una carta suya: "No te alarmes, cariño, si no recibes cartas. Escríbeme a la dirección de siempre". Dos meses de silencio. Ni siquiera me imaginaba que estaba en Afganistán. Incluso llegué a hacer las maletas para mudarnos juntos a su nuevo destino de servicio.

»Me escribía y me decía que tomaba el sol, que pescaba. Me envió una foto: montando en un asno, con las rodillas rozando la arena. Yo no tenía ni idea de nada hasta que vino por primera vez de vacaciones. Entonces me confesó que venía de la guerra... Un amigo suyo había perdido la vida... Antes pasaba muy poco tiempo con nuestra hija, no tenía demasiados sentimientos paternales, a lo mejor porque ella era muy pequeña. Pero esa vez llegó y se pasaba horas sentado y mirando a la cría, en sus ojos había tanta tristeza que me asustaba. Se levantaba por la mañana y la acompañaba a la guardería. Le encantaba subírsela a los hombros. Vivíamos en Kostromá, la ciudad es bonita. Por la tarde iba a buscarla. Íbamos los tres al teatro, al cine... pero por encima de todo le apetecía estar en casa. Ver la tele. Hablar.

»En el amor se volvió insaciable: me iba a trabajar, o a la cocina, y a él le daba pena perder ese tiempo juntos: "Quédate conmigo. No pasa nada si hoy no hay albóndigas. Pide vacaciones hasta que me vaya". Llegó el día de tomar el vuelo, él llegó tarde adrede, para poder pasar juntos otros dos días más.

»La última noche... Todo había sido tan bonito que lloré. Yo lloraba, él no decía nada, solo miraba y miraba. Luego me dijo:

»—Tamara, si viene otro niño, no olvides esto...

»Yo:

»—¡Te has vuelto loco! ¡Nunca te matarán! Te quiero tanto que nunca te matarán.

»Se rió.

»Él no quería tener más hijos:

»—Volveré... Cuando vuelva tendremos otro... ¿Cómo te las vas a arreglar si no tú sola?

»Aprendí a esperar. Aunque si veía un coche funerario me derrumbaba, me quedaba a punto de echarme a gritar, a llorar. Volvía corriendo a casa. Si hubiera tenido una imagen santa, me habría puesto de rodillas y habría rezado: "¡Sálvale para mí! ¡Sálvale!".

»Aquel día fui al cine... Miraba la pantalla y no veía nada. Por dentro sentía una especie de ansiedad indefinida, como si me esperasen en alguna parte, como si debiera estar en otro lugar, apenas aguanté hasta el final. Por lo visto, ese día fue cuando entró en combate...

»Pasó una semana y yo aún no sabía nada. En esos días, incluso recibí dos cartas suyas. Normalmente me alegraba, las besaba, pero aquel día me enfadé: "¡¿Cuánto más he de esperarte?!".

»Al noveno día, a las cinco de la mañana, me llegó un telegrama, me lo dejaron debajo de la puerta. El telegrama era de sus padres: "Ven. Petia ha muerto". Lancé un grito. Desperté a la cría. ¿Qué hacer? ¿Adónde ir? No tenía dinero. Justo ese mismo día tenía que llegar su certificado de traslado. Recuerdo que envolví a la niña con una manta roja y salí a la calle, los autobuses todavía no circulaban. Paré un taxi.

»—Al aeropuerto —dije al taxista.

»—Ya voy de camino a casa.

»Y me cerró la puerta.

»—Mi marido ha muerto en Afganistán...

»Sin decirme nada, bajó del coche y me ayudó a subir. Pasamos por casa de una amiga mía, me prestó dinero. En el aeropuerto no quedaban billetes para volar a Moscú y a mí me daba miedo sacar el telegrama del bolso y enseñarlo. ¿Y si no era cierto? ¿Y si era un error? Y si... Lo principal era no decirlo en voz alta... Lloraba, todos me miraban. Me metieron en un avión biplano de agricultura. Llegué a Minsk por la noche. Tenía que seguir, tenía que llegar a Stárie Dorogi. Los taxistas se negaban a llevarme, era demasiado lejos, ciento cincuenta kilómetros. Yo se lo pedía. Les suplicaba. Uno accedió: "Te costará cincuenta rublos". Le entregué todo lo que me quedaba.

»A las dos de la madrugada llegué a su casa. Todos lloraban.

»—Tal vez no sea verdad...

»—Es verdad, Tamara. Es verdad.

»Por la mañana fuimos a la comandancia. La respuesta militar fue la de siempre: "Les informaremos cuando traigan el cadáver". Esperamos otros dos días. Llamamos a Minsk: "Vengan aquí y transpórtenlo por su cuenta". Fuimos hasta allí, en la comandancia regional nos dijeron: "Lo han transportado por error a Baránavichi". Eran otros cien kilómetros, y el depósito de nuestro pequeño autocar estaba vacío. En la dirección del aeropuerto de Baránavichi no había nadie, el horario laboral se había acabado. Encontramos al vigilante.

»—Venimos a...

»—Allí —nos señaló con la mano—, hay una caja. Vayan a verlo. Si es suyo, pueden llevárselo.

»En medio del campo había una caja toda sucia, con una inscripción escrita a tiza que decía: "Teniente Dovnar". Arranqué una tablita que había en la parte donde suele estar la ventanilla del ataúd: su cara estaba intacta, pero sin afeitar y sin lavar, el ataúd le venía algo pequeño. El olor. Un olor insoportable. No había manera de acercarme, de besarlo... Así me devolvieron a mi marido...

»Me puse de rodillas ante lo que un día había sido lo más querido. Lo más amado...

»Fue el primer ataúd del pueblo de Iazil, en el distrito de Starodorozhni, de la región de Minsk. En los ojos de la gente se leía el horror. Nadie comprendía qué había ocurrido. Acerqué a mi hija para que se despidiera, ya había cumplido cuatro años y medio. Ella se puso a gritar: "Papá está negro... Tengo miedo... Papá está negro...". Bajaron el ataúd a la tumba. Todavía no había dado tiempo ni de retirar las cuerdas que se usan para bajarlo cuando de pronto estalló un trueno y empezó a granizar. Recuerdo aquel granizo, parecía gravilla blanca sobre las lilas en floración, recuerdo cómo crujía debajo de los pies. La naturaleza misma se rebelaba. Me quedé en su casa durante mucho tiempo, porque allí habitaba su alma... Su padre y su madre... Sus cosas: la mesa, la cartera con la que había ido al colegio, su bicicleta... Me aferraba a cualquier objeto. Tocaba sus cosas... En la casa todo el mundo estaba callado. Me parecía que su madre me odiaba: yo seguía viva y él no, yo me casaría de nuevo, pero su hijo se había ido. Es una buena mujer, sin embargo aquellos días estaba fuera de sí. Tenía la mirada pesada, muy pesada... Ahora ella me dice: "Tamara, cásate otra vez". Pero aquellos días me daba miedo mirarla a los ojos. Su padre por poco perdió la cordura: "¡Qué buen hombre hemos perdido! ¡Le han quitado la vida!". Su madre y yo le intentábamos convencer de que a Petia le habían condecorado con una orden... de que Afganistán era necesario... la defensa de las fronteras del sur... No nos hacía caso: "¡Canallas! ¡Canallas!".

»Lo más terrible llegó después. Lo más terrible... fue acostumbrarme a la idea de que no debo esperarlo, de que ya no tengo a nadie a quien esperar. Aun así, durante mucho tiempo lo estuve esperando... Nos mudamos a otro apartamento. Por la mañana me despertaba bañada en sudor: "Vendrá Petia y no nos encontrará, vivimos en otro sitio". No lograba hacerme a la idea de que me había quedado sola, que seguiría sola. Revisaba el buzón de correo tres veces al día... Me devolvían las cartas que le había escrito y que él no llegó a recibir, venían con el sello de "El destinatario está ausente". Me dejaron de gustar las fiestas. Dejé de ver a mis amigos. Solo me quedaban los recuerdos. Recordaba los mejores momentos... Los primeros...

»El primer día nos vimos en un baile. El segundo día nos vimos en un parque. El tercer día me propuso matrimonio. Yo ya estaba comprometida. Imagínese, ¡si hasta había empezado los trámites en el registro civil! Se lo dije. Él se marchó, pero me escribía, me escribía cartas con unas letras enormes: "¡Holaaa!". Me prometió: "En enero iré y nos casaremos". Pero yo no quería casarme en enero. ¡Quería una boda en primavera! A lo grande. Con música y flores.

»Celebramos la boda en invierno, en mi pueblo. Fue de risa, a todo correr. Por la Epifanía, cuando muchos practican los sortilegios, tuve un sueño. Por la mañana se lo conté a mi madre:

»—Mamá, he soñado con un chico muy guapo. Estaba de pie en un puente y me llamaba. Vestía un uniforme militar. Pero cuando me acercaba, él se alejaba, poco a poco, hasta que ha desaparecido.

»—No te cases con un militar, acabarás sola —predijo mi madre.

»Vino solo para dos días.

»—¡Vamos al registro civil! —me propuso ya desde la puerta.

»En el sóviet rural nos dijeron:

»—¿Para qué esperar dos meses? Una botella de brandy como regalo y estará resuelto.

»Una hora más tarde ya éramos marido y mujer. Salimos a la calle, en medio de una ventisca de nieve.

»—¿En qué coche vas a llevar a tu joven esposa?

»—¡Un momento! —Levantó la mano y paró un tractor.

»Me pasé años soñando con aquel encuentro. Con ese recorrido en tractor. El conductor tocaba el claxon y nosotros nos besábamos. Hace ocho años que él ya no está... Ocho... A menudo sueño con él. En los sueños le suplico: "Cásate conmigo una vez más". Él me rechaza: "¡No! ¡No!". No solamente lloro la muerte de mi marido, lloro la muerte de un hombre extraordinario. ¡Qué hombre era! ¡Qué hombre tan apuesto! Un cuerpo grande y bello. En la calle se giraban para mirarle a él, no a mí. Siento no haber tenido un hijo suyo. Podría haberlo hecho... Yo se lo pedía. Le daba miedo...

»La segunda vez que vino de vacaciones... No había enviado ningún telegrama. No me había avisado. Yo no estaba en el apartamento. Una amiga estaba celebrando allí su cumpleaños. Él abrió la puerta: la música sonando fuerte, la gente riéndose... Él se sentó en un taburete y lloró... Todos los días me iba a buscar: "Voy hacia tu trabajo y me tiemblan las rodillas, como si fuera una cita". Recuerdo que fuimos al río, tomamos el sol, nos bañamos. Nos sentamos en la orilla delante de una hoguera:

»—No sabes lo poco que me apetece morir por una patria ajena.

»De noche me dijo:

»—Tamara, no vuelvas a casarte nunca.

»—¿Por qué dices eso?

»—Porque te quiero mucho. Y no me imagino que puedas estar con otro...

»Los días pasaban muy rápido. Y surgió algo parecido al miedo... Teníamos miedo... Hasta dejábamos a nuestra hija con los vecinos para poder pasar más tiempo juntos. No era un presentimiento, más bien una sombra... Se perfilaba una sombra... Le quedaba medio año. En la Unión Soviética ya estaban preparando el reemplazo.

»A veces tengo la sensación de vivir mucho, mucho tiempo, aunque los recuerdos siempre son los mismos. Me los he aprendido de memoria.

»La cría todavía era pequeña, un día volvió de la guardería.

»—Hoy hemos hablado de nuestros papás. Yo he dicho que mi padre es militar.

»—¿Por qué has dicho eso?

»—No me han preguntado si estaba vivo. Han preguntado qué hace.

»Ahora ya ha crecido. Cuando me enfado con ella, me aconseja:

»—Venga, mamá, cásate ya otra vez...

»—¿Qué papá te gustaría tener?

»—Me gustaría tener al mío...

»—Y si no es el tuyo, ¿cómo te gustaría que fuera?

»—Que fuera parecido a él...

»Me quedé viuda a los veinticuatro años. Los primeros meses, me hubiera casado con cualquier hombre que se me hubiera acercado. ¡Me estaba volviendo loca! No sabía cómo salvarme. A mi alrededor la vida continuaba: unos se construían una dacha, otros se compraban un coche, otros equipaban su nuevo apartamento; necesitaban una alfombra nueva, los azulejos para la cocina... un papel pintado bonito... La vida cotidiana de los otros... Pero ¿y yo? Yo me sentía como un pez sobre la arena... Por la noche me ahogaba en lágrimas... Solo ahora he comenzado a comprar algunos muebles. No conseguía levantar la mano para hacer una tarta. Para ponerme un vestido bonito. ¿Cómo iba a haber alguna celebración en mi casa? Entre 1941 y 1945 la desgracia era de todos, de todo el país. Todo el mundo había perdido a alguien. Y sabía por qué lo había perdido. Las mujeres lloraban a coro... En la escuela técnica de cocina donde trabajo la plantilla es de cien personas. Solo yo perdí a mi marido en esa guerra, de la cual los demás como mucho habían leído alguna noticia en los periódicos. La primera vez que oí por la tele que Afganistán era una deshonra quise romper la pantalla. Aquel día enterré a mi marido por segunda vez.

»Amé al vivo durante cinco años. Ya van ocho que amo al muerto. Tal vez estoy loca. Le quiero.»

Esposa

«Nos transportaron a Samarcanda...

»Había dos tiendas de campaña, en una de ellas nos quitábamos toda nuestra ropa de civiles, los que eran más listos se las habían apañado para vender por el camino sus chaquetas y jerséis, y comprar algo de alcohol. En la otra nos entregaban prendas militares usadas: camisas de 1945, botas con caña de lona, peales. Un africano acostumbrado al calor se desmayaría solo de ver esas botas. En los países africanos subdesarrollados los soldados calzan zapatos ligeros, visten con chaquetas, pantalones y quepis adecuados. Pero nosotros estábamos allí, a cuarenta grados, caminando en formación, cantando y con los pies hirviendo. La primera semana estuvimos descargando envases de vidrio en una fábrica. Cargábamos cajas de refrescos en un almacén. Nos enviaban a trabajar a los domicilios de los oficiales, en uno de ellos levanté unos muros de ladrillo. Pasé un par de semanas arreglando el tejado de una pocilga: por cada tres placas de pizarra que montaba, vendía otras dos placas para comprar bebida. También vendíamos las tablas de madera a dos metros por un rublo. Antes del juramento nos llevaron dos veces al campo de tiro, la primera vez disparamos nueve balas a cada uno, la segunda vez tiramos una granada cada uno.

»Después nos hicieron formar filas en el campo de instrucción y leyeron la orden: "Serán destinados a la República Democrática de Afganistán para cumplir con su deber internacionalista. Los que no lo deseen, que den dos pasos adelante". Tres tipos salieron de las filas. El comandante de la unidad los devolvió a las filas con un puntapié en el trasero, dijo que solo querían comprobar nuestro espíritu bélico. Nos entregaron raciones de rancho seco para tres días, un cinturón de piel, y en marcha. Así fue la jugada... No me desanimé. Para mí era la única oportunidad que tenía de ver otro país. Y, bueno... a decir verdad... también... soñaba con traerme de vuelta un magnetófono y un maletín de piel. Hasta entonces en mi vida no había ocurrido nada de interés. Mi vida era aburrida. Volamos en un enorme IL-76. La primera vez... ¡Era mi primer viaje en avión! Por la ventanilla vi las montañas. Un desierto. Soy de Pskov, lo nuestro son los bosques y los prados. Desembarcamos en Shindand. Recuerdo el día y el mes: el 19 de diciembre de 1980...

»Me miraron.

»—Mides un metro ochenta... Irás a la compañía de reconocimiento. Allí necesitan chicos de tu tamaño...

»De Shindand nos enviaron a Herat. Allí también nos tocó construir. Construimos un campo de tiro. Cavábamos la tierra, transportábamos piedras para los cimientos. Yo empizarraba el tejado, trabajaba de carpintero. Algunos no habían hecho un solo disparo hasta el primer combate. Tenía hambre todo el tiempo. En la cocina había dos bidones de cincuenta litros. Uno para el primer plato: col hervida, ni hablar de carne; otro para el segundo: puré de patata en polvo o cebada perlada hervida sin aceite. Entre cuatro compartíamos una lata de caballa en conserva, la etiqueta decía: "Fecha de envasado: 1956, caduca en un año y seis meses". En un año y medio solo dejé de tener hambre en una ocasión, fue cuando me hirieron. Pero por norma general siempre estábamos pensando en lo mismo: "¿Dónde puedo conseguir algo para comer, dónde puedo robar algo de comida?". Robábamos los huertos de los afganos, ellos nos disparaban. Fácilmente podías encontrarte con una mina. Pero nos apetecían tanto las manzanas, las peras, cualquier fruta... Les pedíamos a nuestros padres ácido cítrico, ellos nos lo enviaban en las cartas. Lo disolvíamos en agua y nos lo bebíamos. El sabor era ácido. Nos quemaba el estómago.

»Antes del primer combate... Pusieron el himno de la Unión

Soviética. Habló el responsable político. Me quedé con que el imperialismo mundial no dormía y que en casa nos esperaban como a héroes.

»No me imaginaba cómo iba yo a matar. Antes de hacer la mili había practicado mucho ciclismo, mis músculos asustaban, nunca nadie me había tocado. Ni siquiera había visto una pelea de verdad de cerca, una con cuchillos, con sangre. Viajamos en los blindados. De Shindand a Herat nos habían llevado en autobús, y después solo otra vez habíamos salido de las instalaciones en un camión. Íbamos sentados encima de la coraza, con las armas en las manos, las camisas arremangadas... Sentía una nueva sensación, desconocida. La sensación de poder, de fuerza, de seguridad. Los *kishlak* de pronto se hicieron bajos; las acequias se veían pequeñas, los árboles, escasos. Al cabo de media hora estaba tan tranquilo que empecé a sentirme como un turista. Iba observando un país desconocido, ¡puro exotismo! Otros árboles, otros pájaros, otras flores... Vi por primera vez una espina de camello. Y me olvidé de la guerra.

»Cruzamos una acequia por un puente de arcilla que, para mi sorpresa, aguantó varias toneladas de metal. De improviso, una explosión. Dispararon a los primeros vehículos desde un lanzagranadas. Se habían llevado por delante a varios chicos que yo conocía... A uno le faltaba la cabeza... Parecía un blanco de papel... Los brazos le colgaban... La consciencia no es capaz de asimilar al instante esa nueva y terrible vida... Ordenaron: "¡Preparad los morteros!". Los llamábamos "vasiliok": ciento veinte disparos por minuto. Los proyectiles volaron hacia el *kishlak* desde el que nos habían disparado, varios proyectiles a cada casa. Después del combate recogimos a los nuestros pedazo por pedazo, tuvimos que raspar algunos trozos para quitarlos de la coraza. No había chapas de identificación, desplegamos una lona que hizo de fosa común... Vete tú a identificar piernas o fragmentos de cráneos... No nos entregaban ninguna chapa. Por si caían en manos ajenas. El nombre, el apellido, la dirección... Como dice la canción: "Nuestra dirección no es una calle, ni un número, nuestra dirección es la Unión Soviética...". ¡Así fue la jugada!

»Regresamos en silencio. Éramos gente sencilla, no estábamos acostumbrados a matar. En la instalación nos calmamos. Comimos. Limpiamos las armas. Entonces hablamos:

»—¿Un porro? —nos ofrecían los "viejos".

»—No quiero.

»No quería fumar, me daba miedo que en el futuro me costara dejarlo. Te acostumbras a las drogas muy rápidamente, hace falta mucha voluntad para dejarlas. Con el tiempo todos empezamos a fumar, si no la palmas, los nervios te revientan. Si hubiéramos tenido un traguito de vodka como en la otra guerra... pero no. No estaba permitido... La ley seca. Y nos hacía falta descargar la tensión. Olvidarnos. Echábamos hierba al arroz, a las gachas... Íbamos con los ojos fuera de órbita... De noche veíamos como los gatos. Íbamos ligeros como los murciélagos.

»Los soldados de reconocimiento no matan en un combate, lo hacen a poca distancia. No atacan con metralleta, sino con una daga, con la bayoneta, para no hacer ruido. Matan sigilosamente. Lo aprendí a hacer muy pronto, me acostumbré. ¿El primer muerto? ¿El primero al que maté de cerca? Lo recuerdo... Nos acercamos a un *kishlak*, por los prismáticos de visión nocturna lo divisamos: al lado de un árbol había una farola pequeña, junto a ella se veía el fusil, un hombre cavaba la tierra. Le dejé mi metralleta a mi compañero, me aproximé lo suficiente a él, le salté encima, lo arrojé al suelo. Le metí el turbante en la boca para que no gritara. No habíamos cogido las dagas para minimizar la carga. Yo llevaba un cortaplumas, lo usaba para abrir las latas. Era un cortaplumas de toda la vida. Ya lo tenía en el suelo... Le tiré de la barba y le corté la garganta. Después del primer asesinato... Es como después de la primera mujer... Estás alterado... Se me pasó pronto. Quieras o no, soy de pueblo, había degollado gallinas, había sacrificado una cabra. ¡Así fue la jugada!

»Yo era el explorador jefe. Normalmente salíamos de noche. Me ocultaba detrás de un árbol armado con el cuchillo... Aparecían ellos... Primero iba el vigía, había que quitárselo de en medio. Lo hacíamos por turnos... Si era mi turno... El vigía pasaba por delante, yo esperaba que se adelantase un poco y le saltaba encima, era importante agarrarle muy fuerte de la cabeza con la mano izquierda y torcérsela bien hacia atrás, para que no pudiera gritar... Entonces con la mano derecha le apuñalaba por la espalda... Debajo del hígado... Atravesarlo... Con el tiempo me hice con un trofeo... Un cuchillo japonés, de treinta y un centímetros de largo. Atravesaba el cuerpo humano con mucha facilidad. Se agitaban y se caían sin hacer ruido. Uno se acostumbra. Psicológicamente era más fácil que técnicamente. Había que dar justo en el corazón... Aprendíamos kárate. Inmovilizar, atar... No fallar con los puntos dolorosos (nariz, orejas, bajo el párpado), el golpe tenía que ser exacto. Se ha de hincar el cuchillo con mucha precisión... Irrumpimos en el patio: dos en la puerta, dos dentro del patio, los demás revisando la vivienda. Por supuesto, nos llevábamos cualquier cosa que nos gustara...

»Una vez... Me fallaron los nervios... Estábamos peinando un *kishlak*. Lo habitual era abrir la puerta y lanzar dentro una granada, para evitar una ráfaga de metralleta al entrar. ¡¿Quien quería arriesgarse?! Con una granada era más seguro. Lancé la granada y entré: en el suelo yacían mujeres, dos niños y un bebé. El bebé estaba dentro de una cajita... En vez de un cochecito...

»Lo recuerdo e incluso ahora... Incluso ahora me siento mal...

»Yo quería ser bueno, pero en la guerra eso no pasa. Regresé a casa. Estoy ciego, una bala me arrancó la retina de ambos ojos. Me entró por la sien izquierda, salió por la derecha. Solo distingo luces y sombras. No he conseguido ser bueno. A menudo tengo ganas de degollar a mordiscos. Los conozco... A los que habría que degollar a mordiscos... A los... a los que ahorran en las piedras para las lápidas de nuestros chicos... A los que ahorran en las viviendas para nosotros, los inválidos: "Yo no le envié allí...". A los que les importamos un bledo... Nosotros moríamos allí mientras que ellos miraban esa guerra por la tele. Para ellos era un espectáculo. ¡Un espectáculo! Lo seguían con emoción.

»He aprendido a vivir sin ojos... Me muevo solo por la ciudad, voy en metro, hago transbordos. Cocino, mi mujer se sorprende: cocino mejor que ella. Nunca he visto a mi mujer, pero sé cómo es. Sé de qué color es su pelo, cómo es su nariz, sus labios... Oigo con las manos, con mi cuerpo... Mi cuerpo ve... Sé cómo es mi hijo... Le cambiaba los pañales cuando era un bebé, lavaba sus ropitas. Ahora le llevo sobre los hombros. A veces creo que no necesito ojos. ¿Verdad que usted cierra los ojos cuando le ocurre algo importante, cuando se siente bien? Un pintor sí que necesita los ojos, porque ver es su profesión. Yo en cambio percibo el mundo... Lo oigo... Para mí la palabra significa más que para ustedes, para los que pueden ver. Las palabras y las líneas. Los sonidos. Para muchos soy un hombre que ha dejado la vida atrás: "Ese" —dicen—, ya ha acabado su guerra. Igual que Yuri Gagarin después de su viaje espacial". Ni hablar, lo más importante está por venir. Lo sé. Al cuerpo, como a la bicicleta, no hay que darle demasiada importancia, yo fui ciclista, participaba en competiciones. El cuerpo es una herramienta, la máquina con la que trabajamos, nada más. Puedo ser feliz, libre. Sin los ojos... Lo he comprendido... Cuántos videntes no lo ven. Cuando tenía ojos yo estaba más ciego que ahora. ¡Qué ganas tengo de limpiarme! De limpiarme de toda esta suciedad en la que nos metieron. De la memoria... No sabe lo horriblemente mal que me siento a veces por las noches. Todo se me echa encima de nuevo... Otra vez salto con el cuchillo encima de otro hombre... Busco dónde atravesarle... El hombre es suave, recuerdo que el cuerpo humano es suave... ¡Así es la jugada! Así es...

»De noche tengo miedo porque vuelvo a ver... En los sueños no soy ciego...»

Soldado, explorador

«No se fije en que soy menuda, de constitución delicada... Yo también estuve allí... Soy de allí...

»Cada año me cuesta más responder a esto: "Si no eres soldado, ¿por qué fuiste allí?". Tenía veintisiete años... Todas mis amigas se habían casado menos yo. Había estado un año con un chico, pero después él se casó con otra. "¡Bórralo! Quítatelo de la memoria para que nadie sepa, ni adivine, que estuvimos allí..." Esto me escribió una colega de Afgán. Pues no, no voy a borrarlo de mi memoria, pero sí quiero aclararme las ideas...

»Ya allí empezamos a entender que nos habían engañado. La pregunta es: "¿Por qué fue tan fácil engañarnos?". Porque nosotros lo anhelábamos... ¿Es así, anhelábamos? ¿Cómo se dice correctamente? Llevo demasiado tiempo viviendo sola, pronto se me olvidará el habla humana. Me callaré para siempre. Puedo confesárselo... A un hombre se lo habría ocultado, pero a una mujer se lo diré... Se me pusieron los ojos como platos cuando vi cuántas mujeres iban a esa guerra. Guapas y feas, jóvenes y no tanto. Alegres y furiosas. Panaderas, cocineras, camareras... Mujeres de la limpieza... Por supuesto, cada una tenía su interés práctico: pretendíamos ganar dinero, o incluso arreglar nuestra vida personal. Todas éramos solteras o divorciadas. En búsqueda de la felicidad. De un poco de suerte. Allí había suerte. Y la gente se enamoraba en serio. Se celebraban bodas. Tamara Solovéi... La enfermera... Trajeron en la camilla a un piloto de helicóptero, estaba negro, calcinado. Pasados dos meses me invitó a su boda: se casaban. Pregunté a mis compañeras de habitación: "¿Qué hago? Estoy de luto...". Había muerto un amigo, tenía que escribir a su madre, llevaba dos días llorando sin parar. No estaba para asistir a una boda. "A lo mejor pasado mañana su novio perderá la vida, por lo menos ahora tendrá alguien para llorar su muerte", me respondieron las chicas. Es decir, no tenía que pensar si iba o no iba, tenía que buscar un regalo. Todos llegaban con el mismo regalo: un sobrecito con vales. La tripulación del novio se presentó con una garrafa de alcohol puro. Cantamos, bailamos, brindamos. Gritamos: "¡Viva!". La felicidad es igual en cualquier parte. Sobre todo, la felicidad de la mujer... Había de todo... Pero la memoria guarda las cosas bellas... Por la noche el comandante del batallón vino a mi habitación: "¡No tengas miedo! No quiero nada. Quédate sentada, solo quiero mirarte".

»Pero ¡teníamos fe! ¡Una gran fe! Creer en algo es tan bello... ¡Es maravilloso! La sensación del engaño... Y de la fe... De algún modo esas dos cosas se juntaban en nosotros... Tal vez yo no era capaz de imaginar otra guerra, una guerra diferente de la Gran Guerra Patria. Desde niña me encantaban las películas bélicas. Pensaba que... En mi mente había imágenes. Bueno, me imaginaba situaciones... ¿Acaso un hospital militar puede prescindir de mujeres? ¿De las manos de una mujer? Soldados quemados... torturados... Algo tan sencillo como poner la mano en la herida, transmitir un poco de fuerza emocional. ¡Eso es la misericordia! ¡Ese es el trabajo del corazón femenino! ¿Me cree usted? ¿Nos cree a nosotras? ¿Cree que no todas allí eran unas prostitutas y unas chivatas? Había muchas chicas de bien. Se lo confío como a una mujer... De mujer a mujer... Con los hombres es mejor no tocar ese tema. Se te ríen en la cara... En mi nuevo trabajo (regresé y me di de baja por voluntad propia) nadie sabe que vengo de la guerra. De Kabul... Hace poco hubo una discusión sobre Afganistán: qué guerra es, por qué... Nuestro ingeniero jefe me interrumpió: "Qué sabrá usted, una mujer joven, de asuntos bélicos... Eso son cosas de hombres...". [*Se ríe*] En la guerra vi a muchos chicos que pedían participar en misiones peligrosas. Perdían la vida sin pensárselo dos veces. Allí observaba mucho a los hombres... Los miraba a hurtadillas... Sentía curiosidad... A ver... ¿qué microbio corría por sus cabezas? Los chicos siempre están guerreando... Los había visto arriesgar la vida, los había visto matar. Y ellos se creen especiales por matar. Los ha rozado algo que no ha tocado a otros. ¿A lo mejor es como una enfermedad? Por ejemplo, existe un microbio. Un virus... Se contagian...

»Aquí todo se puso del revés... Entre nuestra gente... Nos habíamos ido de un país que necesitaba esa guerra y regresamos a un país que no la necesitaba. Nuestro socialismo se está derrumbando y no estamos para construirlo en el quinto pino. Ya nadie cita a Lenin ni a Marx. Nadie se acuerda de la revolución mundial. Adoramos a otros héroes... A los granjeros, a los empresarios... Los ideales son otros: mi casa es mi fortaleza... Pero a nosotros nos habían educado con los ejemplos de Pavka Korchaguin... De Merésiev... Sentados alrededor de una hoguera cantábamos: "Antes piensa en la Patria y después en ti". Pronto seremos el hazmerreír de todos. Nos usarán para asustar a los niños. No nos quejamos de no haber recibido lo merecido... De que no haya medallas para nosotros... Nos borraron como si no existiéramos. Caímos entre las piedras del molino...

»Los primeros seis meses no lograba conciliar el sueño. Y cuando me dormía, soñaba con cadáveres, con bombardeos. Horrorizada, saltaba de la cama. Cerraba los ojos y otra vez volvían las mismas imágenes. Pedí hora con un neurólogo. Me escuchó y dijo sorprendido: "¿En serio ha visto tantos cadáveres?". ¡Cuánto deseé partirle la carita a ese chico! Me contuve por poco... Me convencí... ¡Podría haberle dicho unas cuantas cosas! En la guerra había aprendido. No volví a ver a ningún otro médico. Caí en una depresión... Por la mañana no quiero levantarme de la cama ni lavarme ni peinarme. Lo hago todo a la fuerza, me obligo. Voy a trabajar... Hablo con la gente... Si por la noche me preguntan qué he hecho, no sabría responder, no recuerdo nada. Cada día siento menos ganas de vivir. No puedo escuchar música. Ni leer poesía. Antes me encantaba, era mi vida... No invito nunca a nadie. Ni acepto invitaciones. No tengo dónde esconderme, ¡maldita vivienda! Vivo en un piso compartido... ¿Qué he ganado en esa guerra? Me he comprado algo de ropa... He comprado algunos muebles italianos... Pero me he quedado sola... No encontré nada en la vida de allí y ahora me siento perdida en la de aquí. No encajo en esta vida. A pesar de todo quiero creer en algo. Me han quitado... Me han robado... No solo he perdido mi dinero por la inflación, peor todavía: me han confiscado mi pasado. Ya no tengo pasado... No tengo fe... ¿De qué voy a vivir?

»¿Cree que nosotros somos crueles? ¿Se dan cuenta de lo crueles que son ustedes? No nos preguntan nada, no nos escuchan. Pero escriben de nosotros...

»No mencione mi nombre. Considere que ya no existo.»

Empleada

«Voy volando al cementerio, como quien corre a una cita...

»Los primeros días me quedaba a dormir allí... No tenía miedo... He aprendido a interpretar el vuelo de los pájaros y el susurro de la hierba. En primavera espero el brotar de las flores que salen a mi encuentro. He plantado campanillas de invierno... Para que el saludo de mi hijo me llegue cuanto antes. Se alzan hacia mí desde allí... vienen de él...

»Estoy con él hasta muy tarde. Hasta la noche. A veces empiezo a gritar y no me doy cuenta, hasta que veo como los pájaros huyen. Un torbellino de cornejas. Vuelan en círculos, baten las alas encima de mí, entonces me recupero. Dejo de gritar. Vengo cada día desde hace cuatro años. O bien por la mañana, o bien a la tarde. Excepto once días en que tuve que guardar cama, sufrí un microinfarto, no me permitían levantarme. Luego me levanté y poco a poco conseguí llegar al lavabo... Es decir, podría llegar hasta mi hijo, si me caía ya sería encima de su tumba. Me escapé con la bata del hospital puesta...

»El día antes del infarto tuve un sueño. En él aparecía Valera.

»—Mami, mañana no vengas al cementerio. No lo hagas.

»Pero fui. Llegué corriendo: había silencio, tanto silencio como si él no estuviese. Lo sentía en el corazón: él no estaba. Las cornejas seguían allí, sentadas en fila, sobre la valla, no se alejaban volando como de costumbre. Me levanté del banco para irme, las cornejas empezaron a volar delante de mí, me tranquilizaban. No dejaban que me fuese. ¿Qué ocurre? ¿De qué me quieren avisar? De pronto los pájaros se calmaron, volaron hacia arriba y se posaron en los árboles. Y al instante sentí que la tumba me llamaba, sentí paz en el alma, la angustia se me pasó. Su espíritu había vuelto. "Gracias, pajaritos, por haberme guiado, por no permitir que me fuese. No he esperado a mi hijo en vano..." Entre la gente me siento mal, ando como un alma en pena. Me dicen cosas, me zarandean... me estorban... En el cementerio estoy bien. Solo estoy bien con mi hijo. Es fácil localizarme, siempre estoy o bien en el trabajo o bien allí. En el cementerio... es como si mi hijo viviese allí... He calculado dónde debe de tener la cabeza... Me siento al lado y se lo cuento todo... Cómo he pasado la mañana, el día... Recordamos juntos... Miro su fotografía... La miro detenidamente, mucho rato... Él a veces sonríe un poco, o bien, si está molesto, frunce el ceño. Y así es como vivimos. Si me compro un vestido nuevo, es solo para enseñárselo a mi hijo, para que él me vea... Antes se ponía de rodillas delante de mí: "Mi señora mamaíta. ¡Mi guapa mamaíta!". Ahora soy yo la que se pone de rodillas... Abro la portezuela de la valla y me pongo de rodillas.

»—Buenos días, hijo mío... Buenas tardes, hijo mío...

»Siempre estoy con él. Había pensado en adoptar a un huérfano... A uno que se le parezca, con los ojos grandes. Pero sufro del corazón. Mi corazón no lo aguantaría. Me cobijo en el trabajo como en un túnel oscuro. Si tuviera tiempo para sentarme en la cocina y mirar por la ventana, perdería el juicio. Solo la tortura me puede salvar. En cuatro años no he ido ni una sola vez al cine. Vendí mi televisor en color, el dinero fue para la lápida. Ni una vez he puesto la radio. Desde que murió mi hijo, todo cambió: mi cara, mis ojos, hasta mis manos.

»Con cuánto amor me casé... ¡Me casé apresuradamente! Él era piloto, era alto, apuesto. Envuelto en su chupa y con las botas de piel de reno. Un oso. ¡¿Y ese iba a ser mi marido?! ¡Las demás chicas se morirían! Recorría las tiendas, ¿por qué nuestras fábricas no hacían pantuflas con tacón? Yo a su lado era tan bajita... Cómo deseaba que se pusiera enfermo, que tosiese, que se resfriara. Así se quedaría en casa todo el día y yo le cuidaría. Estaba loca por tener un hijo suyo. Y que fuese como él. Con sus ojos, sus orejas, su nariz. Como si alguien en los cielos me hubiese hecho caso, mi hijo salió clavado a él. No me podía creer que aquellos dos maravillosos hombres fueran míos. Adoraba mi casa. Me encantaba hacer la colada, planchar. Tanto me gustaba todo en ella que protegía a cada ser vivo que encontraba: una mosca, una mariquita... las atrapaba y las soltaba por la ventaba. ¡Que todo viva, que haya amor! ¡Yo era tan feliz! Llamaba a la puerta y enseguida encendía la luz para que mi hijo me viese alegre:

»—Cariño, soy yo. ¡Te he echado tanto de menos! —Del trabajo, de hacer compras, siempre volvía corriendo a casa.

»Quería a mi hijo con locura, también ahora le quiero. Me trajeron las fotografías del entierro... No las cogí... No me lo creía... Soy como un perro fiel, de esos que mueren en la tumba de su amo. En la amistad también fui siempre fiel. Me subía la leche, pero yo había quedado con una amiga, tenía que devolverle un libro. Me pasé una hora y media en la calle, esperándola. Hacía mucho frío. La esperaba, pero ella no aparecía. Cuando alguien te dice que va a venir, no puede dejar de presentarse, así por las buenas, le habrá ocurrido algo. Fui corriendo a su casa y la encontré durmiendo. Ella no comprendía por qué lloraba yo. A ella también la quería, le había regalado mi vestido favorito, de color azul. Soy así. Mi entrada en la vida fue lenta, tímida. Hay gente más atrevida. Yo no creía que mereciera ser amada. Me decían: "Eres guapa"; yo no les hacía caso. Pero cuando aprendía algo, se quedaba conmigo de por vida. Iba por la vida con retraso. Para siempre. Y con alegría. Yuri Gagarin voló al espacio, salí a la calle con mi Valera. En aquel momento quería amar a todos... Abrazar a todos... Gritamos de alegría...

»Quería a mi hijo con locura. Con locura. Y él me amaba con locura a mí. Su tumba me llama. Me atrae. Como si él me llamara.

»Le preguntaban:

»—¿Tienes novia?

»Y él respondía:

»—Sí. —Y enseñaba mi carnet de estudiante, donde salgo en la foto con unas trenzas larguísimas.

»Le gustaba bailar el vals. Me invitó a su primer vals en el baile de graduación. Yo no tenía ni idea de que él supiera bailar, de que hubiera aprendido. Dábamos vueltas al ritmo del vals.

»Por la noche me quedaba sentada, haciendo punto, esperándole... Oía pasos... No, no era él. Otra vez pasos... ¡Esos sí eran los pasos de mi hijo! No me equivoqué ni una sola vez. Nos sentábamos uno frente al otro y hablábamos hasta las cuatro de la madrugada. ¿De qué hablábamos? De lo que habla la gente cuando está bien. De todo. De cosas serias y también de tonterías. Nos reíamos. Él me cantaba, tocaba el piano para mí.

»Yo miraba el reloj.

»—Valera, a la cama.

»—Venga, señora mamaíta, quedémonos otro ratito.

»Me llamaba "mi señora mamaíta", "mi preciosa mamaíta".

»—Pues bien, mi preciosa mamaíta, tu hijo ha sido admitido en la Academia Militar Superior de Smolensk. ¿Estás contenta?

»Se sentó al piano.

¡Señores oficiales, la sangre azul!
Tal vez no soy el primero,
tampoco soy el último...

»Mi padre era oficial en activo, murió defendiendo Leningrado. Mi abuelo también fue oficial. La naturaleza misma moldeó a mi hijo para el servicio militar: la altura, la fuerza física, el porte. ¡Hubiera sido un húsar modélico! Los guantes blancos... el champán, las barajas de cartas... "Mi niño de sangre militar", me alegraba yo. Ojalá el Señor nos hubiese enviado algo desde los cielos... Una señal...

»Todos le copiaban. Yo, su madre, le copiaba. Me sentaba al piano igual que él, de medio perfil. A veces caminaba como él. Más aún después de su muerte. Quiero que siempre esté presente en mí... Que continúe viviendo en mí...

»—Y bien, mi preciosa señora mamaíta, tu hijo se marcha.

»—¿Adónde?

»No dijo ni una palabra. Yo, llorando.

»—¿Hijo, adónde te marchas, corazón?

»—¿Qué quiere decir "adónde"? Ya sabes adónde. Venga, ponte a trabajar, señora mamaíta. Empecemos por la cocina... Van a venir unos amigos...

»Lo adiviné al instante.

»—¿Afganistán?

»—Allí... —Puso una cara impenetrable, bajó un telón de acero.

»Apareció en casa Kolia Románov, su amigo. Como un bocazas lo desembuchó todo: todavía estaban en tercero cuando empezaron a enviar solicitudes para servir en Afganistán. Durante mucho tiempo se lo denegaron.

»El primer brindis: por jugárselo todo por el todo. Durante la velada Valera cantó mis romanzas favoritas...

¡Señores oficiales, la sangre azul!
Tal vez no soy el primero,
tampoco soy el último...

»Faltaban cuatro semanas. Por las mañanas, antes de ir al trabajo, yo entraba en su habitación y lo escuchaba dormir. Hasta para dormir tenía clase.

»¡Como si el destino hubiese llamado a nuestra puerta, como si nos avisara! Tuve un sueño: yo me aferraba a una cruz negra, vestida con un vestido largo de color negro... Un ángel volaba sujetando esa cruz... Yo a duras penas aguantaba sin caer... Decidí mirar abajo. ¿Dónde caería, sobre el mar o sobre la tierra firme? Debajo de mí vi una zanja iluminada por el sol...

»Esperaba que viniese de vacaciones. Durante un tiempo no me escribió. Poco después recibí una llamada al trabajo:

»—Mi preciosa señora mamaíta, he llegado. No tardes. La sopa está lista.

»Grité:

»—¡Hijo mío, hijo mío! ¿No estás en Taskent? ¡Estás en casa! ¡En la nevera hay una olla con sopa de remolacha, tu favorita!

»—¡Fíjate qué bien! He visto la olla, pero no la he destapado.

»—Y tu sopa, ¿de qué es?

»—Mi sopa es el colmo de los sueños. Ven a casa. Salgo a buscarte a la parada del bus.

»Volvió con la cabeza llena de canas. No me confesó que no venía de vacaciones, había pedido que le dejaran salir del hospital: "Dos días para ir a ver a mi madre". Se retorcía del dolor, mugía. Hepatitis, malaria... ¡todo lo había pillado! Avisó a todo el mundo:

»—Mi madre no debe enterarse.

»Yo otra vez pasaba por su habitación antes de irme a trabajar, y miraba como dormía. Un día abrió los ojos:

»—¿Qué, señora mamaíta?

»—¿Por qué estás despierto? Es muy temprano.

»—He tenido una pesadilla.

»—Hijo mío, si tienes una pesadilla, cambia de postura. Y no cuentes los sueños malos para que no se hagan realidad.

»Le acompañamos hasta Moscú para despedirle. Estábamos en mayo, los días eran soleados. La hierba centella florecía.

»—¿Cómo te va allí, hijo mío?

»—Afganistán, mi señora mamaíta, es lo que no debemos hacer.

»Solo me miraba a mí, a nadie más. Me tendió las manos, juntamos las caras.

»—¡No quiero volver a esa fosa! ¡No quiero! —Se alejaba. Volvío la cabeza—. Se ha acabado, mamá.

»Nunca antes me había dicho "mamá", siempre "mi señora mamaíta". Era un precioso día soleado. La hierba centella florecía... La empleada del aeropuerto nos miraba y lloraba...

»El 7 de julio me desperté bañada en lágrimas... Clavé la mirada vidriosa en el techo. Él me había despertado... Como si hubiera venido a despedirse... Eran las ocho. Tenía que prepararme para ir a trabajar. Me movía como una posesa con el vestido en las manos, iba del lavabo a la habitación, de una habitación a la otra... Por alguna razón no me pude poner aquel vestido de color claro. Sentía vértigo... No veía nada. Todo estaba borroso... Hacia mediodía me calmé...

»El 7 de julio... Siete cigarrillos y siete cerillas en el bolsillo. Siete fotografías en la cámara. Siete cartas para mí. Y siete cartas a su novia. El libro abierto por la página siete... Kobo Abe, *El hombre caja*...

»Solo disponía de tres o cuatro segundos para salvar su vida... Su vehículo estaba a punto de caer al abismo...

»—¡Muchachos, salvaos! ¡Yo estoy acabado! —No fue capaz de saltar primero. De dejar a los amigos... Le fue imposible...

»"Le escribe el subcomandante del regimiento responsable de asuntos políticos, el mayor Sinélnikov S. R.: Cumpliendo con mi deber de soldado, le informo de que hoy a las 10.45 el teniente Volóvich ha fallecido..."

»Toda la ciudad se había enterado ya... En el club de oficiales colgaron su fotografía enmarcada en tela negra. El avión con el ataúd estaba a punto de aterrizar. Pero a mí no me habían dicho nada aún... Nadie se atrevía... En mi trabajo la gente tenía los ojos llorosos...

»—¿Qué ha ocurrido?

»Me entretenían con pretextos de toda clase. Una amiga se asomó por la puerta. Luego entró nuestro médico con su bata blanca. Tuve la sensación de que acababa de despertar.

»—¡Qué decís! ¿Os habéis vuelto locos? ¡Los hombres como él no mueren! ¡No! —Empecé a golpear la mesa. Corrí hacia la ventana, golpeé la ventana.

»Me pincharon.

»—¡Qué decís! ¿Os habéis vuelto locos? ¡¿Habéis perdido la razón?!

»Otro pinchazo. Las inyecciones no me causaban ningún efecto. Dicen que gritaba:

»—¡Quiero verle! ¡Llevadme con él!

»—Acompáñenla, no hay otra.

»Un ataúd largo, de madera sin desbastar... Letras grandes, pintadas con pintura amarilla: "Volóvich". Intenté levantar el ataúd. Quise llevármelo. Mi vejiga no aguantó...

»Necesitaba una parcela en el cementerio... Un lugar seco. ¡El terreno bien sequito! ¿Qué vale? ¿Cincuenta rublos? Los pagaré, pagaré. Solo que sea un buen sitio... El terreno bien sequito... En mi interior comprendía que era horrible, pero no podía decir nada... El terreno bien sequito... ¡Si hace falta le daré todo lo que tengo! Las primeras noches me quedaba allí... Me quedaba... Me acompañaban a casa y yo regresaba... Segaban la hierba... La ciudad y el cementerio olían a hierba recién cortada...

»Una mañana me crucé con un soldado.

»—Buenos días, señora madre. Su hijo era mi superior. Estoy dispuesto a contárselo todo.

»—Espera, hijo.

»Le llevé a casa. Él se sentó en el sillón de mi hijo. Abrió la boca y cambió de idea.

»—Lo siento, no puedo, señora madre...

»Vengo a verle y me arrodillo, antes de irme también me arrodillo. En casa solo estoy si viene gente a verme. Con mi hijo estoy bien. No tengo frío, ni cuando hay heladas. Allí le escribo cartas, he acumulado una montaña de cartas. ¿Cómo podría enviárselas? Regreso al anochecer: las farolas iluminan las calles, los coches van con las luces puestas. Regreso a pie. Siento tanta fuerza en mi interior que no tengo miedo ni de animales ni de hombres.

»Oigo en mi cabeza las palabras de mi hijo: "¡No quiero volver a esa fosa! ¡No quiero!". ¿Quién dará la cara por ello? Alguien debería... Quiero vivir muchos años, me esfuerzo. Vivir para estar con mi hijo... El punto más débil e indefenso de una persona es su tumba. Su nombre. Siempre protegeré a mi hijo... Vienen a verle sus amigos... Su amigo se arrastraba delante de él: "Valera, estoy manchado de sangre... Con estas mismas manos he matado. Combatí mil veces. Estoy cubierto de sangre... Valera, no sé qué es mejor, ¿haber muerto o haber sobrevivido? No lo sé...". Quiero entender, ¿quién responderá por todo esto? ¿Por qué ocultan sus nombres?

»Como en la canción que él cantaba:

¡Señores oficiales, la sangre azul!
Tal vez no soy el primero,
tampoco soy el último...

»Fui a una iglesia, estuve conversando con el sacerdote.

»—Mi hijo perdió la vida. Era una persona extraordinaria, muy querido. ¿Cómo debo portarme con él? ¿Cuáles son las tradiciones rusas? Las hemos olvidado. Quisiera conocerlas.

»—¿Su hijo estaba bautizado?

»—Padre, tengo ganas de decirle que sí, pero no puedo. Estuve casada con un oficial joven. Vivíamos en Kamchatka. Entre las nieves eternas... En cuevas de nieve... Aquí la nieve es blanca, allí es azul y verde, nacarada. No brilla y no daña la vista. Es un espacio puro... El sonido tarda mucho en llegar... ¿Me entiende, padre?

»—Qué pena, señora madre, que no estuviera bautizado. Nuestras oraciones no le alcanzarán.

»No pude evitarlo.

»—¡Lo bautizaré ahora! Con mi amor y con mi sufrimiento. Con mi sufrimiento...

»El sacerdote me cogió de la mano. La mano me temblaba.

»—No es bueno azorarse tanto, señora madre. ¿Con qué frecuencia va a visitarlo?

»—Cada día. ¿Acaso hay otra opción? Si estuviese vivo nos veríamos todos los días.

»—Señora, a partir de las cinco de la tarde no hay que molestarlos. Se retiran a descansar.

»—Trabajo hasta las cinco de la tarde, y después tengo otro empleo. Le coloqué una lápida nueva... Me costó mucho dinero... Tengo que pagar mis deudas.

»—Atiéndame, señora madre, los días festivos venga sin falta. Y venga también a misa todos los días, a las doce. Es cuando él la oye.

»Concédanme todas las torturas, las más tristes, las más atroces, para que le lleguen mis oraciones. Mi amor...»

Madre

«Todo nos pasa de milagro... Todo aguanta gracias a esta fe... ¡A la fe por el milagro!

»Nos embarcaban en el avión: "¡Al trote! ¡Al trote!". Y allí mismo, bueno... a pocos metros de nosotros... vimos como llevaban al piloto borracho, borracho como una cuba, sosteniéndolo por los brazos, le metieron en la cabina. ¡Madre mía! Y como si nada... El avión tomaba altura y volaba. Abajo se veían las montañas, los picos afilados. Caer sobre ellos sería terrible... Como aterrizar sobre clavos... ¡Madre mía! Sientes que el sudor te baña la frente... Llegamos la mar de bien, a la hora prevista. Ordenaron: "¡A salir! ¡A formar!". El piloto desfiló por delante de nosotros, muy apuesto, completamente sobrio. Como si nada... ¿Eso qué es? ¿Qué es, sino un milagro? Es así como se llevan a cabo nuestras hazañas, como nos convertimos en héroes. Pero cuando nos toca confesarnos, también lo hacemos a rienda suelta, nos desgarramos la camisa sobre el pecho. Lloramos a moco tendido. ¡Como si no hubiera mañana! ¡Hasta el final! Como una borrachera de alcohol. Yo regresé... Me dije a mí mismo: "¡Al diablo! ¡Al diablo!". Nos pintan como unos dementes, unos violadores, unos drogadictos. Yo regresé... Tengo una vida normal de una persona normal... ¡Madre mía! Y como si nada... Yo bebía vino, amaba a las mujeres, regalaba flores. Me casé. Tuve mi primer hijo... Ahora estoy sentado delante de usted, ¿le parezco un chalado? ¿Le parezco una bestia? Serví en las fuerzas especiales... Todos nuestros chicos eran de diez, muchos eran de pueblo. De Siberia. Son más sanos, más resistentes. Había uno que estaba tocado de la cabeza... Le encantaba clavarles la baqueta en los tímpanos a los *dushmán* que teníamos prisioneros. ¡Madre mía! Pero era uno... Solo uno... [*Se calla*]

»La vida, por muy extraño que parezca, continúa... "Cuando regresamos de la guerra comprendí que fuimos inútiles", ya lo dijo Borís Slutski.* Llevo en mi sangre la tabla periódica de Mendeléiev... La malaria me sigue atacando de vez en cuando... ¿A santo de qué? Nadie nos esperaba... Allí nos animaban: "Aceleraréis la Perestroika, agitaréis las mentes dormidas. ¡Removeréis el pantano!". Regresamos... No nos dejaban entrar en ningún sitio... Desde el primer día nos repiten lo mismo: "Estudiad, chicos. Formad una familia". ¡Madre mía! Y como si nada... A nuestro alrededor especulan con todo, la mafia campa a sus anchas, hay una indiferencia total, y nos tienen apartados de los asuntos serios... Un tipo listo me explicó una vez: "¿Qué sabéis hacer? Solo disparar... ¿Qué sabéis? ¿Que a la Patria solo se la defiende con una pistola? ¿Que la justicia requiere venir con una metralleta cargada?". Vale... No somos unos héroes... ¡Madre mía! A lo mejor, dentro de unos treinta años, yo mismo le diré a mi hijo: "Hijo, no todo fue tan heroico como dicen los libros, también había suciedad". Yo mismo lo diré... Pero dentro de unos treinta años... Hoy en día la herida es reciente, apenas ha comenzado a cicatrizar, a cubrirse con una piel nueva... [*Se pone a andar por la habitación*]

»Allí viví un episodio... [*Se detiene*] ¿Le interesa? Pensé en mi último deseo... Resultó ser muy sencillo: una taza de agua y un cigarrillo. ¡Madre mía! No quería morir, no pensaba morir... Se me

* Borís Slutski (1919-1986) fue un poeta soviético muy popular que perteneció a la generación de «los poetas de la guerra».

fue el conocimiento por la pérdida de sangre... El mundo entero se balanceaba... Me recobré al escuchar un grito... Valerka Lobach, nuestro auxiliar sanitario, me asestaba bofetadas y gritaba en pleno ataque histérico: "¡Te haré vivir! ¡Te haré vivir!". [*Se sienta bruscamente*]

»Me resulta curioso recordar... ¡Madre mía! Como si nada... Por las noches vuelvo a subir las montañas cargado con todo: una metralleta, dos dotaciones de municiones (novecientos cartuchos), a eso le sumamos cuatro granadas, granadas fumígenas, cohetes, la pistola lanzacohetes, el casco, el chaleco antibalas, la pala de zapador, el pantalón guateado, el paño de la tienda, rancho seco para tres días (son nueve latas pesadísimas y tres paquetes grandes de galletas)... Cincuenta kilos. Y eso calzado con aquellas botas de caña de lona con peales que nos entregaron antes de salir de la Unión Soviética. Ibas con los pies asados hasta que tenías la suerte de quitarle las bambas a algún *dushmán* muerto... ¡Al diablo con todo! ¡Al diablo! En la guerra todo el mundo cambia, hasta los perros cambian. Hambrientos... Los perros ajenos... Te ven como comida, un hombre nunca se siente como un manjar, pero en aquel momento me sentí así. Estaba herido... Menos mal que los chicos no tardaron en localizarme... [*Se calla*] ¿Para qué ha venido? ¿Por qué he accedido?... Se ha atrevido a tocarlo... ¿Con qué fin? ¿Para quién? Mi abuelo combatió en la Gran Guerra... Yo le explicaba que habíamos perdido a diez chavales en un combate. Diez ataúdes... Diez sacos de plástico... El abuelo me respondió: "No has vivido una guerra de verdad ni de lejos. Nosotros en un combate perdíamos de cien a doscientos hombres. Amontonábamos los cuerpos en una fosa común, vestidos tan solo con camisas o en paños menores, y les echábamos arena por encima". ¡Al diablo! Ya termino... ¡Madre mía! Y como si nada... Allí bebíamos vodka Moskóvskaia, popularmente lo llaman el "cigüeñal". Precio de venta al público: tres rublos sesenta y dos kópeks...

»Han pasado cuatro años... La única cosa que no ha cambiado es la muerte, los amigos que perdieron la vida, lo demás todo ha cambiado...

»Hace poco fui a una clínica dental... Todos volvimos con escorbuto, con periodontitis. ¡Cuánta lejía nos tragamos! Me sacaron una muela, otra... De la impresión, por el dolor (la anestesia no me hizo efecto), empecé a hablar... No conseguía parar... La mujer, la dentista, me miraba casi con aversión, en su rostro se podían leer sus sentimientos. Decía: "Tiene la boca completamente llena de sangre y encima se pone a hablar". Entendí que era justo así como nos ven los demás: "Tienen las bocas completamente llenas de sangre y encima se ponen a hablar...".»

Sargento, fuerzas especiales

Post mortem

TATÁRCHENKO, ÍGOR LEONÍDOVICH (1961-1981). Cumpliendo una misión de combate, fiel al juramento militar, mostrando firmeza y valentía, murió en Afganistán. «Querido Ígor, perdiste la vida sin haberla conocido.» Mamá y papá

LADUTKO, ALEKSANDR VÍKTOROVICH (1964-1984). Murió cumpliendo su deber internacional. «Cumpliste honestamente con tu deber de soldado. No lograste salvarte, hijito mío. Caíste en tierra afgana como un héroe, para que el cielo estuviera siempre lleno de paz.» De mamá a su hijo querido

BARTASHÉVICH, YURI FRÁNTSEVICH (1967-1986). Murió heroicamente en cumplimiento de su deber internacional. «Recordamos, queremos, lloramos.» La familia

BOBKOV, LEONID IVÁNOVICH (1964-1984). Murió cumpliendo su deber internacional. «Se nos fue la luna, se apagó el sol sin ti, querido hijo.» Mamá y papá

ZILFIGÁROV, OLEG NIKOLÁEVICH (1964-1984). Cayó fiel al juramento militar. «No se cumplieron los deseos, no se realizaron los sueños, demasiado pronto se cerraron tus ojos. Oleg, hijo nuestro, hermano, no se puede expresar el dolor por haberte perdido.» Mamá, papá, tus hermanos y hermanas

Kozlov, Andréi Ivánovich (1961-1982). Murió en Afganistán. «A mi único hijo.» Mamá

Bógush, Víktor Konstantínovich (1960-1980). Murió defendiendo la Patria. «Sin ti la tierra se ha vuelto vacía...» Mamá

Juicio sobre *Los muchachos de zinc* (la historia a través de los documentos)

Hace poco un grupo de madres de soldados internacionalistas caídos en Afganistán ha planteado un pleito contra Svetlana Alexiévich, la autora del libro *Los muchachos de zinc.* El juzgado popular del distrito Central de la ciudad de Minsk ha admitido a proceso su demanda.

El motivo de la demanda fue la representación de *Los muchachos de zinc* por parte del Teatro Académico Nacional de Bielorrusia Yanka Kupala, así como la publicación de diversos fragmentos del libro en las páginas del periódico *Komsomólskaia Pravda.* La televisión de la república grabó la obra teatral y la emitió para todos los ciudadanos de Bielorrusia. Las madres, que a lo largo de todos estos años han cargado con su incesante pena, se han sentido ultrajadas por el hecho de que sus muchachos salieran representados exclusivamente como unos desalmados robots asesinos, saqueadores, drogadictos y violadores...

L. Grigórieva, periódico Vecherni Minsk,
12 de junio de 1992

«*A juicio por* Los muchachos de zinc.» Con este título, el 22 de junio saltó la noticia, que fue publicada tanto por el rotativo *Na strazhe Oktiabria* como por otros medios. «Una guerra en toda regla —decía la noticia—, ha sido declarada contra la escritora Svetlana Alexiévich tras el lanzamiento de su libro: acusan a la autora de tergiversación y falsificación de los relatos de los "afganos", así como los de sus madres. El ataque ha surgido como respuesta a la obra homónima, realizada por el Teatro Nacional Yanka Kupala, cuya versión televisada ha sido ofrecida por la pequeña pantalla. El jurado del distrito Central tendrá que procesar la demanda del grupo de madres de los soldados internacionalistas caídos. La fecha de la vista todavía no está decidida. El teatro ha cancelado todas las representaciones...»

Nuestra llamada al juzgado del distrito Central para solicitar su versión de los hechos ha provocado, sin embargo, una reacción de sorpresa. Por lo visto, la oficial de la administración de justicia, la señorita S. Kulgan, ha afirmado a nuestros periodistas que el juzgado no ha recibido demanda alguna...

El autor de la noticia publicada en el periódico *Na strazhe Oktiabria*, el periodista V. Srelski, ha aclarado que la información procedía del rotativo moscovita *Krasnaia zvezda*.

Chirvonaia zmena,
14 de julio de 1992

El 20 de enero el periódico *Sovetskaia Bielorrusia* informó: «Ha comenzado el proceso legal contra la escritora Svetlana Alexiévich... El juicio tendrá lugar en el juzgado popular del distrito Central de Minsk».

El día anterior, el 19 de enero, el periódico *Vecherni Minsk* publicó la noticia sobre el mismo asunto titulada «Juicio contra la literata».

Las fechas de las publicaciones no son intrascendentes.

Tras nuestra visita al juzgado del distrito Central de la capital bielorrusa hemos podido averiguar que el proceso será llevado a cabo por la jueza Gorodnícheva. La jueza no nos ha dado su permiso para grabar la conversación y se ha negado rotundamente a hacer cualquier comentario alegando que «es preferible evitar una crispación innecesaria». No obstante, Gorodnícheva ha accedido a mostrarnos la carpeta con los materiales del caso Alexiévich, una carpeta inaugurada el 20 de enero. Por lo tanto, no cabe duda de que los materiales sobre el proceso judicial dedicados a la prensa estaban preparados antes de que la jueza abriera el expediente...

Leonid Sviridov, semanario Sobesédnik,
n.º 6, 1993

El juzgado popular del distrito Central de Minsk ha recibido dos demandas. Un excombatiente minusválido, que sirvió en Afganistán como soldado, afirma que S. Alexiévich ha escrito mentiras sobre aquella guerra y sobre él personalmente, y que por tanto le ha difamado. Así pues, la emplaza a presentar públicamente sus disculpas y a reparar el profanado honor del soldado con un importe de cincuenta mil rublos. A su vez, la madre de un oficial que perdió la vida discrepa de la evaluación de la escritora sobre el patriotismo soviético y su rol en la educación de las nuevas generaciones.

Svetlana Alexiévich mantuvo sendas entrevistas con ambos demandantes hace unos años, mientras trabajaba en su conocida obra *Los muchachos de zinc.* Actualmente los dos declaran que en aquel momento «no hablábamos así» y, en el caso de que «hubiéramos hablado así», tal como queda reflejado en el libro, hoy en día han cambiado de opinión.

Otros detalles interesantes: el soldado demandante que acusa a la escritora de tergiversación de los hechos, del atentado contra su honra, menciona una publicación en un periódico de 1989, a pesar de que en dicha publicación no aparece su apellido, sino el de otro soldado. La madre demandante conduce el juicio a tales laberintos políticos y psicológicos que ni un batallón de expertos lograría encauzarlo. No obstante, la jueza ha acogido ambas demandas. Las audiencias todavía no han comenzado, pero la interrogación anterior a la causa de la escritora está yendo a buen ritmo...

Anatoli Kozlóvich, Literatúrnaia gazeta,
10 de febrero de 1993

La célebre escritora bielorrusa Svetlana Alexiévich, que en su momento nos recordó que *La guerra no tiene rostro de mujer*, está procesada. Es evidente que el ardor de Afganistán todavía quema los corazones de determinados lectores indignados, que no han perdonado a S. Alexiévich *Los muchachos de zinc*, el relato documental sobre una guerra afgana que desconocíamos. La escritora ha sido acusada de exceso de exposición y de uso intencionado de los materiales aportados por los participantes en la guerra, las viudas y las madres de los soldados caídos. En general, de difamación, de antipatriotismo y de intento de calumnia. Hoy en día todavía no se sabe si la demanda tomará curso legal o si los demandantes, una vez exigida cierta compensación moral, preferirán evitar los tribunales. Sin embargo, la señal parece evidente. Es como si ante nosotros surgiera de nuevo la sombra del mayor Chervonapissni, que durante el Congreso de los Diputados del Pueblo de la Unión Soviética le daba lecciones al académico Andréi Sájarov sobre como este tenía que evaluar la guerra afgana...

Fiódor Mijáilov, Kuranti,
3 de febrero de 1993

Cita de la demanda judicial del ex soldado granadero Liáshenko Oleg Serguéevich

El día 6 de octubre de 1989, en el artículo «Regresamos de allí...», publicado en el periódico *Litaratura i mastatstva*, aparecieron fragmentos del libro documental *Los muchachos de zinc*, de Svetlana Alexiévich. Uno de los monólogos está firmado con mi nombre (el apellido no es el correcto).

El monólogo contiene mi relato sobre la guerra afgana, sobre mi estancia en Afganistán, sobre las relaciones entre la gente durante la guerra y después de ella, etc.

Alexiévich desvirtuó completamente mi relato, añadió cosas que yo jamás dije y, si las dije, fue con una intención completamente distinta. Sacó sus propias conclusiones, unas conclusiones que no eran mías.

Cito a continuación algunas de las declaraciones que S. Alexiévich firma con mi nombre y que ultrajan y humillan mi dignidad:

1. «En Vítebsk, en el batallón de instrucción, no se nos ocultaba que nos preparaban para ir a Afganistán. Un tipo me confesó que tenía miedo porque allí nos matarían a tiros. Yo le traté con desdén. Justo antes de irnos otro se negó a ir... Yo lo consideraba subnormal. ¡Íbamos a hacer la revolución!»

2. «En unas dos o tres semanas no queda ni rastro de tu personalidad anterior, solo tu nombre. Tú ya no eres tú, eres otra persona. Creo que es así... Por lo visto, así es... Y esa otra persona... Ese otro hombre ya no se espanta cuando ve a un muerto, sino que la mar de tranquilo, o tal vez incluso mosqueado, piensa en cómo lo va a bajar de las rocas y arrastrarlo durante varios kilómetros en medio de un calor insoportable. Surge una excitación aguda y estimulante cuando ves a un muerto: "¡No soy yo!". Sucede tan rápidamente... Esa transformación... Es muy rápida. Y nos afecta a todos.»

3. «Había sido adiestrado para disparar a quien me indicaran. Yo disparaba, no me apiadaba de nadie. Fui capaz de matar a un niño. Cada uno trataba de sobrevivir. No había tiempo para pensar. Me acostumbré a la muerte ajena, pero la mía me espantaba.»

4. «Por favor, no escriba eso de la hermandad "afgana". No existe. Yo no lo creo. En la guerra nos unía el miedo. Nos habían engañado por igual. Aquí nos une que ninguno de nosotros tenemos nada. Compartimos los mismos problemas: subsidios, apartamentos, buenos medicamentos, prótesis, electrodomésticos... Una vez que los resolvamos, nuestras asociaciones se disolverán. Conseguiré, atraparé, arrancaré a mordiscos ese apartamento, muebles de importación, frigorífico, lavadora, reproductor de vídeo de marca japonesa, y ¡adiós! Para los jóvenes no tenemos ningún atractivo. Para ellos somos una cosa rara. Oficialmente nos equiparan con los excombatientes de la Gran Guerra Patria, pero ellos defendían su país, ¿nosotros qué? Nos había tocado el papel de los alemanes, un chico me lo dijo tal cual. Y a nosotros eso nos molesta. Quien no

ha estado allí conmigo, quien no lo ha visto, no lo ha vivido, no es nadie para mí.»

Estas declaraciones ofenden profundamente mi dignidad, puesto que nunca dije eso ni nunca lo pensé, y considero que esta información difama mi honor como hombre, como persona y como soldado...

20 de enero de 1993, no está firmado

Cita de la transcripción taquigráfica de la entrevista prejudicial

Juez: T. Gorodnícheva. Letrados: T. Vlásova y V. Lushkínov. Demandante: O. Liáshenko. Demandada: S. Alexiévich.

T. Gorodnícheva: Demandante, ¿afirma usted que la escritora alteró los hechos que usted le había comunicado?

O. Liáshenko: Sí.

T. G.: Demandada, le pido que aclare el fondo de la cuestión.

S. Alexiévich: Oleg, quisiera que recordara cómo en nuestra entrevista me contaba todo eso llorando, no creía que su verdad pudiera publicarse un día... Me pedía que lo hiciese... Yo lo hice. ¿Y ahora qué? De nuevo le están engañando y le están usando. Por segunda vez... ¿Verdad que en aquel momento me decía que jamás permitiría que le engañasen de nuevo?

O. L.: Ojalá se pusiera en mi lugar: tengo una pensión miserable, no tengo trabajo, soy padre de dos niños pequeños... Hace poco despidieron a mi mujer. ¿Cómo voy a vivir? ¿De qué voy a vivir? Usted en cambio recibe honorarios. Sus libros se publican en el extranjero. Y a nosotros aquí nos tachan de asesinos y de violadores.

T. Vlásova: Protesto. Es un intento de ejercer presión psicológica sobre mi cliente. Mi padre era piloto, general, él también perdió la vida en Afganistán. Allí todo era sagrado. Ellos actuaban según el juramento. Defendían la Patria...

T. G.: ¿Cuáles son las exigencias del demandante?

O. L.: Que la escritora pida disculpas públicamente y que me recompense por el perjuicio moral...

T. G.: ¿Solo insiste en que los datos publicados se rectifiquen?

O. L.: Además, por la profanación de mi honor de soldado, exijo que S. Alexiévich me compense con un pago de cincuenta mil rublos.

S. A.: Oleg, no creo que estas sean palabras suyas. Habla por boca de otra persona... Le recuerdo distinto... Ha puesto un precio muy bajo a su rostro quemado y al ojo que perdió... No me cite en los juzgados. Me ha confundido con el Ministerio de Defensa, con el Buró Político del Partido Comunista de la Unión Soviética...

T. V.: ¡Protesto! Otra vez presión psicológica...

S. A.: Cuando usted y yo nos encontramos, Oleg, usted era franco y yo sentía miedo por usted. Me preocupaba que pudiera tener problemas con el KGB, puesto que a todos les habían obligado a firmar un compromiso de confidencialidad. Le cambié el apellido. Lo cambié para protegerle, pero ahora ese cambio me protege a mí de usted. Dado que el testimonio no está firmado con su nombre y apellidos, se trata de una imagen colectiva... Su reclamación es infundada.

O. L.: Que no, esas son mis palabras. Yo lo dije... Se explica exactamente cómo me hirieron... Y... Todo eso es mío...

Cita de la demanda judicial de Ekaterina Nikítichna Platítsina, madre de Aleksandr Platitsin, mayor caído

El día 6 de octubre de 1989, en el artículo «Regresamos de allí...», publicado en el periódico *Litaratura i mastatstva*, aparecieron fragmentos del libro documental *Los muchachos de zinc*, de Svetlana Alexiévich. Uno de los monólogos, el de la madre del mayor Alexandr Platitsin, caído en Afganistán, está firmado con mi nombre. La versión completa del monólogo forma parte del libro *Los muchachos de zinc*, de S. Alexiévich.

Tanto en el monólogo publicado en el periódico como en el libro, mi relato sobre mi hijo ha sido desvirtuado. Pese a que el libro es documental, S. Alexiévich añadió algunos datos de cosecha propia, obvió muchos detalles de mi relato, sacó sus propias conclusiones y después firmó el monólogo con mi nombre.

El artículo ofende profundamente mi dignidad...

No está firmado ni tiene fecha

Cita de la transcripción taquigráfica de la entrevista prejudicial

Juez: T. Gorodnícheva. Letrados: T. Vlásova y V. Lushkínov. Demandante: E. Platítsina. Demandada: S. Alexiévich.

T. Gorodnícheva: La escuchamos, Ekaterina Nikítichna...

E. Platítsina: La imagen de mi hijo que tengo grabada en mi conciencia no coincide en absoluto con la imagen presentada en el libro.

T. G.: ¿Le importaría aclarar su afirmación: dónde y cómo están alterados los hechos?

E. P. [*Coge el libro*]: Todo es diferente a lo que yo decía. Mi hijo no era así. Él amaba su Patria. [*Llora*]

T. G.: Le ruego que se calme y nombre los hechos.

E. P. [*Lee del libro*]: «Después de Afganistán se volvió más cariñoso todavía. En casa todo era de su agrado. Aunque en algunos momentos se sentaba en silencio, era como si no viese a nadie. Por las noches se levantaba de un salto y se ponía a caminar por la habitación. Una vez me despertó gritando: "¡Fogonazos! ¡Fogonazos! Mami, nos están disparando...". Otra noche oí que alguien lloraba. ¿Quién lloraría en nuestra casa? No había niños pequeños. Abrí la puerta de su habitación: se tapaba la cara con las dos manos y lloraba...» Él era un oficial. Un militar. Pero aquí aparece como un llorica. ¿Acaso tenía que escribir eso?

T. G.: Yo misma estoy a punto de llorar. Y cuando leí el libro, mientras leía su relato, lloré en más de una ocasión. Pero ¿en qué ofende eso a su dignidad?

E. P.: A ver si me comprende, él era un oficial de ejército. Él no podía llorar. O este otro: «Dentro de dos días era Nochevieja. Él guardó los regalos debajo del árbol. Un chal grande para mí. De color negro. Faltaban dos días para Nochevieja. Él puso los regalos debajo del árbol. Un chal grande para mí. De color negro.

»—¿Por qué elegiste el negro, hijo mío?

»—Mami, allí había de todo. Pero cuando me tocó a mí ya solo quedaban los negros. No pasa nada, te favorece...».

»Es decir, resulta que mi hijo había ido de compras, cuando él odiaba las tiendas y las colas. Y, de pronto, en medio de una guerra, pierde el tiempo haciendo cola... Para comprarme un chal... ¿A qué viene escribir eso? Él era un oficial. Perdió la vida... ¿Svetlana Alexándrovna, con qué fin escribió algo así?

S. Alexiévich: Mientras escribía su relato yo también lloraba. Y odiaba a todos aquellos que habían enviado a su hijo a morir en vano en un país ajeno. En aquel momento usted y yo estábamos juntas, compartíamos eso.

E. P.: Me dice usted que debo odiar al Estado, al partido... Pero ¡me enorgullezco de mi hijo! Murió como un oficial de guerra. Sus compañeros le querían. Yo amo el país donde vivíamos, la Unión Soviética, porque mi hijo dio la vida por él. ¡A quien odio es a usted! No necesito su horrible verdad. ¡Nadie la necesita! ¡¿Me oye?!

S. A.: Yo la habría escuchado. Podríamos haber hablado de esto. Pero ¿por qué tenemos que hacerlo en los juzgados? No lo entiendo...

Según un clásico guión soviético, Svetlana Alexiévich está sometida a una maldición colectiva, la tachan de agente de la CIA, de sirviente del imperialismo mundial que difama a su gran Patria y a sus heroicos hijos a cambio, presuntamente, de dos coches Mercedes y de un pago en divisas...

El primer pleito acabó en nada, ya que los demandantes, el ex soldado O. Liáshenko y E. N. Platítsina, madre de un oficial muerto, no se presentaron al juicio. Sin embargo, medio año después, aparecieron dos demandas nuevas: la primera es de I. S. Galovneva, madre de Yuri Galovnev, teniente fallecido en combate, y presidenta del club de madres de los soldados internacionalistas caídos; la segunda es de Tarás Ketsmur, ex soldado, actualmente presidente del club de los soldados internacionalistas de Minsk...

Periódico Prava cheloveka, *n.º 3, 1993*

El 14 de septiembre se celebró en Minsk el juicio en el que la escritora Svetlana Alexiévich contestó a las demandas.

He aquí lo más interesante del asunto: «La demanda de la madre del "afgano" muerto I. S. Galovneva fue presentada a los juzgados sin fecha —según afirmó Vasili Lushkínov, defensor de Alexiévich—. Nosotros recibimos una copia sin firma y, por supuesto, sin fecha. Eso, sin embargo, no impidió a la jueza Tatiana Gorodnícheva incoar el proceso, según el artículo 7 del Código Civil. Resulta también sorprendente el hecho de que el caso como tal no estaba formalizado procesalmente para la fecha de la vista, es decir, en el registro ya tenía asignado un número, pero todavía no existía una resolución sobre el procesamiento civil».

No obstante, el juicio se celebró... Aunque fue presidido por una persona que vio el expediente en el juicio mismo. Tan solo diez minutos antes de la vista Svetlana Alexiévich y su defensor se enteraron de que la jueza T. Gorodnícheva había sido sustituida por el juez I. Zhdanóvich.

«Es más una cuestión ética que jurídica», replicó Vasili Lushkínov.

Tal vez sea cierto. Por otro lado, en la mesa de los demandantes apareció de improviso otro personaje del libro de Svetlana Alexiévich, Tarás Ketsmur, que había depositado ante el juez I. Zhdanóvich una demanda sin firma y, por supuesto, sin resolución sobre el procesamiento civil...

El defensor de la demandada llamó la atención del juzgado hacia este detalle y protestó. La vista fue aplazada.

Oleg Blotski, Literaturnaia gazeta,
6 de octubre de 1993

Cita de la transcripción taquigráfica de la audiencia celebrada el 29 de noviembre de 1993

Juez: I. N. Zhdanóvich. Jurado del tribunal popular: T. V. Borisévich y T. S. Soroko. Demandantes: I. S. Galovneva y T. M. Ketsmur. Demandada: S. A. Alexiévich.

Cita de la demanda judicial de Inna Serguéevna Galovneva, madre de Y. Galovnev, teniente caído

El periódico *Komsomólskaia Pravda*, con fecha del 15 de febrero de 1990, publicó fragmentos del libro documental de S. Alexiévich *Los muchachos de zinc. Monólogos de los que pasaron por Afganistán*.

En el monólogo publicado con mi apellido surgen ciertas deficiencias y deformaciones de los hechos que en su día fueron comunicadas por mí a S. Alexiévich, así como notorias mentiras e invenciones; es decir, con mis palabras se exponen circunstancias que yo no había comunicado y no podía haber comunicado. La interpretación frívola de mis declaraciones, así como las invenciones atribuidas a mi persona, ofenden mi dignidad, sobre todo tomando en consideración el carácter documental del relato. Supongo que un autor que expone hechos reales está obligado a presentar con exactitud la información recibida, a disponer de la transcripción de las conversaciones y a acordar los textos con el entrevistado.

Así, por ejemplo, Alexiévich escribe en su artículo: «Una madre no debería decir estas cosas, pero yo le amaba más que a nadie en este mundo. Más que a mi marido, más que a mi segundo hijo». (Hablaba de mi difunto hijo Yura.) Esta cita es inventada, no corresponde a lo comunicado. La mención de este hipotético desequilibrio en el amor sentido hacia mis hijos provocó conflictos en la familia y ofende mi dignidad.

Siguiente: «En primero de Primaria no se sabía de memoria las fábulas o los versos infantiles, sino que recitaba páginas enteras de *Tak zakaliálas stal* (*Así se templó el acero*), de Nikolái Ostrovski.» La frase citada sugiere que mi hijo se educaba en una familia de fanáticos. Lo que yo expliqué a Alexiévich fue que a los siete u ocho años Yura ya leía libros serios, entre ellos *Así se templó el acero*.

Alexiévich alteró también mi supuesto relato sobre las circunstancias del envío de mi hijo a Afganistán. Ella transcribe sus supuestas palabras: «Iré a Afganistán para demostrarles que lo sublime existe en esta vida, que no todo el mundo piensa que la felicidad es tener un coche y el frigorífico lleno». Él nunca dijo nada similar. Las afirmaciones de Alexiévich nos difaman a mí y a mí hijo. Siendo una persona normal, un patriota, un romántico, él había solicitado voluntariamente servir en Afganistán.

Tampoco yo le dije a Alexiévich las siguientes frases que, según ella, pronuncié al comunicarme mi hijo que había solicitado ir a Afganistán: «Allí te matarán, y no por la Patria, sino por nada... Porque sí. ¿Acaso es digno de una patria condenar a muerte a sus mejores hijos sin que haya una gran idea detrás?». Yo misma le envié allí. ¡Yo misma!

Esta cita ultraja mi dignidad, pues me presenta como a una persona de doble moral.

Alexiévich también describe erróneamente una disputa entre los dos hermanos. Alexiévich escribe: «Tú, Guena, no lees. Jamás te he visto con un libro. Siempre con la guitarra».

Entre mis hijos solo había un tema de disputa: la elección de la profesión del hermano pequeño. La guitarra nunca tuvo nada que ver.

Esta frase me ofende porque subraya mi falta de amor hacia mi hijo pequeño. Yo nunca dije tales palabras.

Considero que Alexiévich, al decidir presentar los hechos vinculados con la guerra de Afganistán no solo como un error político, sino como el error de todo un pueblo, inventaba sin más y de manera tendenciosa las circunstancias expuestas supuestamente en las entrevistas. Su objetivo es presentar a nuestro pueblo, a los soldados que estuvieron en Afganistán y a sus familiares, como gente cruel, sin escrúpulos, sorda a los sufrimientos ajenos.

Para facilitar el trabajo de Alexiévich le cedí el diario personal de mi hijo; eso, sin embargo, no lo aprovechó para exponer los hechos de modo documental.

Exijo a Alexiévich sus disculpas por alterar el material verdadero y por haberme difamado en el periódico *Komsomólskaia Pravda.*

No lleva fecha, ni está firmado

Cita de la demanda judicial de Tarás Ketsmur, ex soldado

En el texto expuesto de mi primera demanda sobre la defensa de mi dignidad no están indicadas las reclamaciones concretas hacia S. Alexiévich por su publicación en el periódico *Komsomólskaia Pravda* con fecha del 15 de febrero de 1990. Por medio de la presente amplío y confirmo dicha demanda: todo lo escrito por S. Aleksiévich en el artículo, así como en su libro *Los muchachos de zinc*, es pura invención y jamás tuvo lugar, dado que nunca nos hemos encontrado y yo no le he dicho nunca nada.

En el artículo publicado el 15 de febrero de 1990 en *Komsomólskaia Pravda* leí:

«Fui con mi perra Chara... Yo le ordenaba: "¡Hazte la muerta!", y ella caía. "Cierra los ojos", y se tapaba los ojos con las patas. Si me pasaba algo, si estaba triste, ella se sentaba a mi lado y lloraba. Los primeros días yo estaba mudo de asombro por estar allí.»

« Pero, por favor, no lo diga de forma muy tajante... Sea prudente... Hoy en día no faltan... no faltan las injurias... Pienso: "¿Cómo es posible que nadie haya devuelto su carnet del Partido? ¿Que nadie se pegara un tiro en la sien mientras estuvimos allí?".»

«Había visto como en los campos de pronto salían a la superficie trozos de metal y huesos humanos... Había visto la costra de color naranja sobre el rostro petrificado de un muerto... No sé por qué era de color naranja...»

«Allí tocaba hacer todo lo contrario de lo que exige una vida pacífica. Una vez de vuelta, había que olvidar todos aquellos hábitos adquiridos en la guerra.»

«Soy un buen tirador, sé lanzar granadas. ¿Quién necesita eso aquí? Fui a la oficina de reclutamiento, pedí que me devolviesen allí, pero no me aceptaron. La guerra acabará pronto, y los que son como yo volverán a casa. Seremos muchos.»

Leí prácticamente el mismo texto en el libro *Los muchachos de zinc*, con pequeños ajustes de redacción literaria, pero allí figura el mismo perro y los mismos pensamientos en voz alta.

Confirmo nuevamente que se trata de pura invención atribuida a mi persona...

Dado lo expuesto, solicito que el alto tribunal salga en defensa de mi difamado honor de soldado y de ciudadano.

No lleva fecha, ni está firmado

Testimonio de I. S. Galovneva

Vivimos en el extranjero durante mucho tiempo, mientras mi marido estuvo de servicio. Regresamos a nuestro país en otoño de 1986. Yo me sentía feliz de haber vuelto finalmente a casa. Pero junto con la alegría a nuestra casa llegó también la desgracia: murió nuestro hijo.

Me pasé un mes sin levantarme de la cama. No quería oír nada. En mi casa todo estaba siempre apagado. No le abría la puerta a nadie. Alexiévich fue la primera persona que entró en mi casa. Me dijo que quería escribir la verdad sobre la guerra en Afganistán. Yo la creí. Al día siguiente a mí me tenían que ingresar, y no sabía si iba a volver o no. Yo no quería vivir, sin mi hijo no quería vivir. Cuando Alexiévich vino, me dijo que estaba escribiendo un libro documental. ¿Qué es un libro documental? Tenían que ser los diarios, las cartas de los que habían estado allí. Así es como yo lo entendí. Por eso le entregué el diario de mi hijo, las notas que él apuntaba allí: «Usted quiere escribir la verdad —le dije—. La verdad está aquí, en los apuntes de mi hijo».

Luego hablamos. Le conté mi vida porque me sentía mal, me

arrastraba de rodillas entre cuatro paredes. No quería vivir. Ella llevaba una grabadora y lo grababa todo. Pero no me dijo que lo fuera a publicar. Yo simplemente le estaba contando mis penas, lo que ella debía publicar era el diario de mi hijo. Porque se trataba de un libro documental. Le entregué ese diario, mi marido lo mecanografió especialmente para ella.

Además ella me dijo que se estaba preparando para visitar Afganistán. Que ya había estado allí en un viaje de trabajo. Mi hijo perdió la vida allí. ¿Qué sabía ella de una guerra?

Pero yo la creía, esperaba ese libro. Esperaba la verdad: ¿con qué propósito mataron a mi hijo? Yo le escribía cartas a Gorbachov: «Dígame por qué murió mi hijo en un país ajeno». Todos guardaban silencio...

Yura escribía en su diario: «1 de enero de 1986. Ya hemos dejado atrás la mitad del camino, por delante queda ya tan poco... Y otra vez surgen las llamas, y otra vez llega el olvido, y se inaugura un nuevo camino: es eterno hasta que se cumpla la voluntad del destino. Y la memoria que azota con el látigo de lo vivido, que irrumpe en la vida con tremendas pesadillas, y los fantasmas de otro mundo, de otros tiempos y otros siglos, nos atraen con su parecido, pero siguen siendo otros, los que no conocen días pasados. No hay forma de parar, ni de tomar aliento, ni de cambiar lo que ya fue decidido de antemano: el vacío y la oscuridad estallarán delante de los ojos de aquel que renuncie, porque una vez que se siente para descansar ya no logrará levantarse. Cansado, lleno de dolor y de desesperación, lanzo un grito al cielo vacío: "¿Qué hay allí donde termina el camino y se cierra el círculo, y el mundo nuevo luce en su grandeza?". ¿Por qué nos respondemos por ellos? Nunca lograrán ascender hacia las relucientes alturas y, por muy largo que fuera su camino, sus días están contados. Pero nosotros rompemos en pedazos nuestras vidas sin conocer la paz y la felicidad, vagamos cansados y destrozados, todopoderosos y privados de derechos, ángeles y demonios de este mundo...».

Alexiévich no publicó esto, no publicó la verdad de mi hijo. No puede haber otra verdad, la verdad pertenece a los que estuvieron allí.

No se sabe para qué describió mi vida. Acudiendo a un lenguaje sencillo e infantil. ¿Eso es literatura? Un asqueroso librito de nada...

Camaradas, yo crié a mis hijos honesta y justamente. Ella escribe que mi hijo amaba la obra de Nikolái Ostrovski *Así se templó el acero*. En otra época ese libro lo estudiaban en los colegios al igual que *Molodaia gvardia* (*Guardia joven*), de Fadéiev. Todos leían esos libros, formaban parte del programa escolar. Pero ella subraya que él los leía, que se sabía de memoria algunos fragmentos. ¿Para qué necesita escribir eso? Lo quiere presentar como un subnormal. Un fanático. O bien, ella escribe que él se arrepentía de haber elegido la carrera militar. Mi hijo creció en instalaciones militares, siguió los pasos de su padre. Todos nuestros abuelos, los hermanos de mi padre, los primos, todos sirven en el ejército. Somos una dinastía castrense. Él fue a Afganistán porque era una persona honesta. Había prestado el juramento militar. Fue porque era necesario. Crié a dos hijos perfectos. Le dieron una orden y él obedeció, era un oficial. Pero Alexiévich pretende demostrar que soy la madre de un asesino. Mi hijo allí mataba. ¿Y qué? ¿Fui yo la que le envié allí? ¿Yo le di las armas? ¿Nosotras, las madres, somos culpables de que allí hubiera una guerra? ¿De que allí la gente se matara, saqueara y fumara drogas?

Este libro se ha publicado en el extranjero. En Alemania, en Francia... ¿Con qué derecho Alexiévich comercia con nuestros hijos muertos? ¿Gana fama y dólares? ¿Quién es ella? Porque si todo esto es mío, si yo lo conté y yo lo viví, no sé qué pinta aquí Alexiévich... Charló con nosotros, grabó nuestros relatos, le lloramos nuestras penas...

Apuntó mal mi nombre: soy Inna, y ella escribió Nina Galovneva. El rango de mi hijo era teniente primero, ella escribió teniente. Nosotros perdimos a nuestros hijos, pero ella se ha hecho famosa...

Preguntas y respuestas

V. Lushkínov, defensor de S. Alexiévich: Díganos. Inna Serguéevna, ¿Alexiévich grabó su relato?

I. GALOVNEVA: Me pidió permiso para usar la grabadora, sí. Se lo permití.

V. L.: ¿Usted le pidió que le enseñara luego las partes de la grabación que iba a incluir en el libro?

I. G.: Yo pensé: «Publicará el diario de mi hijo». Ya he comentado que yo entiendo el concepto de literatura documental como diarios y cartas. Y si usa mi relato, que sea al pie de letra.

V. L.: ¿Por qué no demandó a Alexiévich justo después de la publicación del fragmento del libro en el diario *Komsomólskaia Pravda*? ¿Por qué ha decidido hacerlo al cabo de tres años y medio?

I. G.: Yo no tenía ni idea de que ella publicaría este libro en el extranjero. Que divulgaría la calumnia... Eduqué honestamente a mis hijos para la Patria. Nos pasamos la vida viviendo en tiendas de campaña y en barracas, yo tenía dos hijos y dos maletas. Así era como vivíamos... Y ella escribe que nuestros hijos eran unos asesinos. Fui al Ministerio de Defensa y les devolví personalmente la orden de mi hijo... No quiero ser la madre de un asesino. Devolví su orden al Estado... ¡Pero estoy orgullosa de mi hijo!

R. NÓVIKOV, defensor del pueblo, presidente de la Liga Bielorrusa por los Derechos Humanos: Protesto. Ruego que quede registrado en el sumario que desde la sala no se cesa de ultrajar a Svetlana Alexiévich. La amenazan de muerte... Incluso prometen cortarla en pedazos... [*Se gira hacia las madres que están sentadas en la sala. Sostienen unos grandes retratos con condecoraciones colgadas sobre ellos*] Créanme, respeto su pena...

I. ZHDANÓVICH: Yo no he oído nada. No he oído ninguna palabra ultrajante.

E. NÓVIKOV: Todos las han oído excepto el jurado...

VOCES DESDE LA SALA

—Nosotras somos las madres. Queremos hablar... Destruyeron a nuestros hijos y después ganan dinero con ellos. Hemos venido a defenderlos para que puedan descansar en paz...

—¡Cómo se atreve! Cómo se atreve a ensuciar las tumbas de nuestros muchachos. Ellos cumplieron hasta el final con su deber ante la Patria. Usted quiere que pasen al olvido... Por todo el país se han organizado centenares de museos escolares, de espacios conmemorativos. Yo también llevé a la escuela el capote de mi hijo, sus libretas de estudios. ¡Son unos héroes! Sobre los héroes soviéticos se han de escribir libros hermosos y no convertirlos en carne de cañón. Estamos privando a nuestra juventud de un pasado heroico...

—La Unión Soviética era una gran potencia, era un hueso atravesado en la garganta para muchos. No voy a entrar ahora en quién y cuándo planearon la destrucción de nuestro país echando mano de los judas a sueldo de Occidente...

—Allí ellos mataban... Bombardeaban...

—¿Y usted? ¿Usted ha hecho la mili? ¿A que no?... Estaba escondida entre libros universitarios mientras nuestros hijos entregaban sus vidas.

—No se le debe preguntar a una madre si su hijo ha matado o no. Ella solo recuerda un único hecho: han matado a su hijo...

—Cada mañana veo a mi hijo, pero ni siquiera ahora puedo creer que está en casa. Mientras estaba allí me decía a mí misma que si algún día me traían su ataúd solo tendría dos salidas: o a la calle, al mitin; o a la iglesia. Llamó a nuestra generación «la generación de los ejecutores». La guerra afgana es la cima de nuestra tragedia. ¿Cómo diablos se atreven a hacer con nosotros lo que quieran?

—El ciudadano de a pie hoy en día le echa toda la culpa a esos muchachos de dieciocho años... ¡Eso es lo que usted ha logrado! Hay que separar esa guerra de nuestros chicos... Esa guerra fue criminal, ya la han censurado, pero a los muchachos hay que defenderlos...

—Yo enseño literatura rusa en una escuela. Me pasé muchos años repitiéndoles a mis alumnos las palabras de Karl Marx: «La muerte de los héroes se asemeja a una puesta del sol y no a la muerte de una rana reventada de esfuerzo». ¿Qué enseña su libro?

—¡«Afganos», ya está bien de hacer de héroes!

—¡Maldita sea! ¡Les maldigo a todos!

Juez I. Zhdanóvich:

—¡Silencio en la sala! ¡Dejen de armar escándalo! Estamos en los tribunales... [*La sala vomita furia*] Se suspende la sesión durante quince minutos...

[*Tras el descanso, la policía monta guardia en la sala*]

Testimonio de T. M. Ketsmur

No me he preparado ningún discurso, así que hablaré sin guión, usaré palabras sencillas. ¿Cómo conocí a la famosísima escritora... de renombre mundial? Nos presentó la excombatiente Valentina Chudáeva. Ella me dijo que esta escritora había escrito el libro *La guerra no tiene rostro de mujer* y que lo leían en todo el mundo. Más tarde, en un encuentro con los excombatientes de la Gran Guerra Patria hablé con otras mujeres veteranas de la guerra que me contaron que Alexiévich se las había apañado para hacer fortuna con sus vidas y llegar a la fama, y que ahora había echado mano de los «afganos». Estoy nervioso... Pido disculpas...

Alexiévich vino a nuestro club, La memoria, con una grabadora. Quiso escribir sobre muchos chicos, no solo sobre mí. ¿Por qué escribió su libro después de pasada la guerra? ¿Por qué esta escritora de renombre, conocida en el mundo entero, se mantuvo callada durante la guerra? ¿Por qué no lanzó ni un solo grito?

A mí nadie me envió allí. Yo mismo solicité que me destinaran a Afganistán, yo mismo redactaba las solicitudes. Me inventé que allí había muerto un pariente cercano mío. Quiero aclarar un poco esta situación... Yo también puedo escribir un libro... Cuando nos encontramos, yo no quise hablar con ella, se lo dije tal cual. Nosotros mismos, los que habíamos estado allí, escribiríamos ese libro. Y lo haríamos mejor que ella porque ella no había estado allí. ¿Qué podía escribir ella? Solo nos causaría dolor.

Alexiévich privó de vida moral a toda nuestra generación de «afganos». Ahora da la impresión de que soy un robot. Una máquina. Un mercenario. Y que mi lugar está en Novinki, a las afueras de Minsk, en el manicomio...

Mis amigos me llaman y me dicen que me partirán la cara porque soy un capullo heroico... Estoy nervioso... Pido disculpas... Ella escribió que serví en Afganistán con mi perro... Pero el perro se murió durante el viaje...

Yo mismo pedí que me destinaran a Afganistán... ¿Lo entienden? ¡Yo mismo! No soy un robot... No soy una máquina... Estoy nervioso... Pido disculpas...

Preguntas y respuestas

S. Alexiévich: En tu demanda, Tarás, has escrito que nunca nos habíamos visto. Pero ahora dices que sí, que nos habíamos encontrado y que te negaste a hablar conmigo. Es decir, ¿verdad que esa demanda no la escribiste tú mismo?

T. Ketsmur: La escribí yo... Nos habíamos encontrado... pero no le conté nada...

S. A.: Si tú no me contaste nada, cómo pude saber que habías nacido en Ucrania, que de pequeño te enfermabas a menudo... que fuiste a Afganistán con tu perro (aunque, como acabas de decir, muriera durante el viaje), y que se llamaba Chara...

[*Como respuesta solo hay silencio*]

E. Nóvikov: Acaba de afirmar que usted mismo solicitó el envío a Afganistán, voluntariamente. No he comprendido bien: actualmente, ¿cuál es su postura en relación con esa guerra? ¿Usted la odia o está orgulloso de haber estado allí?

T. K.: No permitiré que me desconcierte... ¿Por qué razón debo odiar esa guerra? Yo cumplí con mi deber...

Voces desde la sala

—Defendemos el honor de nuestros hijos muertos. ¡Devuélvanles su honor! ¡Devuélvanles su Patria! Han destrozado el país. ¡El país más fuerte del mundo!

—Usted ha convertido a nuestros hijos en unos asesinos. Usted ha escrito este espantoso libro... Mire sus fotografías... ¡Qué jóvenes son, qué guapos! ¿Acaso los asesinos pueden tener unos rostros como estos? Enseñamos a nuestros hijos a amar la Patria... ¿Por qué ha puesto por escrito que ellos allí mataban? Ha cobrado su libro en dólares... Mientras que nosotros vivimos en la miseria... El dinero no nos llega ni para los medicamentos. No tenemos ni para comprar flores para las tumbas de nuestros hijos...

—¡Déjenos en paz! ¿Por qué tienen que irse de un extremo a otro? Primero nos pintaron como héroes, luego nos hicieron asesinos... Nosotros no teníamos nada excepto Afgán. Tan solo allí nos sentíamos hombres de verdad. Ninguno de nosotros lamenta haber estado allí...

—Nos quiere convencer de que de allí ha regresado una generación enferma, pero yo afirmo que lo que ha regresado es una generación recuperada. ¡Por lo menos pudimos comprobar cómo son nuestros muchachos enfrentados cara a cara con la vida real! Sí, los muchachos perdían la vida. ¿Y cuántos se pierden en las peleas de borrachos, en las peleas a cuchillazos? En los accidentes de tráfico cada año muere más gente que la que perdimos en los diez años que duró esa guerra. Nuestro ejército llevaba mucho tiempo fuera del combate. Era nuestra ocasión para probarnos, para testar el armamento moderno... Y ahora por culpa de los escritorzuelos como usted hemos reculado en todo el mundo... Hemos perdido Polonia... Alemania, Checoslovaquia... Viviremos lo suficiente para ver a Gorbachov procesado por ello. Y a usted también. Son traidores. ¿Dónde están nuestros ideales? ¿Dónde está nuestra gran potencia? En 1945 yo llegué hasta Berlín por este país...

—En el sur, en las playas, he visto como un grupo de muchachos jóvenes se arrastraba hasta el agua del mar ayudándose con las manos... Entre todos no reunían ni la mitad de las piernas que deberían haber tenido... Nunca he vuelto a esa playa, no he sido capaz de tomar el sol allí... Allí solo podía llorar... Ellos se reían, intentaban ligar, pero toda la gente, igual que yo, huía de ellos. Quiero que les vaya bien a esos chicos. Quiero que sepan que los necesitamos tal como son. ¡Deben vivir! ¡Los quiero por el mero hecho de que están vivos!

—Incluso ahora me duele recordar... Viajábamos en tren... En nuestro compartimento, una mujer dijo que era la madre de un oficial que había muerto en Afganistán. Lo comprendo... Ella es la madre, tiene que llorar su muerte. Pero yo le dije: «Su hijo murió en una guerra injusta... Los *dushmán* solo defendían su patria...».

—Es una verdad tan horrible que suena como una mentira. Te deja tonto. Niegas saberla. Buscas protegerte de ella.

—Invocan la obediencia; me ordenaban y yo cumplía. Los tribunales internacionales han contestado: «Cumplir una orden criminal es cometer un crimen». No hay término de caducidad.

—Este juicio no hubiera podido celebrarse en 1991. El Partido Comunista dejó de existir... Hoy en día los comunistas empiezan otra vez a sentirse fuertes... Otra vez se habla de «los grandes ideales» y de «los valores socialistas»... A los que no están de acuerdo los llevan a los tribunales. De un momento para otro nos mandarán al paredón... O nos reunirán en un estadio cercado con una alambrada de púas...

—Hice un juramento... Era un hombre de ejército...

—De una guerra nadie vuelve siendo un tierno muchacho...

—Mocosos... Les pusieron las armas en las manos... Les inculcaron: el enemigo está allí, la banda de los *dushmán*, la gentuza *dushmán*, la chusma *dushmán*, los grupos criminales *dushmán*, los grupos de bandidos... Nadie les había enseñado a pensar...

»Me acuerdo de un pasaje de Arthur Koestler: "¿Por qué cuando decimos la verdad, invariablemente suena a mentira? ¿Por qué para proclamar una nueva vida tenemos que sembrar cadáveres? ¿Por qué nuestros discursos sobre el porvenir luminoso siempre van alternados con amenazas?".

—Ametrallando los *kishlak* silenciosos, bombardeando los caminos de montañas, también ametrallamos y bombardeamos nuestros ideales. Tenemos que aceptar esta verdad cruel. Sobrevivir a ella. Hasta nuestros hijos aprendieron a jugar al «*dushmán* y el contingente limitado». Ha llegado la hora de armarnos de valor y saber toda la verdad sobre nosotros. ¡Es insufrible! ¡Insoportable! Lo sé. Pasé por ello.

—Tenemos dos caminos: conocer la verdad o escapar de ella. Es necesario abrir los ojos...

El correo recibido en los juzgados

Informados de los detalles del proceso judicial llevado a cabo en Minsk contra Svetlana Alexiévich, lo evaluamos como la persecución de la escritora por sus convicciones democráticas y como un atentado contra la libertad creativa. Sus obras, repletas de genuino humanismo, de talento y de valentía, han brindado a Svetlana Alexiévich la popularidad y el respeto tanto en Rusia como en otros países.

¡No queremos ver manchada la imagen de Bielorrusia, un país próximo y cercano al nuestro!

¡Que la verdad triunfe!

Federación de Asociaciones de escritores
Asociación de escritores de Rusia
Asociación de escritores de Moscú

¿Acaso es posible invadir el derecho del escritor a decir la verdad por muy trágica y cruel que esta sea? ¿Acaso es posible imputarle las pruebas irrefutables de los crímenes del pasado y, en concreto, de los crímenes vinculados a la vergonzosa aventura afgana que tanto nos había costado, que había arruinado tantas vidas?

Hoy en día, cuando por fin la palabra impresa está libre, cuando ya no existe presión política, ni las indicaciones y los conceptos retrógrados de «una única posible imagen de la vida acorde a los ideales comunistas», tal vez parezca que esas preguntas carecen de sentido.

Lamentablemente, hay razones para hacerse esas preguntas. Y una de las más convincentes razones es el juicio que se prepara contra Svetlana Alexiévich —la misma que escribió *La guerra no tiene rostro de mujer*, un maravilloso libro sobre el destino de las mujeres que participaron en la Gran Guerra Patria, que escribió *Los últimos testigos*, donde narra las historias de los niños de esa misma guerra—, quien, a pesar de todos los esfuerzos de la propaganda oficial y de la resistencia de literatos como el de sobra conocido A. Projánov, que durante la guerra afgana ganó el título de «incansable ruiseñor del Estado Mayor», ha escrito el libro *Los muchachos de zinc*, atreviéndose con ello a poner palabras a la terrible verdad, una verdad que trastorna el alma, de la guerra de Afganistán.

En su libro, con total respeto hacia la valentía personal de los soldados y los oficiales que la cúpula del Partido Comunista de Brézhnev envió a un país ajeno, anteriormente amistoso, y compartiendo sinceramente el dolor de las madres cuyos hijos cayeron en las montañas afganas, la escritora denuncia sin concesiones los intentos de romantizar, de atribuir un carácter heroico a la vergonzosa guerra afgana, destronando el falso patetismo y el énfasis vano.

Por lo visto, esto ha irritado a aquellos que hasta ahora estaban convencidos de que la aventura afgana, al igual que otras similares del régimen caído en el olvido, pagadas con la sangre de nuestros soldados, realmente estaba destinada a cumplir «el sagrado deber internacional», a aquellos que desean blanquear los actos criminales de políticos y ambiciosos jefes militares, a aquellos que quieren igualar la Gran Guerra Patria con una injusta, la colonial guerra afgana.

Esa gente evita entrar en polémica con la escritora. No discuten los hechos estremecedores que ella presenta. Y, en general, no dan la cara. Acuden a otros, a los que todavía están inmersos en la mentira o han sido conducidos intencionadamente hacia ella, para entablar una acción judicial (¡años después de las publicaciones en los periódicos y del lanzamiento del libro!) con motivo de «ultraje a la dignidad» de los soldados «afganos», de aquellos muchachos sobre los que con tanta comprensión, tanta compasión y con tanto corazón ha escrito Svetlana Alexiévich.

Es cierto que no los dibujó como a unos héroes románticos. Pero solo porque ella sigue fiel al legado de Tolstói: «El héroe... que quiero con toda la fuerza de mi alma... ha sido, es y será la verdad».

Así pues, ¿puede ofenderse con la verdad? ¿Se la puede juzgar?

Escritores excombatientes de la Gran Guerra Patria:
Mikola Avrámchik, Yanka Bril, Vasil Bíkov,
Aleksandr Drakojrust, Naum Kíslik, Valentín Tarás

Nosotros, los escritores bielorrusos de Polonia, protestamos contra la persecución judicial de la escritora Svetlana Alexiévich.

¡El juicio contra la escritora es una vergüenza para toda la Europa civilizada!

Jan Czykwin, Sokrat Janowicz,
Wiktor Szwed, Nadzieja Artymowicz

No puedo continuar en silencio... Probablemente, solo ahora he comprendido qué clase de guerra era aquella... ¡Pobres muchachos, qué culpables somos ante ellos! ¿Qué sabíamos nosotros de esa guerra? Los abrazaría a todos y a cada uno de ellos, le pediría perdón a cada uno...

Recuerdo cómo transcurrió todo...

Yo había leído una descripción de Afganistán de Larisa Reisner, algo sobre unas tribus más bien salvajes que bailaban entonando: «Hurra por los bolcheviques rusos, que nos ayudan a vencer a los ingleses».

La Revolución de Abril... Gran satisfacción: otro país donde el socialismo había triunfado. Un compañero de viaje en el tren musitando: «Otros chupópteros que vivirán a nuestra costa».

La muerte de Taraki. En un seminario organizado en el comité municipal del Partido, un conferenciante de Moscú, contestando a la pregunta de por qué se había permitido que Amín matase a Taraki, replicó cortante: «Los débiles han de abrir paso a los fuertes». Me dejó mal sabor de boca.

Nuestro desembarco en Kabul. La explicación: «Los norteamericanos estaban a punto de desembarcar sus efectivos, nos adelantamos a ellos solo por una hora». En paralelo se propagaban rumores: allí lo pasaban mal, no había comida, faltaban medicamentos y ropa de abrigo. Enseguida me vino a la memoria la isla de Damanski* y los lastimosos gritos de nuestros soldados: «¡No nos quedan cartuchos!».

A continuación comenzaron a verse por las calles abrigos de piel afganos. En nuestras ciudades causaban impresión. Las mujeres envidiaban a sus amigas cuyos maridos estaban en Afganistán. Los diarios informaban: «Allí nuestros soldados plantan árboles, reconstruyen puentes y carreteras».

Viajaba desde Moscú en tren. Mis compañeros de viaje, una mujer joven y su marido, sacaron el tema de Afganistán. Dije algo en la línea de las noticias en los medios oficiales y los dos sonrieron con sarcasmo. Los dos servían como médicos en Kabul desde hacía dos años. Defendieron a los militares que volvían con mercancías... Allí los precios eran muy elevados y les pagaban poco. En Smolensk los ayudé a bajar del tren. Llevaban un montón cajas de cartón con etiquetado extranjero...

En casa escuché lo que me contó mi mujer; enviaban a esa guerra al hijo de una madre soltera del edificio vecino. Ella hizo todas las gestiones posibles, se había arrastrado de rodillas, besó las botas de los jefes. Regresó contenta: «¡Lo he conseguido!». En paralelo hubo un comentario muy tranquilo sobre que los «peces gordos pagan por rescatar a los suyos».

Mi hijo comentó un día al volver de la escuela: «Hoy han venido los "boinas azules"». Entusiasmado añadió: «¡Qué pasada los relojes japoneses que llevaban!».

Le pregunté a un «afgano» cuánto valía su reloj y cuál era su sueldo. Vaciló un instante y confesó: «Robamos un camión de verduras y lo vendimos...». Añadió que todos envidiaban a los soldados que trabajaban en los camiones cisterna: «¡Son unos auténticos millonarios!».

Uno de los últimos acontecimientos que se me ha grabado en la memoria es la persecución del académico Sájarov, con quien

* Se refiere al conflicto fronterizo chino-soviético ocurrido en marzo de 1969.

coincido en una sola cosa: preferimos a héroes muertos antes que a hombres vivos que, tal vez, hayan cometido un desliz. Y también esto: hace poco escuché que había unos «afganos», dos soldados y un oficial, estudiando en un seminario conciliar en Zagorsk. ¿Qué les ha empujado ahí: el arrepentimiento, el deseo de escaparse de esta vida cruel o las ganas de encontrar un camino nuevo? Lo cierto es que no todos son capaces de ocultarse tras el carnet de veterano, atiborrarse el alma de carne a precios especiales, vestirla con ropas de marca y enterrarla luego en su jardín, otra limosna para los privilegiados, para así no ver nada y guardar silencio...

N. Goncharov, Orsha

... También mi marido pasó dos años (de 1985 a 1987) en Afganistán, en la provincia de Kunar, tocando con la frontera de Pakistán. Le da vergüenza llamarse «soldado internacionalista». A menudo comentamos este doloroso tema: ¿realmente era necesario que nosotros, los soviéticos, estuviésemos en Afganistán? ¿Qué papel teníamos allí: el de ocupantes o el de los amigos «soldados internacionalistas»? Las respuestas siempre son las mismas: nadie nos había invitado, el pueblo afgano no quería nuestra «ayuda». Y por mucho que pese reconocerlo, éramos ocupantes. Opino que no es el momento oportuno para discutir sobre los monumentos a los «afganos» (dónde los han instalado y dónde todavía no), sino de pensar en la penitencia. Todos debemos pedir perdón a los muchachos que murieron engañados en esa guerra inútil, a sus madres engañadas por las autoridades, a los que regresaron con sus cuerpos y almas mutilados. Tenemos que pedir perdón al pueblo de Afganistán, a sus niños, a sus madres, a sus ancianos, por haber traído tanta desdicha a su tierra...

A. Masiuta, madre de dos hijos,
mujer de ex soldado internacionalista,
hija de un veterano de la Gran Guerra Patria

La verdad sobre la intervención de la Unión Soviética en Afganistán, confirmada por los testimonios documentales tanto de los participantes como de las víctimas que se hallan recopilados en el libro de Alexiévich, no es «un ultraje a la dignidad», sino un hecho vergonzoso de la reciente historia del totalitarismo comunista soviético que la comunidad mundial ha condenado de forma unánime.

La práctica de la persecución judicial de los escritores por sus obras es también un muy conocido, e igualmente vergonzoso, modo de proceder del mismo régimen.

Lo que ocurre hoy en día en Bielorrusia (una campaña masiva y organizada contra Svetlana Alexiévich, los acosos y amenazas, el juicio, los intentos de prohibir sus libros) confirma que los eructos del totalitarismo no forman parte del pasado, sino del presente de Bielorrusia.

Dicha realidad impide percibir la República de Bielorrusia como un Estado poscomunista, libre e independiente.

La persecución de Svetlana Alexiévich, cuyos libros son ampliamente conocidos en Francia, Gran Bretaña, Alemania y otros países del mundo, no aportará nada a la República de Bielorrusia excepto la reputación de coto comunista en un mundo poscomunista, con lo que no se le brindará otro papel que el poco envidiable de la Camboya europea.

Exigimos que dejen de perseguir de inmediato a Svetlana Alexiévich y que anulen el proceso judicial contra la escritora y su libro.

Vladímir Bukovski, Ígor Geráschenko,
Inna Rogachi, Mijaíl Rogachi,
Irina Ratushánskaia

... Hace tiempo que se vienen produciendo diversos intentos de desacreditar, incluso por medio de demandas judiciales, a la escritora Svetlana Alexiévich, que con todos sus libros se alzó en contra de la locura de la violencia y la guerra. En sus obras Svetlana Alexiévich demuestra que el hombre, el máximo valor de esta vida, es convertido, de forma criminal, en un insignificante elemento de la maquinaria política, así como en carne de cañón para las guerras que desatan los ambiciosos líderes de Estado. Nada puede justificar la muerte de nuestros muchachos en la extranjera tierra de Afganistán.

Cada página de *Los muchachos de zinc* grita: «¡Gente, no permitáis que esa pesadilla sangrienta vuelva de nuevo!».

Consejo del Partido Democrático
Unido de Bielorrusia

Desde Minsk nos llega información sobre la persecución judicial de la escritora bielorrusa, miembro del PEN Internacional, Svetlana Alexiévich, acusada de haber cumplido con la principal e irrevocable obligación del literato: compartir sus inquietudes con el lector. El libro *Los muchachos de zinc*, que habla de la tragedia afgana, ha recorrido el mundo entero y ha cosechado un reconocimiento unánime. Respetamos el nombre de Svetlana Alexiévich, su talento valiente y honesto. No cabe la menor duda de que, echando mano de la llamada «opinión pública», las fuerzas revanchistas tratan de privar a los escritores de su derecho más importante, establecido en el acta constitutiva del PEN: el derecho a la libre expresión.

El PEN Ruso expresa su total solidaridad con Svetlana Alexiévich, con el PEN Bielorruso, con todas las fuerzas democráticas de los países independientes, y llama a las autoridades encargadas de impartir la justicia a mantenerse fieles a las leyes internacionales firmadas por Bielorrusia, de las cuales, principalmente, la Declaración Universal de los Derechos Humanos que garantiza la libertad de expresión.

PEN Ruso

La Liga Bielorrusa por los Derechos Humanos considera que los incesables intentos de reprimir a la escritora Svetlana Alexiévich mediante diversos procesos judiciales representa un acto político dirigido por las autoridades y destinado a sofocar el libre pensamiento, la libertad creativa y la libertad de expresión.

Disponemos de información fidedigna según la cual, en 1991

y 1992, diversas autoridades judiciales de la República de Bielorrusia procesaron cerca de una decena de casos políticos redirigidos artificialmente al ámbito del derecho civil, pero que en esencia iban dirigidos a diputados, escritores, periodistas, medios de comunicación y activistas de organizaciones sociopolíticas de tendencia democrática.

Exigimos que se ponga fin al acoso de la escritora Svetlana Alexiévich y llamamos a revisar los expedientes similares cuyas resoluciones constituyeron represalias políticas...

Liga Bielorrusa por los Derechos Humanos

Comenzó la guerra de Afganistán... Mi hijo se acababa de graduar en la escuela y se había matriculado en una academia militar. A lo largo de los siguientes diez años, mientras los hijos de los otros se encontraban en un país ajeno empuñando armas, hubo inquietud en mi corazón. Mi hijo también hubiera podido estar allí. No es cierto que el pueblo no supiera nada. Los ataúdes de zinc llegaban a las casas, los hijos mutilados regresaban junto con sus padres aturdidos: todos lo veíamos. Por supuesto, en la radio y la televisión no se hablaba de ello, ni los medios impresos escribían sobre ello (¡hace muy poco tiempo que se han vuelto valientes!), pero ocurría delante de todos. ¡De todos! ¿Y qué hacía entonces nuestra sociedad «humanista», incluyéndonos a nosotros? Nuestra sociedad condecoraba y volvía a condecorar a los «grandes» viejos, cumplía y superaba los planes quinquenales (aunque en las tiendas seguía reinando el vacío), construía dachas, se divertía. Mientras tanto, muchachos de dieciocho o veinte años eran blancos de tiro, caían sobre la arena extranjera y allí morían. ¿Quiénes nos creemos? ¿Con qué derecho podemos censurar a nuestros hijos por lo que allí cometieron? ¿Acaso nosotros, los que nos quedamos, estamos más limpios que ellos? Sus sufrimientos y dolores los absolvieron, pero nosotros jamás lograremos purificarnos. Los *kishlak* borrados del horizonte, la devastada tierra afgana, no pesan sobre su conciencia, sino sobre la nuestra. Nosotros éramos los que matábamos, no ellos. Somos los asesinos de nuestros hijos y de los hijos de los otros.

¡Esos muchachos son héroes! No lucharon allí en defensa de «un error». Lucharon porque confiaron en nosotros. Todos nosotros tenemos que ponernos de rodillas ante ellos. La simple comparación de lo que nosotros hacíamos aquí con lo que a ellos les tocó hacer allí es para volverse loco...

Golubníchnaia, ingeniero de construcción, Kiev

... Claro que, actualmente, Afganistán es un asunto ventajoso y hasta está de moda. Por lo que usted, camarada Alexiévich, ya puede alegrarse: su libro se venderá como rosquillas. Últimamente en nuestro país abundan las personas interesadas en cualquier cosa con la que manchar las paredes de su propia Patria. Entre ellas estarán también algunos «afganos». Y esos (¡pero no todos, no todos!) tendrán en sus manos las armas que tanto necesitan para defenderse: «¡Mirad lo que nos han hecho!». La gente vil siempre busca la protección. La gente decente, en cambio, no la necesita, por el mero hecho de que sigue siendo decente sea cual sea su situación. Hay infinidad de hombres de bien entre los «afganos», aunque usted por lo visto no los buscaba a ellos.

Yo no he estado en Afganistán, pero recorrí de principio a fin la Gran Guerra Patria. Y sé perfectamente que allí también hubo suciedad. No obstante, no quiero recordarla y tampoco les permitiré a los demás que la recuerden. No es solo que aquella guerra fuera distinta. ¡Tonterías! Es de sobra conocido que la existencia del ser humano requiere alimentos, y la ingesta de alimentos requiere el uso de retretes, con perdón. Pero ¿verdad que no hace falta comentar eso en voz alta? ¿Por qué entonces los que escriben sobre la guerra afgana o sobre la Gran Guerra Patria han comenzado a olvidarlo? Si incluso los propios «afganos» protestan ante tales «revelaciones», habrá que hacerles caso, estudiar ese fenómeno. Yo, por ejemplo, comprendo por qué se rebelan con tanta furia. Existe un sentimiento humano del todo normal, se llama vergüenza. Se sienten avergonzados. Usted percibió su vergüenza, pero por alguna razón decidió que eso no era suficiente. Y usted ha decidido llevar esa vergüenza ante la opinión pública. Ellos disparaban a los camellos, la población civil moría a causa de sus balas... Usted pretende demostrar la inutilidad y la mezquindad de esa guerra, pero no comprende que de ese modo está ofendiendo a los que participaron en ella, a unos chicos que no tienen la culpa de nada...

N. Druzhinin, Tula

Nuestro ideal, nuestro héroe, es el hombre con un fusil en las manos... Durante décadas inyectamos miles de millones en la defensa, localizando para ella nuevos objetivos entre los países de Asia y de África, y de paso encontrando a nuevos caudillos ansiosos por levantar en sus tierras el «porvenir luminoso». Mi ex compañero de la Academia Militar Frunse, primero mayor y más tarde mariscal, Vasia Petrov, empujaba personalmente a los somalíes al ataque, por lo cual recibió la Estrella de Oro... ¡Y cuántos más como él ha habido!

Sin embargo, el llamado Bloque del Este, encofrado con los hierros del Pacto de Varsovia y apuntalado gracias a las bayonetas de las tropas soviéticas, un buen día empezó a resquebrajarse por los cuatro costados. Con el fin de «prestar nuestra ayuda hermana en la lucha por la contrarrevolución» comenzaron a enviar a esos países a nuestros hijos: primero a Budapest, luego a Praga, luego a...

En 1944 yo recorría con nuestras tropas los territorios de los países que liberábamos de los nazis, de Hungría y Checoslovaquia. Era la tierra de otros, pero parecía que estábamos en casa: los mismos saludos, las mismas caras alegres, las mismas ofrendas, sencillas pero sinceras...

Un cuarto de siglo después, en las mismas tierras, a nuestros hijos ya no les daban la bienvenida, sino que los recibían con pancartas que decían: «De los padres liberadores a los hijos ocupantes». Los hijos llevaban el mismo uniforme militar, pero nosotros nos cubrimos de deshonra ante los ojos del mundo entero.

Y la cosa iba a más. En diciembre de 1979, los hijos de los excombatientes de la Gran Guerra Patria y sus aprendices (en concreto, Boria Grómov, en adelante el comandante en jefe del Ejército n.° 40, ex alumno mío a quien enseñé táctica militar en la academia) irrumpieron en Afganistán. A lo largo de varios años, más de cien países miembros de la ONU condenaron ese crimen, con el cual nosotros, de igual modo que actualmente Sadam Husein, nos habíamos antepuesto a la comunidad mundial. Hoy en día sabemos que en aquella guerra sucia nuestros soldados mataron inútilmente a más de un millón de afganos y perdieron a más de quince mil de los suyos...

Intencionadamente y con el fin de ocultar el significado y la envergadura real de esa agresión ignominiosa, sus instigadores pusieron en uso el término del «contingente limitado», un ejemplo de manual de vanilocuencia e hipocresía. Igual de falso sonaba lo de «soldados internacionalistas», una especie de nueva especialidad militar, un eufemismo destinado a alterar la enjundia de lo que estaba ocurriendo en Afganistán, de aprovechar el parecido aparente con las Brigadas Internacionales que lucharon contra los nazis en España.

Los promotores de la invasión en Afganistán, los caudillos del Buró Político del Partido, no solo evidenciaron su naturaleza pirata, sino que hicieron cómplices suyos a todos aquellos que no tuvieron el valor suficiente para oponerse a la orden de matar. Ningún «deber internacional» justifica el asesinato. ¡Ni deber ni hostias!

Lamento infinitamente el dolor de sus madres... Por la sangre de los afganos inocentes, ellos, los soldados, no recibieron medallas, sino ataúdes de zinc...

En su libro, la escritora los diferencia de aquellos que los enviaron a matar; a diferencia de mí, ella los compadece. No logro entender por qué la quieren juzgar. ¿Por decir la verdad?

Grigori Bailovski, excombatiente de la Gran Guerra Patria, mutilado de guerra, San Petersburgo

Ojalá hubiésemos abierto los ojos antes... Pero ¿a quién podemos culpar? ¿A que a un ciego no le culpan por su ceguera? La sangre ha limpiado nuestros ojos...

Llegué a Afganistán en 1980 (Jalalabad, Bagram). Los militares deben cumplir las órdenes.

Fue en 1983, en Kabul, cuando por primera vez oí: «Lo suyo sería despegar toda nuestra aviación estratégica y borrar esas montañas de la faz de la tierra. ¡Cuántos de los nuestros llevamos perdidos ya, y todo en vano!». Lo decía uno de mis amigos. Él, al igual que los demás, tenía una madre, una mujer, unos hijos. Es decir, nosotros, aunque solo lo asumiéramos en nuestros pensamientos, privábamos a esas madres, a esos niños y a esos hombres de su legítimo derecho a vivir en su propia tierra solo porque sus criterios no coincidían con los nuestros.

¿Por casualidad la madre de algún «afgano» caído sabe lo que es una bomba de vacío? El punto de mando de nuestro ejército en Kabul disponía de una línea directa con el gobierno de Moscú. Desde allí nos llegaba el visto bueno para usar esta arma. La primera carga explosiva reventaba un contenedor de gas. El gas se dispersaba y llenaba todos los huecos. Pasado un intervalo de tiempo, se hacía explotar esa «nube». En la superficie no quedaba nada vivo. Al ser humano se le reventaban las entrañas, se le salían los ojos de las cuencas. En 1980, nuestra aviación utilizó por primera vez los misiles cargados de millones de dardos diminutos. No hay forma de ocultarse de esos dardos, las personas acaban convertidas en un colador...

Quiero preguntar a nuestras madres: «¿Al menos alguna de vosotras se ha puesto en el lugar de una madre afgana? ¿O es que las consideráis seres inferiores?».

Hay un detalle que aterra: ¡cuánta gente en nuestro país se mueve a tientas, en la oscuridad, confiando en sus sentimientos, sin hacer un mínimo intento de pensar, de comparar!

¿Realmente somos personas inteligentes? Francamente, ¿de verdad podemos considerarnos seres humanos cuando tratamos a patadas a las mentes que nos abren los ojos?

A. Sokolov, mayor, piloto militar

... Y algunos de los mentirosos de altos vuelos no pierden la esperanza de volver a hacer uso de la misma mentira para recuperar esos tiempos que les son tan queridos. Así, por ejemplo, el general V. Filátov, en su discurso a los soldados «afganos» que publica el rotativo *Den*, profiere: «¡Afganos! En la hora del Mauser* deberemos actuar igual que en Afganistán... En aquella ocasión luchasteis por nuestra patria en las fronteras del sur... ahora tocará luchar por nuestra Patria como en 1941, en nuestro territorio» (*Literatúrnaia gazeta*, 23 de septiembre de 1992).

Esa hora del Mauser dio señales de vida el 4 de octubre en Moscú, delante de la Casa Blanca.** Pero ¿quién sabe si aún nos espera una revancha? Sí, la justicia obliga a un juicio. A un juicio de honor de los instigadores y los promotores del crimen afgano, vivos y muertos. Es necesario, y no para incendiar las pasiones, sino como una lección de futuro para cualquiera que esté tentado de inventar nuevas aventuras en nombre del pueblo. Pero también como condena moral de las ferocidades cometidas. Es necesario para desmentir la versión engañosa sobre la culpa exclusiva del quinteto supremo: de Brézhnev, Gromiko, Ponomarev, Ustínov, Andrópov. Porque se celebraban juntas del Buró Político, de los secretariados, se reunió la sección plenaria del Comité Central del Partido Comunista de la Unión Soviética, se habían enviado cartas a todos los miembros del partido... Pero entre todos aquellos participantes y oyentes no hubo ni uno solo que se opusiera.

Ese juicio es necesario para despertar de una vez por todas la conciencia de los que recibían las condecoraciones, de los que recibían rangos de oficiales y generales, de los que recibían honorarios

* En 1872 se fundó la fábrica de armas de fuego Mauser-Werke Oberndorf, en Alemania. Gracias a su gran calidad y a sus innovaciones técnicas, los Mauser se convertieron en el arma por antonomasia del ejército alemán del III Reich y, por lo tanto, en símbolo del gran enemigo del ejército soviético durante la Segunda Guerra Mundial.

** Durante la crisis constitucional rusa de 1993, el presidente Borís Yeltsin decretó la disolución del Congreso de los Diputados del Pueblo de Rusia y del Sóviet Supremo de Rusia. El Congreso rechazó el decreto y destituyó al presidente, pero el ejército se mantuvo fiel al presidente destituido y durante los días siguientes oprimió las protestas públicas, llegando a desalojar a la fuerza la Casa Blanca de Moscú, donde se habían encerrado los diputados.

y honras por la muerte de millones de inocentes, por una mentira de la que, de una u otra manera, todos somos partícipes...

A. Solomónov, doctor en ingeniería, catedrático, Minsk

Acudiendo a la expresión de Solzhenitsin, la paz no es tan solo la ausencia de guerra, sino por encima de todo es la ausencia de opresión del ser humano. No es casual que justamente ahora, cuando en nuestra sociedad postotalitarista reina el delirio de la violencia política, religiosa y nacionalista, a una escritora le estén pasando factura por la verdad de la guerra en Afganistán. Al parecer, el escándalo que se ha montado alrededor de *Los muchachos de zinc* viene a ser un intento de reconstruir en nuestras mentes los mitos comunistas sobre nosotros mismos. Detrás de los demandantes se entrevén otras figuras: los que en el primer Congreso de los Diputados del Pueblo de Rusia no permitieron a A. D. Sájarov que se pronunciara sobre el carácter inhumano de esa guerra, los que esperan recuperar el poder que ya se les escapa y retenerlo a la fuerza...

Ese libro cuestiona el derecho a sacrificar vidas humanas amparándose en discursos sobre la soberanía y el espíritu de nuestra gran potencia. ¿Por qué ideas muere hoy la gente sencilla en Azerbaiyán, en Armenia, en Tayikistán, en Osetia?

Mientras tanto, a medida que crecen las ideas pseudopatrióticas basadas en la violencia, somos testigos del renacer del espíritu militarista, de la excitación del instinto agresivo, del comercio criminal de armas acompañado de dulces discursos sobre la reforma democrática del ejército, el deber militar, la dignidad nacional. Las frases rimbombantes de ciertos políticos en defensa de la violencia revolucionaria y militar, cercanas a las ideas del fascismo italiano, del nacionalsocialismo alemán y del comunismo soviético, suscitan la barahúnda mental y preparan el terreno para el crecimiento de la intolerancia y la hostilidad en nuestra sociedad.

Los padres espirituales de esos políticos que ya han abandonado la arena sabían manipular las pasiones humanas e involucraban a sus compatriotas en guerras fratricidas. Por supuesto, sus adeptos se desviven por organizar un proceso contra las ideas de no violencia y de compasión. Cabe recordar que en su tiempo Lev Tolstói, que predicaba el rechazo al servicio militar, nunca fue llamado a los tribunales acusado de actividad antimilitarista. Pero a nosotros nos pretenden devolver una y otra vez a esa época en la que todo lo honesto quedaba destruido.

En el proceso judicial contra S. Alexiévich se distingue claramente un ataque planificado de las fuerzas antidemocráticas que, bajo el pretexto de la defensa de la dignidad del ejército, luchan por la conservación de una ideología repugnante, de las mentiras habituales... La idea de una alternativa no violenta que apadrinan todos los libros de Svetlana Alexiévich vive en la conciencia humana; a pesar de ello, al ser una idea que no goza del reconocimiento oficial, el concepto de «no empleo de la violencia ante la maldad» se ridiculiza por sistema. Pero volvemos a repetirlo: los cambios éticos en la vida de la sociedad están vinculados en primer lugar a la formación de la autoconciencia, basada en el principio del «mundo sin violencia». Aquellos que ansían el juicio contra Svetlana Alexiévich empujan a nuestra sociedad hacia la hostilidad, hacía el caos del autoexterminio.

Miembros de la Sociedad Rusa por la paz:
R. Iliújina, doctor en Ciencias históricas, dirigente del grupo «Ideas de paz en la historia» del Instituto científico de Historia Mundial de la Academia de Ciencias Rusa;
A. Mujin, presidente del Grupo de promoción de apoyo al servicio militar sustitutorio;
O. Póstnikova, literata, miembro del Movimiento Abril;
N. Sheludiákova, presidente de la organización «Movimiento contra la violencia»

Al literato no le está permitido ser juez ni verdugo, de esos en Rusia siempre ha habido de sobra... Esta frase de Chéjov me ha venido a la memoria a colación del escándalo paraliterario en torno al libro de Svetlana Alexiévich *Los muchachos de zinc*, y de la campaña simultánea contra los «afganos» y sus familias que se ha desatado en los medios republicanos, moscovitas y hasta en las emisoras de radio forasteras...

Pues sí, la guerra es la guerra. Siempre es cruel e injusta en relación con la vida humana. En Afganistán la gran mayoría de soldados y comandantes solo eran fieles al juramento y cumplían con su deber. Teniendo en cuenta que la orden venía del gobierno legítimo y en nombre del pueblo. Lamentablemente, para nuestra vergüenza, había ciertos comandantes que cometían crímenes, había algunos que mataban y saqueaban a los afganos, había otros (casos contados, pero los había) que mataban a sus propios compañeros y se unían en las armas a los *dushmán*.

Puedo nombrar todo un listado de delitos cometidos por nuestra gente, pero cuando determinados escritores y periodistas comparan a los «afganos» con los nazis me surgen preguntas. ¿Tal vez esos señores pueden presentar al mundo los mandatos de nuestro gobierno en que ordenan a nuestro ejército construir campos de concentración en Afganistán o exterminar un pueblo o quemarlo en cámaras de gas tal como hacían los alemanes? ¿O tal vez dispongan ustedes de documentos que prueben que por un soldado soviético muerto se aniquilaban centenares de civiles, igual que hacían los soldados de Hitler en Bielorrusia? ¿A lo mejor pueden demostrar que nuestros médicos les quitaban a los niños afganos la sangre para curar a nuestros heridos, tal como hacían los ocupantes alemanes?

Por cierto, dispongo de las listas de los soldados y oficiales soviéticos condenados por los crímenes cometidos contra los ciudadanos afganos. ¿Tal vez nos pueden mostrar ustedes listas similares de los alemanes, o por lo menos nombrarnos a uno o dos que durante la invasión a nuestro país fuesen condenados por haber cometido delitos contra la población civil?

Sin lugar a dudas, la decisión del gobierno soviético de entonces en cuanto a la entrada de tropas en Afganistán era criminal, en primer lugar, con su propio pueblo. Pero al hablar de nuestros militares, a los que, con el consentimiento silencioso del pueblo, ustedes incluidos, señores, enviaron al infierno a cumplir con su deber, tenemos la obligación de ser correctos. Debemos estigmatizar a los que tomaban las decisiones, a los que, gozando de peso en la sociedad, mantenían las bocas cerradas...

Al ultrajar a las madres de los soldados caídos, los defensores de Alexiévich señalan a Norteamérica, ¡un país de gran democracia! Porque allí sí que había fuerzas capaces de oponerse a la guerra de Vietnam.

Sin embargo, cualquiera que lea los periódicos sabe cómo actuó América en esa guerra. Ningún congreso norteamericano, ningún senado norteamericano ha condenado la guerra de Vietnam. Nadie en América se ha permitido ni se permitirá un insulto dirigido a los presidentes Kennedy, Johnson, Ford o Reagan, que enviaron todos ellos a soldados americanos a esa masacre.

Por Vietnam pasaron cerca de tres millones de norteamericanos... Los veteranos de Vietnam forman parte de la élite política y militar del país... Cualquier niño norteamericano puede comprar las insignias de las unidades militares que lucharon en Vietnam...

¿Creen que le pasaría algo a la cadena de radio Svoboda,* que defiende a Alexiévich, si, en vez de llamar criminales y asesinos a los ciudadanos de Bielorrusia, hubiera tachado de ese modo a los presidentes norteamericanos y a los veteranos de Vietnam? No cuesta nada pisotear a los ajenos, y más aún cuando cuentas con gente bienintencionada dispuesta a vender hasta a su propio padre por un puñado de dólares o de marcos...

N. Cherguinets, presidente de la Unión de los Veteranos de la guerra de Afganistán de Bielorrusia, ex consejero militar soviético en Afganistán, mayor general de policía
Sovétskaia Bielorrusa, 16 de mayo de 1993

... Lo que sabemos nosotros, los que estuvimos allí, no lo sabe nadie más, como mucho nuestros superiores, de quienes cumplíamos

* Radio Svoboda (Radio Liberty) era una emisora muy popular en la época de la Guerra Fría. Financiada por EE.UU., emitían en ruso, con el fin de hacer propaganda antisoviética.

órdenes. Ahora guardan silencio. Guardan silencio sobre cómo nos enseñaron a matar y a despojar a los muertos. Guardan silencio sobre cómo el cargamento de una caravana interceptada se repartía entre los que iban en los helicópteros y los jefes. Sobre cómo cada cadáver de los *dushmán* (así los llamábamos) se minaba para que los que viniesen a enterrarlo (fuera un viejo, una mujer o un niño) también encontrasen la muerte al lado de la persona querida, en su propia tierra. Hay muchas cosas sobre las que guardan silencio. A mí me tocó servir en las fuerzas especiales. Lo nuestro era una especialización muy precisa: caravanas, caravanas y otra vez caravanas. En su mayoría, las caravanas no transportaban armas, sino mercancías y drogas, solían trasladarse de noche. Nuestro grupo estaba formado por veinticuatro hombres, del lado contrario a menudo había más de cien personas. La situación no nos daba para pensar en si lo que teníamos delante era un comerciante pacífico que había comprado su mercancía en Pakistán y pensaba en venderla provechosamente o si se trataba de un *dushmán* camuflado. Recuerdo cada combate, recuerdo a cada uno de «mis muertos», fuera un anciano, un hombre adulto o un niño contorsionándose agónicamente... y recuerdo a aquel con el turbante blanco que, exaltado, gritó «*Allahu akbar*» saltando de una roca de cinco metros después de herir de muerte a mi amigo... En mi camiseta quedaron restos de sus tripas y en la culata de mi metralleta tenía restos de sus sesos... Dejábamos a la mitad de nuestros compañeros esparcidos por las rocas... A menudo no podíamos sacarlos a todos de las hendiduras... Solo las bestias salvajes podrían llegar a ellos... Mientras que nosotros inventábamos para sus padres las «hazañas heroicas» que ellos habían realizado. Era 1984...

Sí, deben juzgarnos por lo que cometimos, pero junto con los que nos enviaron allí, que en nombre de la patria y acorde al juramento militar nos obligaron a hacer un trabajo por el cual en 1945 el mundo entero condenó a los nazis...

Sin firma

Los años pasan... y de pronto sale algo a la luz que demuestra que la gente no tiene suficiente con lo que le deja la Historia. Esa Historia a la que nos habíamos acostumbrado y que nos ofrece los nombres, las fechas, los acontecimientos, los hechos y su evaluación, pero en la que no hay sitio para el ser humano. Para ese ser humano concreto que no solo es un participante de esos hechos, una unidad estadística, sino que representa una personalidad llena de las emociones e impresiones que por norma general la Historia no tiene en cuenta...

No me acuerdo cuándo se publicó exactamente el libro de Svetlana Alexiévich *La guerra no tiene rostro de mujer.* Habrán pasado unos quince años, pero incluso ahora recuerdo a la perfección un episodio que me trastocó. Un batallón femenino en marcha, un calor bestial, el polvo... y encima de ese polvo, allí y allá se evidencian manchas de sangre: el organismo femenino no hace pausas para la guerra.

¿Qué historiador nos ofrecerá un hecho como este? ¿Y a cuántos narradores necesita entrevistar el escritor para pescar este detalle entre una multitud de hechos, de impresiones? A mí esta imagen me aporta más sobre la psicología de las mujeres en la guerra que un volumen entero de Historia.

... Por muy cercanos que nos sean los acontecimientos —ya sea la guerra afgana, la tragedia de Chernóbil, los golpes moscovitas, los pogromos tayikos—, de pronto se evidencia que ya pertenecen a la Historia, y que son rápidamente sustituidos por nuevos cataclismos y que esos, los nuevos, son los que atraen la atención de la sociedad. Y van desapareciendo los testimonios, pues la memoria humana nos protege, tratando de limar aquellas emociones y recuerdos que impiden al ser humano continuar viviendo, que le privan de tranquilidad y de sueño. Poco a poco, también van desapareciendo los testigos...

Pero ¡cuánto les cuesta a algunos caudillos del régimen desaparecido reconocer que por encima de ellos también hay una justicia, la justicia de la gente y de la Historia! ¡Cuánto les cuesta asumir que ha llegado una época en la que cualquier «cagatintas y escritorzuelo» puede permitirse a levantar la mano contra el «pasado luminoso», y «mancharlo y ultrajarlo», y cuestionar «los grandes ideales»! ¡Cuánto les molestan los libros llenos de testimonios antes de que desaparezcan los testigos!

No es tan difícil repudiar al general del KGB Oleg Kaluguin; ya sabemos cómo llega uno a ser general del KGB. Pero no se pueden rechazar los testimonios de centenares de hombres de a pie: de los afganos, de los habitantes de Chernóbil, de las víctimas de los conflictos étnicos, de los refugiados... Y aun así, parece que sí se puede «tener en un puño», «poner en su sitio», «tapar la boca» al periodista, escritor, psicólogo que recopila tales testimonios...

Nosotros, cómo no, estamos acostumbrados. Ya procesaron a Siniavski y a Daniel,* excomulgaron a Borís Pasternak, y arrastraron por el lodo a Solzhenitsin y a Dudíntsev.

Vale, tal vez consigan callar a Svetlana Alexiévich. Vale, tal vez dejarán de salir a la luz los testimonios de las víctimas de nuestro siglo criminal. Pero ¿qué les dejaremos entonces a nuestros descendientes? ¿Las melindrerías acarameladas de los amantes de los informes victoriosos? ¿Los redobles de tambores mezclados con marchas llenas de brío? Pero si de eso ya ha habido siempre... Ya hemos pasado por eso...

Y. Basin, médico, rotativo Dobri vecher,
1 de diciembre de 1993

Esas palabras iba a decir yo en el juicio... Me consideraba dentro del grupo de los que no aceptaban el libro de Svetlana Alexiévich *Los muchachos de zinc.* En el juicio yo tenía que actuar como defensor de Tarás Ketsmur...

La confesión de un ex enemigo, así podría llamarlo ahora...

He escuchado atentamente todo lo que se ha dicho en el tribu-

* En 1965-1966 los escritores soviéticos Andréi Siniavski (1925-1997) y Yuli Daniel (1925-1988) fueron procesados por propaganda antisoviética y condenados a trabajos forzados.

nal y he llegado a la conclusión de que estamos cometiendo un sacrilegio. ¿Por qué nos torturamos unos a otros? ¿En nombre de Dios? ¡No! Estamos desgarrando su corazón. ¿En nombre del país? No. El país no combatió allí...

De manera concentrada, Svetlana Alexiévich describió lo «morboso» de la guerra de Afganistán y a cualquier madre le es imposible creer que su hijo fuera capaz de hacer algo similar. Pero les diré más: «Lo descrito en el libro no es nada comparado con lo que de verdad ocurre en una guerra y cualquiera que realmente haya combatido en Afganistán lo puede confirmar con el corazón en la mano». Estamos ante una cruel realidad: los muertos están más allá de la deshonra, y si tal deshonra realmente tuvo lugar, la hemos de aceptar los que estamos vivos. ¡Es decir, nosotros! Y, en tal caso, ¡resulta que en la guerra éramos unos pringados, éramos los que cumplíamos las órdenes, y aquí y ahora, cuando toca responder por todas las consecuencias, otra vez volvemos a ser unos pringados! Sería más justo que un libro de tanta fuerza y talento no hablara de los muchachos, sino de los mariscales y de los jefes de sillón que enviaban a los chicos a la guerra.

Me pregunto: «¿Realmente tenía que escribir Svetlana Alexiévich sobre las atrocidades de la guerra?». ¡Sí! Y una madre, ¿tiene que defender el honor de su hijo? ¡Sí! Y los «afganos», ¿tienen que defender la honra de sus compañeros? Otra vez: ¡sí!

Es evidente que en cualquier guerra un soldado comete pecados. Pero en el juicio final los soldados serán los primeros a los que el Señor perdonará...

La salida legal a este conflicto la encontrará el jurado. Pero debe haber una salida humana que consiste en que las madres siempre tienen razón en su amor hacia sus hijos; los escritores siempre están en su derecho a contar la verdad; los soldados siempre tienen razón mientras los vivos defiendan a los muertos.

Eso es lo que ha chocado en este proceso civil.

Los directores y los guionistas, los mariscales y los políticos que habían organizado esa guerra no están presentes en este tribunal. Aquí solo se encuentran las partes perjudicadas: el amor que rechaza la amarga verdad sobre la guerra; la verdad que debía pronunciarse a pesar del amor; el honor que no acepta ni el amor, ni la verdad porque, tal como dice el código del oficial ruso: «Estoy dispuesto a entregar mi vida a mi patria, pero no le cederé a nadie mi honor».

El corazón del Señor es capaz de abarcarlo todo: el amor, la verdad, el honor. Pero nosotros no somos dioses, y este proceso judicial solo tiene de bueno que puede devolver a la gente la plenitud de la existencia.

Lo único que puedo reprochar a Svetlana Alexiévich es que en su libro prácticamente no hay amor hacia esa juventud sacrificada por los imbéciles que organizaron la guerra afgana. Me extraña que los «afganos», que miraron a los ojos de la muerte, se asusten ante la verdad sobre su propia guerra. Debería haber al menos un «afgano» que diga: «Hace tiempo que no somos una masa gris homogénea y que las palabras de Tarás Ketsmur diciendo que no condena la guerra no son nuestras palabras, él no habla en nombre de todos nosotros...».

No le reprocho a Svetlana el hecho de que su libro ayudara a los ciudadanos de a pie a conocer el «morbo» afgano. Ni siquiera le reprocho que después de haberlo leído la gente tenga otro concepto de nosotros, peor que el anterior. Tenemos que pasar por la reevaluación de nuestro papel en la guerra en calidad de armas homicidas, y si hay algo de lo que arrepentirse, cada uno ha de llegar al arrepentimiento por su propio camino.

Probablemente, el juicio será largo y doloroso. Pero en mi alma ya se ha acabado...

Pável Shetkó, ex «afgano»

Transcripción taquigráfica de la audiencia final

8 de diciembre de 1993. Juez: I. N. Zhdanóvich. Jurado del tribunal popular: T. V. Borisévich y T. S. Soroka. Demandantes: I. S. Galovneva y T. M. Ketsmur. Demandada: S. A. Alexiévich.

Testimonio de Svetlana Alexiévich, autora de *Los muchachos de zinc* (lo que se dijo y lo que no le dejaron decir)

Hasta el último momento no creí que este juicio se fuera a celebrar. Del mismo modo que hasta el último instante no creí que en los inmediatos alrededores de la Casa Blanca de Moscú empezarían a disparar... O que nosotros fuéramos capaces de dispararnos unos a otros...

Físicamente me siento incapaz de seguir viendo caras exasperadas y furiosas. No habría acudido a este juicio si aquí no estuviesen presentes las madres, aunque yo lo sé: no son ellas las que me demandan, me demanda el antiguo régimen. La conciencia no es lo mismo que el carnet del Partido, no la puedes guardar en una carpeta. Se han cambiado nuestras calles, los rótulos de las tiendas y los nombres de los periódicos, pero nosotros somos los de antes. Pertenecemos al bloque socialista. Conservamos nuestra mentalidad, la de los convictos encerrados en el campo de concentración...

Yo he venido para hablar con las madres. Para pedir su perdón por el hecho de que no se puede llegar a la verdad sin el dolor. Sigo haciéndome la misma pregunta que está en mi libro: «¿Quiénes somos? ¿Por qué nos dejamos hacer de todo?». Devolverle a una madre un ataúd de zinc y a continuación convencerla para que demande al escritor que ha descrito cómo ella no pudo siquiera darle a su hijo un último beso y cómo abrazaba, acariciaba, el ataúd de zinc... ¿Quiénes somos?

Nos inculcaron, nos metieron a nivel genético, el amor hacia el hombre armado. Crecimos amparados por la guerra, incluso los que nacieron varias décadas después de la guerra. Nuestros ojos están organizados de tal modo que hasta el día de hoy, tras los crímenes de las Checas revolucionarias, de los campos de concentración y de las unidades de barrera de Stalin, después de los recientes acontecimientos en Vilna, Bakú, Tbilisi, después de Kabul y de Kandahar, imaginamos al hombre armado como un soldado de 1945, un soldado de la Victoria. Se han escrito tantos libros sobre la guerra, se han fabricado tantas armas con las manos y la mente humanas, que el concepto del asesinato se ha normalizado. Los mejores cerebros reflexionan con ahínco infantil sobre si el hombre tiene derecho a matar animales, pero nosotros, casi sin dudar o armándonos de un ideal político construido deprisa y corriendo, somos capaces de justificar una guerra. Pongan la tele cualquier tarde y verán con qué secreto entusiasmo llevamos a los héroes al cementerio. En Georgia, en Abjasia, en Tayikistán... Y otra vez levantamos sobre sus tumbas monumentos en vez de campanarios...

No hay manera de quitarles impunemente a los hombres su juguete favorito... Su juguete más adorado: la guerra. Ese mito... Ese instinto antiguo...

Pero yo odio la guerra, odio la idea en sí de que una persona tiene algún derecho sobre la vida de otra persona.

Hace poco un sacerdote me explicaba que un excombatiente, un hombre de avanzada edad, llevó a la iglesia sus condecoraciones. «Sí —dijo él—, maté a muchos nazis. Defendí mi Patria. Pero en vísperas de mi hora final quiero confesar que he matado.» Y dejó sus medallas en una iglesia en vez de en un museo militar. Los museos militares son la base de nuestra educación...

La guerra es un arduo trabajo y es un crimen, pero con el paso de los años solo se recuerda el arduo trabajo mientras que el crimen se olvida. ¿Acaso sería posible inventar todos esos detalles, esos sentimientos? En mi libro hay una terrible variedad de ellos.

Cada vez más a menudo pienso: «Después de Chernóbil, de Afgán, de los acontecimientos de la Casa Blanca, nosotros no estamos a la altura de lo que nos ocurre. No analizamos nuestro pasado, siempre somos las víctimas. ¿Tal vez sea por eso que todo se repite?».

Hace un tiempo, hace unos años, concretamente hace cuatro, todos compartíamos la misma visión: yo, muchas madres presentes hoy en esta sala, los soldados que habían regresado de la hostil tierra afgana... En mi libro *Los muchachos de zinc* las historias, las plegarias de las madres representan las páginas más tristes. Las madres rezan por sus hijos caídos...

¿Por qué entonces ahora estamos enfrentados en una sala de juicio? ¿Qué ha ocurrido en estos cuatro años?

En los últimos años ha desaparecido del mapa del mundo, de la Historia, el imperio comunista que los envió allí para matar y para morir. Ya no existe. Primero a la guerra la empezaron a llamar tímidamente «error político» y luego la llamaron «crimen». Ahora todos quieren olvidar Afganistán. Olvidar a estas madres, olvidar a los mutilados... El olvido es una forma de mentira. Las madres se han quedado solas frente a las tumbas de sus hijos. Ni siquiera cuentan con el consuelo de que la muerte de sus hijos no fue inútil. Sean como sean los ultrajes y las injurias que he escuchado hoy, digo y repito: «Admiro a las madres». Las admiro también por el hecho de haberse convertido en las únicas defensoras del nombre de sus hijos cuando la Patria los ha arrojado a la deshonra. Hoy solo las madres defienden a los muchachos muertos... Otra cosa es de quién los defienden.

Su pena sobrepasa cualquier verdad. Dicen que la plegaria de una madre sacará a su hijo del fondo del mar. En mi libro los salva de la inexistencia. Son las víctimas subidas al altar de nuestro despertar doloroso. No son los héroes, son los mártires. Nadie tiene derecho a lanzarles una piedra. Todos somos culpables, todos somos partícipes de esa mentira: de eso habla mi libro. ¿Cuál es el peligro de cualquier totalitarismo? Que hace a todos partícipes de sus crímenes. A los buenos y a los malos, a los ingenuos y a los pragmáticos... Tenemos que rezar por esos muchachos y no por la idea de la cual fueron víctimas. Quiero decir a las madres: «Aquí no estáis defendiendo a vuestros hijos. Estáis defendiendo una idea terrible. La idea asesina». Lo mismo les digo a los ex soldados «afganos» que hoy han acudido al juicio.

Detrás de las espaldas de las madres veo las hombreras de los generales. Los generales regresaban de la guerra con Estrellas de Héroes y con grandes maletas llenas de trastos. Una de las madres, hoy está presente en esta sala, me contaba que le devolvieron un ataúd de zinc y un pequeño maletín, dentro había un cepillo de dientes y unos calzoncillos. Era todo lo que su hijo trajo de la guerra. Así que, ¿de quién deberían defender a sus hijos? ¿De la verdad? La verdad consiste en contar cómo morían los muchachos a causa de las heridas porque no había alcohol ni medicamentos (los habían vendido en los *ducán*), en contar cómo los chicos se alimentaban de latas de conserva caducadas en los años cincuenta, en contar cómo los enterraban vestidos con viejos uniformes, de la época de la Gran Guerra Patria. Incluso en eso ahorraban. No se lo habría dicho al lado de las tumbas... Pero no tengo otro remedio...

¿Escuchan como en todas partes se vuelve a disparar, como otra vez se derrama sangre? ¿Qué justificación están buscando para esa sangre? ¿No será que quieren encontrar una justificación?

En aquel momento, hace cinco años, aún gobernaba el Partido Comunista, el KGB. Yo, para proteger a mis personajes de las posibles consecuencias, a veces les cambiaba los nombres, los apellidos. Los defendía del régimen. Pero hoy tengo que defenderme de aquellos a los que yo había protegido.

¿Qué tengo que revindicar? Mi derecho como escritora a ver el mundo tal como lo veo. Y a odiar la guerra. ¿O es que tengo que explicarles que existe la verdad y la verosimilitud, que un documento de una obra artística no es un certificado de la oficina de reclutamiento ni un billete de tranvía? Los libros que escribo son un documento y a la vez mi visión de los tiempos. Yo recopilo los detalles, los sentimientos, no de una vida concreta, sino del aire del tiempo en su totalidad, de su espacio, de sus voces. No invento, no fantaseo, sino que construyo los libros a partir de la realidad misma. El documento es lo que me cuentan, el documento en parte, soy yo, la artista, con mi propia visión y percepción del mundo.

Yo escribo, anoto la historia del momento, la historia en el transcurso del tiempo. Las voces vivas, las vidas. Antes de pasar a ser historia, todavía son el dolor de alguien, el grito, el sacrificio o el crimen. Incontables veces me he hecho la pregunta: «¿Cómo pasar entre el mal sin aumentarlo, sobre todo hoy en día, cuando el mal adopta unas dimensiones cósmicas?». Antes de comenzar cada libro me lo pregunto. Esto ya es mi carga. Y mi destino.

Escribir es un destino y una profesión, aunque en nuestro desafortunado país es más destino que profesión. ¿Con qué argumentos el jurado ha declinado en dos ocasiones la solicitud de un peritaje literario? La razón es sencilla: se vería enseguida que aquí no hay objeto de proceso. Procesan el libro, procesan la literatura, suponiendo que se puede reescribir las veces que sean necesarias para satisfacer sus necesidades inmediatas. Dios nos proteja de los contemporáneos parciales que hagan de redactores de los libros documentales. Solo nos habrían dejado ecos y prejuicios de las luchas políticas en vez de la historia viva. Fuera de las leyes de la literatura, al margen de las leyes del género, se administra la justicia política primitiva rebajada más allá del nivel cotidiano, rebajada a la altura de la pelea callejera. Escuchando a esta sala a menudo me he parado a pensar: «¿Quién se atreve a llamar a la multitud a que salga a la calle, a una multitud que ya no confía en nadie: ni en los sacerdotes, ni en los escritores, ni en los políticos? Una multitud que solo ansía sangre y masacre...». Y solo se somete al hombre armado... Un ser humano armado con una pluma, mejor dicho, con un bolígrafo, en vez de con un Kaláshnikov, le irrita. Aquí me han estado dando lecciones sobre cómo hay que escribir libros.

Los que me han llamado a juicio abdican de lo que ellos decían hace unos años. En sus mentes ha cambiado el código, ahora leen el texto de antes de otra manera, a lo mejor incluso ni siquiera lo reconocen. ¿Por qué? Porque no necesitan la libertad... No saben qué hacer con ella...

Recuerdo bien cómo era Inna Serguéevna Galovneva cuando nos conocimos, me enamoré de ella. Por su dolor, por la verdad. Por su corazón torturado. Pero hoy es una política, una persona oficial, la presidenta del club de las madres de los soldados caídos. Ya es otra persona, de la de antes solo le queda su nombre y el nombre de su hijo muerto, al que ha sacrificado por segunda vez. Un sacrificio sacramental. Somos unos esclavos, unos románticos de la esclavitud.

Tenemos una idea propia de los héroes y los mártires. Si aquí se estuviera hablando de dignidad, nos habríamos puesto todos de pie y habríamos guardado silencio en memoria de los casi dos millones de afganos asesinados... Muertos allí, en su propia tierra...

¿Cuántas veces se puede repetir nuestra pregunta eterna sobre quién es el culpable? Todos lo somos, yo, tú, ellos. La cuestión es otra, la cuestión es la elección que tiene cada uno: ¿disparar o no disparar, callar o no callar, ir o no ir? Hay que preguntárselo a uno mismo. Que cada uno se lo pregunte a sí mismo... Pero no tenemos experiencia de entrar en nuestro propio interior... De buscar respuestas... Es mucho más habitual salir corriendo a la calle, al amparo de las banderas rojas. No sabemos vivir sin el odio. No hemos aprendido todavía. Tarás Ketsmur es uno de mis personajes... No este a quien están viendo ahora, sino otro, el que regresó de la guerra, me lo contó de esta manera... ¿Permiten que les lea un fragmento del libro?

«En mi sueño estoy tumbado y veo a muchísima gente... Están delante de mi casa... Miro alrededor, siento que no tengo espacio y por alguna razón no puedo levantarme. Entonces comprendo que estoy tumbado dentro de un ataúd... Es un ataúd de madera, sin la cubierta de zinc. Lo recuerdo bien... Estoy vivo, recuerdo que estoy vivo, pero me encuentro dentro de un ataúd. Se abre la puerta de la casa, la gente sale a la calle y a mí también me sacan a la calle. Son una multitud, en sus rostros se lee la tristeza y una especie de éxtasis arcano... Yo no entiendo nada... ¿Qué ha pasado? ¿Por qué estoy en un ataúd? De repente la procesión se para, oigo a alguien que dice: "Pasadme el martillo". Entonces de pronto lo tengo claro: estoy soñando... La voz vuelve a pedir: "Pasadme el martillo"... Lo percibo todo como algo real y al mismo tiempo como en un sueño... Y la voz dice por tercera vez: "Pasadme el martillo". Oigo los golpes en la tapa, oigo el martillo, un clavo me hiere. Empiezo a agitarme, golpeo la tapa con la cabeza, con los pies. Y la tapa cede, se cae. La gente está mirando, me levanto, tengo medio cuerpo fuera de la caja. Quiero gritar: "Me duele, ¿por qué me habéis cerrado dentro?", me falta el aire. Ellos lloran, sin embargo no me dicen nada. Como si hubiesen perdido el don de la palabra... Y sobre sus rostros se ve el éxtasis, un éxtasis secreto... Invisible... Yo lo veo... Lo adivino... No sé cómo debo hablarles para que me oigan. Me parece que estoy gritando, pero mis labios están sellados, no logro despegarlos. Entonces me tumbo en el ataúd. Estoy dentro y reflexiono: "Ellos quieren que muera, a lo mejor, realmente me he muerto y ahora tengo que mantenerme en silencio". Alguien dice: "Pasadme el martillo..."».

Esto él no lo ha rebatido. Será esto lo que defienda su dignidad en el juicio de la Historia. Y la mía también.

Conversaciones en la sala

—Usted dice comunistas... generales... titiriteros ocultos... ¿Y ellos? ¿Qué hay de ellos mismos? Los engañados y los que desean que los engañen. Otro tiene la culpa, nunca ellos. La psicología de la víctima. La víctima siempre necesita a alguien para echarle la culpa. Por aquí todavía no han empezado a disparar, pero sus narices ya adivinan el olor a sangre.

—La pasta le sale por las orejas, tiene dos Mercedes... No para de viajar al extranjero...

—Un escritor invierte entre dos y tres años en escribir un libro, y actualmente le pagan lo mismo que a un zángano, lo mismo que gana un conductor de trolebús en dos meses. ¿De dónde saca usted esas chorradas sobre los Mercedes?

—Viaja por todo el mundo...

—¿Y su pecado personal? Podía disparar y podía no disparar. ¿Qué? ¿De eso no dice nada?...

—El pueblo está humillado, está empobrecido. Y eso que hace nada éramos una gran potencia. A lo mejor es que no lo éramos, pero nos creíamos que lo éramos por nuestro número de misiles, de tanques, de bombas atómicas. Estábamos convencidos de que vivíamos en el mejor país, en el más justo. Usted acaba de decir que vivíamos en otro país, terrible y sanguinario. ¿Quién se lo va a perdonar? Ha pisado donde más nos duele... En lo más profundo...

—Todos estábamos implicados en ese engaño. Todos.

—¡Hacían lo mismo que los nazis! Pero pretenden ser unos héroes... Y encima que les den una nevera y un conjunto de muebles sin hacer cola...

—Son hormigas, no saben que existen las abejas y los pájaros. Quieren que todos seamos hormigas. Es un nivel de conciencia diferente...

—¿Y qué quiere después de todo?

—¿Después de qué?

—Después de la sangre... Me refiero a nuestra historia. Después de pasar por la sangre la gente solo es capaz de valorar el pan. Lo demás para ellos no tiene valor alguno. La conciencia está destrozada.

—Hay que rezar. Hay que rezar por nuestros verdugos. Por los que nos torturan.

—Le han pagado en dólares. Y ella nos tira la basura. A nuestros hijos.

—Si no conseguimos aclararnos con el pasado, nos volverá a alcanzar en el futuro. Habrá un nuevo engaño y nueva sangre. El pasado está por delante.

De la resolución judicial

La resolución en nombre de la República de Bielorrusia:

El jurado popular del distrito Central de la ciudad de Minsk, compuesto por I. N. Zhdanóvich, presidente de la audiencia, y por el jurado del tribunal popular (T. V. Borisévich y T. S. Soroka) y el secretario I.B. Lobínich, a día 8 de diciembre de 1993, ha estudiado ante la sala el caso abierto por la demanda de Tarás Mijáilovich Ketsmur y Inna Serguéevna Galovneva contra Svetlana Aleksándrovna Alexiévich y la redacción del rotativo *Komsomólskaia Pravda* sobre su derecho al honor.

... Escuchadas ambas partes y analizados los materiales del caso, el jurado considera que las demandas están sujetas a satisfacción parcial.

De acuerdo con el artículo 7 del Código Civil de la República de Bielorrusia, un ciudadano o una organización tiene derecho a exigir la rectificación de toda información que menoscabe su buen nombre si el divulgador de tal información no presenta pruebas de que dicha información corresponde a la realidad.

El jurado ratifica que con fecha del 15 de febrero de 1990, en la edición n.° 39, el rotativo *Komsomólskaia Pravda* publicó algunos fragmentos de la obra documental de S. Alexiévich *Los muchachos de zinc. Monólogos de los que pasaron por Afganistán*. La publicación incluye el monólogo firmado con el apellido de la demandante I. S. Galovneva

Dado que la parte demandada, S. A. Alexiévich y la redacción del rotativo *Komsomólskaia Pravda* no han presentado pruebas de la veracidad de la información expuesta en dicha publicación, el jurado estima probado que la información no corresponde a la realidad.

Sin embargo, el jurado considera que la información expuesta no es calumniosa, ya que no menoscaba el buen nombre de I. S. Galovneva ni el de su difunto hijo ante la opinión pública y de los ciudadanos desde el punto de vista del cumplimiento de las leyes y los principios morales. La información no contiene noticias sobre ninguna actuación indecente de su hijo ante la sociedad...

Dado que la parte demandada no ha presentado pruebas de la veracidad del relato de T. M. Ketsmur, el jurado estima probado que la información expuesta en el monólogo firmado con el apellido y nombre de T. M. Ketsmur no corresponde a la realidad.

Según las causas arriba indicadas, el jurado considera que la información contenida en las frases siguientes no corresponde a la realidad y menoscaba el buen nombre del demandante T. M. Ketsmur: «Había visto como en los campos de pronto salían a la superficie trozos de metal y huesos humanos... Había visto la costra de color naranja sobre el rostro petrificado de un muerto... No sé por qué era de color naranja...» y «En mi habitación seguían estando los mismos libros, fotografías, la misma cadena musical, la misma guitarra. Solo que yo... bueno... yo no seguía estando igual... No podía atravesar un parque: miraba atrás a cada paso. En un café el camarero se ponía detrás de mí: "¿Qué querrá, caballero?". Y yo me levantaba y salía pitando, no aguantaba que alguien se pusiera a mis espaldas. Veía a algún cabrón y lo único que se me pasaba por la cabeza: "¡Fusilarle!"». El jurado evalúa la información expuesta como calumniosa, puesto que da pie a que el lector ponga en duda el pleno valor psíquico y la estabilidad emocional del demandante; lo presenta como un hombre resentido, cuestiona sus cualidades éticas, ofrece la imagen de una persona capaz de transmitir información fidedigna de una forma falsa y alejada de la realidad...

El resto de la demanda de T. M. Ketsmur queda desestimada...

La demandada S. A. Alexiévich no admite la demanda. La demandada depuso que en 1987 mantuvo un encuentro con I. S. Galovneva, madre de un oficial caído en Afganistán, y que llevó a cabo la grabación de la conversación. Los hechos tuvieron lugar al poco tiempo del entierro de su hijo. La demandante relató todo lo que posteriormente fue expuesto en el monólogo firmado con su nombre y publicado por el rotativo *Komsomólskaia Pravda.* Para evitar que Galovneva sufriera persecuciones por parte del KGB, la demandada cambió el nombre por Nina, además de modificar el rango militar de su hijo, de teniente primero a teniente.

Con T. M. Ketsmur la demandada mantuvo la entrevista hace seis años. Grabó su relato durante la conversación que mantuvieron a solas. En el monólogo publicado lo dicho corresponde a la grabación y por tanto es fidedigno y veraz.

Sobre la base de lo que antecede, ateniéndose al artículo 194 de la Ley de enjuiciamiento de la República de Bielorrusia, el jurado determina:

Obligar a la redacción del rotativo *Komsomólskaia Pravda* a publicar en un plazo máximo de dos meses la vindicación de la información indicada.

Desestimar la demanda sobre el derecho al honor de Inna Serguéevna Galovneva hacia Svetlana Aleksándrovna Alexiévich y la redacción del rotativo *Komsomólskaia Pravda.*

Aplicar a Svetlana Aleksándrovna Alexiévich la condena en costas en concepto del impuesto estatal, del cual un importe de 1.320 (mil trescientos veinte) rublos es a favor de Tarás Mijáilovich Ketsmur y un importe de 2.680 (dos mil seiscientos ochenta) rublos es a favor del Estado.

Sancionar a Inna Serguéevna Galovneva con el pago de tributos por un importe de 3.100 (tres mil cien) rublos.

La sentencia puede ser apelada en la Audiencia Municipal de Minsk mediante el jurado popular del distrito Central de Minsk en un plazo de diez días después de su pronunciamiento.

–

A la atención de V. A. Kovalenko
Director del Instituto Científico de Literatura Yanka Kupala de la República de Bielorrusia

Estimado Víktor Antónovich:

Como Ud. sabe, el proceso judicial contra la escritora Svetlana Alexiévich iniciado a raíz de la publicación de los fragmentos de su obra documental *Los muchachos de zinc* en el rotativo *Komsomólskaia Pravda* el 15 de diciembre de 1990 ha finalizado en primera instancia. De hecho, S. Alexiévich fue acusada de la supuesta difamación de uno de los demandantes (uno de los personajes de su libro) ya que no transmitió sus palabras de forma literal. En dos ocasiones el jurado declinó la solicitud de peritaje literario.

El PEN de Bielorrusia le ruega que lleve a cabo el examen pericial independiente que respondería las siguientes preguntas:

1. ¿Cómo se define desde el punto de vista científico el género de la narrativa documental teniendo en cuenta que «documental» se entiende como «basado en los hechos (testimonios)» y «narrativa» como «obra de arte, creación»?

2. ¿En qué se diferencia la narrativa documental de una publicación en los medios impresos, en concreto de una entrevista, cuyo texto normalmente requiere que el entrevistado conceda su aprobación al entrevistador?

3. ¿Tiene derecho un autor de narrativa documental a aportar cierto valor artístico, a trabajar a partir de un concepto de la obra, a seleccionar el material, a elaborar una redacción literaria de los testimonios orales, a introducir su propio concepto del mundo, a generalizar los hechos en nombre de la verdad estética?

4. ¿Quién es el propietario de los derechos del autor: el propio autor de la obra o los protagonistas de los acontecimientos descritos cuyos testimonios y confesiones quedan recopilados en la obra?

5. ¿Cómo cabe definir los límites más allá de los cuales el autor

queda libre de la literalidad, de la transmisión mecánica de los textos recopilados?

6. ¿Corresponde la obra de S. Alexiévich *Los muchachos de zinc* al género de la narrativa documental (en referencia a la primera pregunta)?

7. ¿Tiene derecho el autor de narrativa documental a cambiar los nombres y apellidos de sus personajes?

8. Y la pregunta más importante: ¿se puede procesar al escritor por un fragmento de su obra, incluso si este fragmento no agrada a los que accedieron a facilitar el material oral para el libro? S. Alexiévich no publicó las entrevistas completas de los demandantes, sino fragmentos, que incluyó en su obra perteneciente al género de la narrativa documental.

El PEN de Bielorrusia solicita el examen pericial literario independiente para llevar a cabo la defensa de la escritora Svetlana Alexiévich.

Carlos Sherman, vicepresidente del PEN de Bielorrusia,
28 de diciembre de 1993

–

A la atención de V. Bíkov
Presidente del PEN de Bielorrusia

En respuesta a su solicitud hemos realizado el examen pericial literario independiente de la obra documental de Svetlana Alexiévich *Los muchachos de zinc*. A continuación respondemos a las preguntas formuladas:

1. De la definición de la «literatura documental» que ofrece el *Diccionario enciclopédico de la literatura* (Sovétskaia enciclopedia, 1987, pp. 98-99) y que los especialistas consideran la más exacta y reglada, se deduce que la literatura documental, la narrativa documental incluida, por su contenido, por los métodos y procedimientos de la investigación, así como por la forma de exposición, pertenece al género didáctico y por lo tanto utiliza activamente la selección artística

y la evaluación estética del material documental. «La literatura documental —subraya el autor del artículo correspondiente—, es el género literario que investiga los acontecimientos históricos y los fenómenos de la vida social analizando los materiales documentales que se presentan en su versión completa, parcial o mediante una redacción.»

2. El mismo artículo enciclopédico afirma que «la calidad de la selección y las evaluaciones estéticas de los hechos vistos desde una perspectiva histórica amplían el carácter informativo de la literatura documental y la sitúan fuera tanto del documentalismo periodístico (ensayo, notas, crónica, reportaje) y del periodismo de opinión, como de la literatura histórica». Por tanto, el fragmento de *Los muchachos de zinc* de S. Alexiévich publicado en el periódico *Komsomólskaia Pravda* con fecha del 15 de febrero de 1992 no pertenece al género de la entrevista, el reportaje, el ensayo o cualquier otra variedad del periodismo; dicho fragmento vendría a ser un reclamo publicitario del libro previo a su lanzamiento.

3. En lo referente al derecho de un autor de obra documental a hacer uso de cualesquiera métodos artísticos (siendo estos una forma específica de generalizar los hechos), a tener su propio concepto de un acontecimiento histórico, a seleccionar conscientemente los materiales, a redactar los testimonios orales de los participantes de los hechos, a sacar sus propias conclusiones y a comparar los hechos, el diccionario citado dice literalmente lo siguiente: «Minimizando al máximo la ficción, la literatura documental usa de manera singular la síntesis artística con el fin de seleccionar los hechos reales que por sí solos tengan la capacidad de transmitir importantes cualidades sociales de la vida». Sin lugar a dudas, la literatura documental se centra rigurosamente en la autenticidad y la veracidad. Sin embargo, ¿son posibles el realismo total, la verdad absoluta? De acuerdo con las palabras de Albert Camus, escritor, Premio Nobel de Literatura, la verdad absoluta solo sería posible si frente al hombre hubiera una cámara que registrara su vida desde el nacimiento hasta la muerte. Pero ¿existiría en tal caso otra persona dispuesta a sacrificar su vida para asistir a la proyección infinita de esta increíble película? Y ¿sería esa otra persona capaz de divisar tras los acontecimientos formales

las razones internas del «personaje»? Es fácil de imaginar lo que habría ocurrido si la autora de *Los muchachos de zinc* hubiera renunciado deliberadamente a la actitud creativa hacia los hechos recopilados y hubiera aceptado el papel de un coleccionista pasivo. En tal caso habría tenido que apuntar sobre el papel de forma literal todo lo expresado por sus protagonistas «afganos» en sus relatos-confesiones de varias horas, y como resultado se habría publicado (con tal de que apareciera un editor dispuesto) un tomo bastante voluminoso de materiales en bruto que ni de lejos hubiera correspondido a las exigencias estéticas establecidas, y finalmente jamás habría encontrado un lector. Más aún, si los precursores de S. Alexiévich en este género literario hubieran seguido este camino, la literatura mundial hoy hubiera carecido de tales obras maestras como *Bréstskaia krépost* (La fortaleza de Brest), de S. Smirnov; *Núrenbergski epilog* (El epílogo de Núremberg), de A. Poltorak; *A sangre fría*, de T. Capote; *Ya iz ógnennoi derevni* (Soy de la aldea en llamas), de A. Adamóvich, Y. Bril, V. Kolésnik y *Blokádnaia kniga* (El libro de asedio), de A. Adamóvich y D. Granin.

4. Los derechos de autor son un conjunto de normas jurídicas que regulan lo relacionado con la creación y la publicación de las obras literarias, aplicables desde el momento de la creación del libro y que se componen de una serie de competencias concretas que establece la ley (patrimoniales y morales). En primer lugar está el derecho de autoría, de reproducción, de divulgación y de integridad (solo el autor tiene derecho a introducir cambios en su obra o a autorizar a terceros a hacerlo). El proceso de la recopilación de materiales propio del género de la literatura documental requiere una participación activa del autor que determina el tema y el enfoque de la obra. La violación de los derechos de autor se persigue por vía ejecutiva.

5. La reproducción exacta de los relatos de los personajes, tal como hemos demostrado en respuesta a la tercera pregunta, es inviable en una obra documental. Sin embargo, aquí surge el tema de la buena voluntad del autor, con quien los personajes han compartido sus recuerdos en un momento de sinceridad, de modo que le han transferido, de alguna manera, parte de sus derechos sobre ese testi-

monio, confiando en que sus palabras sean transmitidas con exactitud, confiando en la profesionalidad del autor, en su capacidad para extraer lo importante y para obviar lo insignificante, lo que no profundice en la idea, en su capacidad para confrontar los hechos y verlos en su conjunto. Al fin y al cabo, todo está determinado por el talento creativo del autor y su postura moral, por su capacidad para unir el carácter documental y la representación artística. La veracidad, la profundidad de penetración en los hechos en este caso solo las puede percibir y determinar un lector y una crítica literaria provistos de herramientas de análisis estético. El grado de la veracidad también es juzgado por los propios personajes de la obra, a su manera ellos son los lectores más parciales y atentos: el contacto con el fenómeno de conversión de la palabra dicha en palabra escrita, y más aún, impresa, los convierte a veces en víctimas de una reacción inadecuada ante su propio relato. Así, una persona que oye por primera vez su voz grabada no se reconoce a sí misma y cree que se ha producido un intercambio. Ese mismo efecto repentino se produce también como resultado de que el relato de un testigo se compara, se conecta con relatos similares, presenta cierta semejanza o diferencia, y hasta discute, entra en conflicto con los relatos de otros testigos, y en ese instante cambia notablemente la percepción del personaje respecto a sus propias palabras.

6. El libro de S. Alexiévich *Los muchachos de zinc* responde completamente al género de la literatura documental. La autenticidad y la creatividad están presentes en proporciones que permiten identificar la obra como prosa literaria y no como periodismo. Por cierto, los investigadores también catalogan como literatura documental los anteriores libros de la autora (*La guerra no tiene rostro de mujer*, *Los últimos testigos*).

7. En literatura, el autor contemporáneo se mueve dentro de unos límites éticos determinados. La transmisión fidedigna del relato del personaje, su testimonio veraz sobre los hechos, cuya evaluación todavía se encuentra pendiente del necesario reconocimiento de la sociedad, puede aportar consecuencias indeseables no solo para el autor sino también para los propios personajes. En ese

caso, el autor indudablemente tiene derecho a cambiar los apellidos y nombres de sus personajes. Incluso cuando el personaje esté libre de cualquier peligro y la coyuntura política esté a favor del libro, los autores suelen acudir a este recurso. En el apellido del protagonista de *Póvest o nastoiáschem cheloveke* (La historia de un hombre verdadero), su autor, B. Polevói, tan solo cambia una letra, pero el efecto artístico surge de inmediato: el lector comprende que no se trata de un hombre concreto sino de un fenómeno típico de la sociedad soviética. En la historia de la literatura existen multitud de ejemplos de cambios deliberados en los nombres y apellidos de los personajes.

8. Por desgracia, en el mundo no faltan procesos judiciales similares al que se celebró contra S. Alexiévich, autora del libro *Los muchachos de zinc*. En la Inglaterra de la posguerra fue perseguido G. Orwell, autor de la famosa distopía *1984*, quien fue acusado de difamación de la estructura del Estado. Actualmente sabemos que el tema del libro era el totalitarismo del siglo XX. En nuestros días, el escritor S. Rushdie está condenado a muerte en Irán por un libro donde supuestamente se mofa del islam: la comunidad internacional progresista ha evaluado esta violación del derecho de expresión como una manifestación incívica. No hace mucho, el escritor V. Bíkov recibía reproches por calumniar al ejército soviético: varias cartas de veteranos pseudopatriotas publicadas en la prensa supusieron una severa condena social al escritor que se había atrevido a decir la verdad sobre el pasado. Lamentablemente, la historia se repite. Nuestra sociedad, que ha proclamado la construcción del Estado de derecho, de momento solo se familiariza con la estructura más básica de los principales derechos humanos, por lo que a menudo sustituye el espíritu de la ley por la letra de la ley y olvida el aspecto moral de cualquier caso judicial. El derecho a defender su propia dignidad que, en la opinión de los demandantes, S. Alexiévich ha perjudicado al publicar en un rotativo fragmentos de su libro, no debería ser interpretado como el derecho a decir a la autora hoy una cosa y mañana, por un cambio de ánimos o un cambio de la coyuntura política, otra del todo contraria. Inevitablemente surge la pre-

gunta: ¿cuándo ha sido sincero el personaje: en el momento de aceptar compartir con S. Alexiévich sus recuerdos sobre la guerra de Afganistán o en el momento en que, bajo la presión de sus compañeros de armas, ha decidido defender los intereses colectivos de un determinado grupo? Y ¿tiene él en tal caso el derecho moral a aplicar acciones legales contra una escritora en la que en su momento había depositado su confianza, y a sabiendas de que su testimonio saldría publicado? Los hechos que el demandante había comunicado a la escritora y que salieron publicados en el periódico no parecen únicos o casuales, en el marco del libro los confirman hechos similares a los que la autora accedió mediante los relatos de otros testigos. ¿Acaso eso no conduce a pensar que el «personaje» ha sido sincero en el momento de registrar su relato y no cuando ha negado sus palabras? Y otro aspecto importante: si no hay testigo de la conversación de la autora con su «personaje» y a falta de otras pruebas de que una u otra parte participantes del proceso judicial tengan razón, aparece la necesidad de volver a comprobar todos los hechos similares que la autora expone en su libro, lo cual solo sería posible de llevar a cabo mediante una especie del «juicio de Núremberg» en el que participaran decenas y miles de testigos de la guerra de Afganistán. En caso contrario existe el peligro de naufragar en infinitos pleitos en los que habría que comprobar casi cada palabra que pronuncian los personajes, lo cual sería absurdo. Es por esto por lo que la petición del PEN de Bielorrusia enviada al Instituto Científico de Literatura sobre el examen pericial literario independiente de los fragmentos de la obra documental de S. Alexiévich *Los muchachos de zinc* publicados en el *Komsomólskaia Pravda* parece en dichas circunstancias la solución natural, y tal vez la única, al conflicto.

Kovalenko V. A., director del Instituto Científico
Yanka Kupala de la Academia de Ciencias de Bielorrusia,
miembro correspondiente de la Academia de Ciencias de Bielorrusia
Tíchina M. A., colaborador científico, doctor de filología,
27 de enero de 1994

Después del juicio...

El jurado se ha pronunciado...

Me duele escribir sobre nosotros, sobre los que estuvimos presentes en la sala.

En su último libro, *Hechizados por la muerte*, Svetlana Alexiévich se pregunta: «¿Quiénes somos? ¿Somos la gente de la guerra? O bien luchamos, o bien nos preparamos para la guerra. Nunca hemos vivido de otra manera.»

Solo sabemos luchar... Aquí tenemos a estas mujeres que, sentadas a propósito detrás de la escritora para que no las oiga el juez pero sí Svetlana Alexiévich, compiten a media voz en ultrajes hacia la autora. ¡Las madres! Tales son los epítetos que usan que no me atrevo a reproducirlos... Allí tenemos a I. Golovneva, que durante la pausa se acerca al padre Vasili Radomíslski, presente para interceder a favor de la escritora y le dice: «¡Qué vergüenza, padre, usted se ha vendido!». «¡Tinieblas! ¡El diablo!», se oye desde la sala. Ya se estiran las manos indignadas para arrancarle el crucifijo. «¿Me lo dicen a mí? ¿A mí, que, a petición vuestra, he celebrado de noche las misas de cuerpo presente por vuestros hijos porque me decíais que de otra manera no os habrían pagado los trescientos rublos del subsidio prometido?» Perplejo, el sacerdote pregunta: «¿Para qué habéis venido? ¿Para defender al diablo? Rezad por vosotras y por vuestros hijos. Sin arrepentimiento no hay consuelo». «Nosotras no tenemos la culpa... No sabíamos nada...» «Estabais ciegas. Y cuando habéis abierto los ojos solo habéis sido capaces de ver el cadáver de vuestros hijos. Arrepentíos...» «No nos importan las madres afganas... Perdimos a nuestros hijos...»

La parte contraria tampoco se muerde la lengua. «¡En Afganistán vuestros hijos mataban a inocentes! ¡Son criminales!», grita un hombre a las madres. «Estáis traicionando a vuestros hijos por segunda vez...», se enfurece otro.

¿Y tú? ¿Acaso nosotros no cumplíamos también las órdenes? ¿La orden de cerrar el pico? ¿Acaso no levantábamos las manos «aprobadoras» en las reuniones? Pregunto... Todos necesitamos un juicio... Otro juicio, ese juicio que ha mencionado en su discurso E. Nóvikov, el presidente de la Liga por los Derechos Humanos: un juicio en el que todos nosotros, los que estábamos callados, las madres de nuestros soldados muertos y las madres de los afganos asesinados, nos sentaremos juntos y simplemente nos miraremos a los ojos...

A. Aleksandróvich, Femida,
27 de diciembre de 1993

Ha finalizado el proceso civil sobre la defensa de la dignidad que se inició con la demanda de Galovneva y Ketsmur contra la escritora Svetlana Alexiévich. El último día del juicio ha reunido a muchos periodistas, en algunos medios ya se ha visto la noticia sobre la resolución: se ha declinado la demanda de Galovneva y se ha satisfecho parcialmente la de Ketsmur. No voy a citar la resolución, tan solo diré que desde mi punto de vista su carácter es más bien conformista. Pero ¿realmente se han conciliado las partes?

Inna Serguéevna Galovneva, madre del oficial Galovnev, caído en Afganistán, no abandona el «sendero de la guerra»: se prepara para tramitar el recurso de casación y seguir demandando a la escritora. ¿Qué impulsa a esta mujer? ¿A esta madre? La pena inconsolable. Inconsolable en el sentido de que cuanto más se aleja la guerra afgana, cuanto más concienciada está la sociedad de lo oportunista que fue esa guerra, más absurda se vuelve la muerte de nuestros chicos en tierra extranjera... Es por eso por lo que Inna Serguéevna no acepta el libro *Los muchachos de zinc.* Es por eso por lo que para ella es un ultraje: para una madre la verdad al desnudo sobre la guerra afgana es una carga insoportable.

Tarás Ketsmur, el conductor «afgano», es el otro demandante de este proceso civil. Su demanda ha sido parcialmente satisfecha; dos monólogos profundamente psicológicos, profundamente dramáticos, firmados con su nombre y que desde mi punto de vista solo confirman que de la guerra no sale nadie vivo, incluso si se vuelve con los brazos y las piernas intactos, han sido considerados «calumniosos» a petición de Ketsmur. Bueno, casi puedo entender a Tarás. ¿Recuerdan ese aforismo: «Teman los primeros arrebatos del alma porque podrían resultar sinceros»? Su monólogo en *Los muchachos de zinc* es, a mi parecer, exactamente ese primer arrebato del alma tras Afgán. Ahora han pasado cuatro años. Tarás ha cambiado. Y ha cambiado el mundo que lo rodea. Probablemente le gustaría cambiar muchas otras cosas, incluso en su memoria, y eso si es que no consigue borrarlas por completo de su alma... Y de pronto aparece *Los muchachos de zinc*: lo escrito permanece.

Svetlana Alexiévich ha abandonado la sala antes de que el proceso haya finalizado, lo ha hecho después de que el jurado haya declinado nuevamente la petición de la escritora sobre el peritaje literario. Alexiévich ha preguntado, con razón: «¿Cómo se puede juzgar una obra narrativa documental sin conocer las leyes del género, sin dominar las bases del trabajo literario y encima rechazando la opinión de los expertos?». Pero el jurado se ha mostrado inflexible. Después de la segunda declinación de la solicitud del examen literario, Svetlana Alexiévich ha abandonado la sala. La escritora ha dicho:

—Como ser humano... he pedido perdón por haber causado dolor, por este mundo imperfecto donde a menudo ni siquiera se puede caminar por la calle sin molestar a otra persona... Pero como escritora... no puedo, no tengo derecho a pedir perdón por mi libro. ¡Por la verdad!

El juicio civil a S. Alexiévich y su libro *Los muchachos de zinc* es nuestra segunda derrota en la guerra afgana...

Elena Molochko, Narodnaia gazeta,
23 de diciembre de 1993

En diciembre de 1993 finalmente llega a su fin el maratón judicial que siguió a la denuncia contra la escritora Svetlana Alexiévich y su libro *Los muchachos de zinc*. La resolución del jurado: la escritora debe disculparse ante el «afgano» Tarás Ketsmur, cuya dignidad el jurado reconoció «parcialmente humillada». Sin pensárselo dos veces, el jurado bielorruso condenó al rotativo *Komsomólskaia Pravda* a publicar una rectificación, junto con las excusas por escrito de la redacción y de la escritora.

La demanda de la segunda demandante, madre de un oficial caído en Afganistán, Inna Serguéevna Galovneva, fue desestimada, pese a que el jurado reconoció que «parte de la información atribuida a Galovneva no se corresponde con la realidad». El jurado tuvo que desestimar la demanda de Galovneva puesto que en el transcurso de la audiencia fue presentada la grabación del discurso de Galovneva hecha hace unos años en un mitin, donde ella apoyaba completamente el libro de Alexiévich.

En este juicio, en esta acción legal, en este sistema, Svetlana Alexiévich no tenía posibilidades de defender su dignidad personal y profesional...

Espantados por la indignación mundial ante el proceso político contra una obra artística, los directores de la trágica farsa bielorrusa proclamaban a todo pulmón: «¡De ninguna manera es un proceso contra un libro, ni tampoco contra la escritora y su arte! No es más que una demanda civil dirigida hacia el periódico *Komsomólskaia Pravda* en relación con un material publicado en 1990».

«¿Y qué hay de la presunción de inocencia?» Una vez acabada la audiencia, el presidente de la Liga Bielorrusa por los Derechos Humanos, Evgueni Nóvikov, y el responsable de la Asociación Bielorrusa de los Medios Informativos Libres, Alés Nikolaichenko, preguntan al juez Zhdanóvich.

Según Zhdanóvich, «la presunción de inocencia solo es aplicable en los casos penales». Si Galovneva y Ketsmur hubiesen demandado a S. Alexiévich por difamación, la presunción de inocencia habría sido aplicable, dado que el término «difamación» pertenece al código penal, y en ese caso los demandantes están obligados a presentar a juicio pruebas materiales...

Sin embargo, en el caso de las demandas civiles del derecho al honor, la presunción de inocencia no existe en Bielorrusia...

Probablemente el proceso civil acabe migrando hacia el penal: la demandante Galovneva así lo ha prometido y ha afirmado que este es su objetivo.

A los medios bielorrusos filocomunistas que acosan a la escritora se ha sumado el periódico *Komsomólskaia Pravda* en su artículo epílogo del 30 de diciembre de 1990, firmado por Víktor Ponomarev. A Svetlana Alexiévich le ha parecido «ver las hombreras de los generales por detrás de las espaldas de las madres», pero «por detrás de sus espaldas, lo que hay con toda seguridad son las tumbas de sus hijos. Ellas, y no la escritora galardonada, son las que necesitan una defensa. Y, si aquí se está celebrando una vindicta pública, en ningún caso la perseguida es la escritora». Azogada y demagógicamente, el rotativo se apresura a desmarcarse de Svetlana Alexiévich.

Es el prólogo a las disculpas oficiales, suena a una prueba de voz transmutada, de la nueva a la vieja. Igual que el título: «Los muchachos de zinc. Los escritores de hierro». ¿Y los redactores del *Komsomólskaia Pravda*? ¿De goma?

La verdad siempre sale cara a quien la pronuncia. Renunciar a la verdad siempre condena a los cobardes al flagelo. Aunque, al parecer, nunca ha habido en la historia moderna una calamidad más irremediable y global que la autodestrucción voluntaria de la naturaleza humana practicada por los súbditos del comunismo, cuando de las personas «tan solo quedan unos agujeros humeantes», según la expresión de Mijaíl Bulgákov.

Unos agujeros humeantes repartidos por el arrasado campo soviético...

Inna Rogachi,
Russkaia misl, *20-26 de enero de 1994*

Durante los diez años de aventura afgana, por ella pasaron millones de personas, unidas al fin y al cabo no solo por el amor a la Patria soviética sino por algo mucho más importante. Una parte de ellas perdió la vida, y nosotros como cristianos lloramos su muerte prematura y veneramos el dolor de las heridas materiales y espirituales causadas a sus familiares. No obstante, hoy en día difícilmente se puede esquivar la idea de que no son unos héroes con el derecho indisputable a ser homenajeados, sino tan solo unas víctimas que inspiran compasión. ¿Los «afganos» se dan cuenta de ello? Probablemente; aunque ese saber supere las fuerzas de la mayoría de ellos. Los «héroes de Vietnam» norteamericanos, cuya suerte bélica es similar a la suya, tras entender el verdadero significado de su «heroísmo», arrojaron al presidente las medallas que habían recibido de él. Los nuestros, según parece, solo son capaces de enorgullecerse de sus condecoraciones. ¿Quién de ellos ha reflexionado realmente sobre por qué las recibieron? Ojalá esas medallas no fuesen más que la excusa para obtener los privilegios que ansía con locura toda nuestra sociedad hundida en la pobreza. No obstante, las pretensiones de los que las poseen son más amplias. Hace poco, en Minsk, en un mitin «afgano», se declaró una reivindicación de poder en Bielorrusia de vasta proyección. Actualmente tal demanda no carece de fundamento. Aprovechando el desbarajuste moral que domina la sociedad (Afgán es una guerra sucia, pero sus participantes son unos héroes internacionalistas) es posible alcanzar cualquier meta. En esta situación las madres de los caídos constituyen un buen material en manos de los antiguos —y actuales— rojos y marrones, que en todas partes están cobrando un nuevo aliento. Así que utilizan a las madres: explotan a toda costa su justa rabia y su sagrado pesar. Igual que en su momento explotaron la fidelidad ideológica y el patriotismo comunista de sus hijos muertos. La apuesta es segura: ¿quién lanzará una piedra contra una madre destrozada? Sin embargo, tras las espaldas de esas madres destrozadas se perfilan unas de sobra conocidas siluetas de hombros anchos, y en vano el autor del artículo de *Komsomólskaia Pravda* finge que allí detrás no ve a nadie. Que no es «una cuestión de los generales que están detrás de sus espaldas»...

El hálito siniestro de la política imperial realizada solo a medias en Afganistán se percibe cada día más en Bielorrusia. El proceso contra Svetlana Alexiévich viene a ser un episodio más de una larga cadena de manifestaciones, abiertas u ocultas, de esta índole. La añoranza de nuestra gran potencia y de los mares cálidos no solo atormenta al partido de Zhirinovski, cuyos adeptos no faltan también en Bielorrusia. Dar una «buena sacudida» a la sociedad postotalitarista, «unirlo todo» con la nueva sangre: esos son los remedios para lograr el mismo objetivo, el ideal hollado del día de ayer...

Vasil Bíkov, Literatúrnaia gazeta,
24 de enero de 1994

... No, esa lucha cruel con proceso judicial incluido no fue por la verdad de la guerra. Luchaban por el alma humana viva, por su derecho a existir en nuestro mundo, frío e incómodo, por lo único que puede cerrar el paso a la guerra. La guerra continuará mientras permitamos que siga bullendo en nuestras mentes confusas. Porque no es más que una consecuencia inevitable del mal y de la rabia que tenemos acumulados en nuestros corazones...

En ese sentido, estas palabras de un oficial caído en combate se vuelven simbólicas y proféticas: «Claro que regresaré, siempre regreso...» (Del diario del teniente Yuri Galovnev).

Petr Tkachenko, Vo slavu ródini,
15-22 de marzo de 1994

«Para viajar lejos no hay mejor nave que un libro».

EMILY DICKINSON

Gracias por tu lectura de este libro.

En **penguinlibros.club** encontrarás las mejores recomendaciones de lectura.

Únete a nuestra comunidad y viaja con nosotros.